HEYNE <

W0409277

Das Buch

»Die Schlüssel zur höheren Welt werden uns nicht an einem festgelegten Tag übergeben«, sagt Diana Cooper, »sie sind bereits in unserer eigenen Hand.« Mit diesem Buch entschlüsselt die weltberühmte spirituelle Lehrerin die Gesetze und Energien der höheren geistigen Ebenen, die uns im Zeitalter der Transformation von Mensch und Erde wirkungsvoll unterstützen.

Diana Cooper schenkt uns faszinierende Einsichten in die Geheimnisse der Geistigen Welt, der kosmischen Meister, der Engel und Erzengel, der Naturelemente und des Tierreichs. Ihr besonderes Augenmerk gilt der Weisheit großer alter Kulturen, die einst auf diesem Planeten aufblühten und dann untergingen. Zahlreiche Übungen und Meditationen sowie die Klangschlüssel auf der beiliegenden Audio-CD ermöglichen es, sich energetisch einzustimmen und die Verbindung mit dem Höheren Selbst aufzunehmen.

Die Autorinnen

Die Heilerin und mediale Schriftstellerin Diana Cooper machte während einer Lebenskrise eine transformierende Erfahrung mit einem engelhaften Wesen, das sie auf eine innere Reise ins Universum mitnahm. Dieses Erlebnis bewog sie, ihr Leben der Heilung und dem Dienst am Menschen zu widmen und sich dabei von den Engeln unterstützen zu lassen. Diana Cooper hat zahllosen Personen geholfen, ihre Berufung im Leben zu finden, ihr Potenzial auszuschöpfen und ihrem Dasein mehr Sinn zu geben.

Kathy Crosswell ist anerkannte spirituelle Lehrerin, Reiki-Meisterin und Astro-Psychologin. Mit ihren Workshops ermöglichte sie es bereits vielen Menschen, die eigenen spirituellen Gaben zu entwickeln und zu fördern. Die Autorin ist mit einem bekannten Heiler verheiratet und Mutter dreier Kinder.

DIANA
COOPER
KATHY CROSSWELL

SCHLÜSSEL ZUR HÖHEREN WELT

Entfalte die Energie und Weisheit
des Universums in Dir

Aus dem Englischen übersetzt
von Manfred Miethe

WILHELM HEYNE VERLAG
MÜNCHEN

Die englische Originalausgabe erschien 2010 unter dem Titel
The Keys to the Universe im Verlag Findhorn Press, Schottland.

MIX
Papier aus verantwortungsvollen Quellen
FSC® C017859

Verlagsgruppe Random House FSC-DEU-0100
Das für dieses Buch verwendete
FSC®-zertifizierte Papier *EOS*
liefert Salzer, St. Pölten, Austria.

Taschenbucherstausgabe 2/2013

Illustrationen: Damian Keenan
Umschlaggestaltung: Guter Punkt, München
Umschlagmotiv: © shutterstock
Satz: EDV-Fotosatz Huber/Verlagsservice G. Pfeifer, Germering
Druck und Bindung: CPI Moravia Books s.r.o., Pohořelice
ISBN 978-3-453-70213-4

http://www.heyne.de

Inhalt

Einführung

Nachdem ich mein letztes Buch *2012 and Beyond*[1] fertiggestellt hatte, freute ich mich auf eine kleine Ruhepause, bevor ich das nächste Projekt in Angriff nehmen würde. Aber das Unvermeidbare geschah: Als ich mich eines Tages mit meiner Freundin Kathy Crosswell unterhielt, die gemeinsam mit mir *Enlightenment Through Orbs*[2] und *Ascension Through Orbs*[3] geschrieben hatte, erschien uns mein Führer Kumeka. Er berichtete, die geistigen Welten wollten, dass wir ein sehr wichtiges Buch schreiben. Wir sollten es gemeinsam tun, da es sich dabei um ein sehr hochfrequentes Projekt handelte, das den Menschen auf dem Planeten Erde helfen sollte, sich weiterzuentwickeln. Er fügte hinzu, dass keine von uns allein dazu in der Lage wäre, da nur unsere gemeinsame Energie uns auf die Ebene heben könnte, auf der wir diese besonderen Informationen unverfälscht empfangen und weitergeben könnten.

Dann informierte er uns, dass das Buch *The Keys to the Universe* heißen sollte. Wir waren sprachlos. Es schien uns vermessen, ein Buch von einer solchen Größenordnung zu schreiben. Eine Zeit lang sahen wir uns nur still an, während wir über die gewaltige Verantwortung nachdachten, die wir mit diesem Projekt auf uns nehmen würden. Kumeka gab uns keine weiteren Informationen, außer dass wir im Jahr 2010 damit anfangen sollten – nicht vorher.

1 Deutsch: *2012. Die Welt nimmt Kurs auf das neue Goldene Zeitalter*. Ansata Verlag, München 2009

2 Deutsch: *Orbs. Boten der Liebe, Heilung und Weisheit*. Ansata Verlag, München 2009

3 Deutsch: *Orbs. Wegbereiter für den Aufstieg ins Licht*. Ansata Verlag, München 2010

Als ich Thierry Bogliolo, meinen Verleger von Findhorn Press, anrief, war er sofort Feuer und Flamme und bat um Informationen für die Buchhändler, die auf der Rückseite des Buches stehen sollten. Ich versprach ihm, dass wir versuchen würden herauszufinden, worum es in diesem Buch gehen sollte. Dann baten Kathy und ich Kumeka um diese Informationen, und er teilte uns mit, was wir schreiben sollten. Mehr wussten wir damals nicht!

Es gibt wohl nicht viele Verleger, die so großes Vertrauen haben, dass sie bereit sind, ein Buch zu veröffentlichen, über das sie außer Titel und Klappentext nichts wissen. Aber Thierry Bogliolo und sein spiritueller Verlag Findhorn Press sind eben etwas ganz Besonderes. Thierry trifft nämlich alle seine Entscheidungen auf fünfdimensionaler Grundlage.

Das Buch schien uns immer noch eine gewaltige Herausforderung zu sein, aber wir trösteten uns damit, dass die erleuchteten Wesen ja nicht uns ausgesucht hätten, wenn wir dazu nicht in der Lage wären.

Als Kathy und ich uns das nächste Mal trafen, geschah etwas noch Ehrfurcht gebietenderes und gänzlich Unerwartetes. Wir öffneten uns gerade den geistigen Welten, als die Energie im Zimmer plötzlich vollkommen still und das Licht schwächer wurde. Wir wussten sofort, dass jemand mit einer höheren Schwingung, als wir sie je kennengelernt hatten, versuchte, mit uns in Kontakt zu treten. Es ähnelte dem ersten Mal, als ein Serafim zu uns kam, aber es war noch profunder und machtvoller.

Fragend sahen wir einander an. »Wer ist da?« Dann entspannten wir uns noch mehr und warteten. Es war der göttliche Quell selbst! Er/sie wollte persönlich mit uns Kontakt aufnehmen, um uns darauf hinzuweisen, wie wichtig dieses Buch war. Der göttliche Quell übermittelte uns beiden auch noch einige persönliche Botschaften, in denen es vor allem darum ging, dass wir in Bezug auf Ernährung, Bewegung, Meditation und Freizeitaktivitäten auf uns achten sollten. Uns wurde gesagt, dass wir unseren Kindern und Familien mehr Zeit widmen sollten. Kathy wurde aufgetragen, sich auf die Weisheit indigener Völker zu konzentrieren, und mir wurde gesagt, ich solle Ferien in der Arktis machen – was ich auch tat.

Mir fehlen die Worte, um zu beschreiben, wie ich mich nach dieser Begegnung fühlte. Ich war zugleich überwältigt, freudig erregt, ungläubig staunend, voller Zweifel und ich fühlte mich irgendwie unglaublich erfüllt. Alle Gefühle kamen gleichzeitig. Die vorherrschenden Gefühle waren wohl Ungläubigkeit, Verzückung und Staunen.

Gott berührte Kathy noch einmal, als wir mit der Arbeit an diesem Buch begannen. An einem besonders kalten, schneereichen Tag im Januar 2010 setzten Kathy und ich uns hin, um zu unseren Führern Kontakt aufzunehmen und Informationen für dieses Buch zu empfangen.

Plötzlich sagte Kathy: »Oh, warte eine Minute.« Sie wurde still und ihre Augen schlossen sich. Einige Augenblicke später öffnete sie sie wieder und sie sagte: »Ich wurde zu einer goldenen Kugel des Christus-Lichts im Universum gebracht. Dort saß Gott. Er sagte: ›Nimm das‹ und überreichte mir einen klaren Wassertropfen. Weiter sagte er, dass wir diesen durch das Buch an andere Menschen weitergeben sollten. Ich nahm ihn, und als ich zu ihm aufsah, um ihm zu danken, war er verschwunden.«

Wasser symbolisiert die Lebenskraft des Planeten und aller seiner Bewohner. Es ist von Gott und dem Christus-Licht erfüllt. Da es rein, unschuldig, Leben spendend und reinigend ist und kosmische Liebe transportiert, ist Wasser sozusagen der Leim, der das Universum zusammenhält. Wasser leitet Elektrizität, Töne und Schwingungen.

Wieder einmal fühlten wir uns angesichts der Tragweite unserer Aufgabe überwältigt.

Als wir die Orbs-Bücher schrieben, kamen viele Erzengel und drei Serafim, um mit uns Kontakt aufzunehmen. Sie taten das, weil sie – wie sie sagten – unsere Energie erfahren wollten. Für *Schlüssel zur höheren Welt* waren mein Führer Kumeka und Kathys Führer Wywyvsil unsere wichtigsten Quellen. Metatron führte die Oberaufsicht über dieses Projekt.

Einmal geschah es, dass uns Kumeka ein Konzept, das er uns zu erklären versuchte, nicht begreiflich machen konnte. So trat er beiseite und bat Serafina, eine Serafim, mit der wir bereits Kontakt hatten, zu erscheinen und uns die Informationen zu übermitteln. Danach trat Serafina wieder beiseite und Kumeka kam zurück und machte weiter.

Uns wurde gesagt, dass bestimmte Schlüssel für manche Leser relevanter sein würden als andere. Es ist daher vollkommen in Ordnung, wenn Sie sich auf diese konzentrieren. Andere Leser werden sich auf alle einstimmen wollen, um kosmische Meister zu werden. Je mehr Menschen das tun, desto besser. Während wir die Informationen für dieses Buch empfingen, wurde mir bewusst, wie gut ich durch meine vorherigen Bücher darauf vorbereitet worden war – besonders durch *A Little Light on the Spiritual Laws*[4], *New Light on Ascension*, *The Wonder of Unicorns*[5] und *Discover Atlantis*[6]. Diese Bücher stellen die Grundlage des Wissens dar, aufgrund dessen ich die Weisheit, die uns jetzt übermittelt wurde, verstehen konnte. Auch die Menge und Tiefe des Wissens, das Kathy und ich für die beiden Orbs-Bücher empfangen hatten, war wichtig. Allerdings vertrauen wir darauf, dass wir die Informationen, die dieses Buch enthält, auf eine Weise weitergeben, die für die Leser leicht verständlich und leicht umsetzbar ist.

Als wir die Orbs-Bücher schrieben, wurde uns mitgeteilt, dass Lakuma der aufgestiegene Aspekt des Sirius sei. Jetzt sind wir allerdings dahingehend informiert worden, dass sein wahrer Name Lakumay lautet. Vor zwei Jahren, als die anderen Bücher geschrieben wurden, waren die Menschen nur dazu in der Lage, die Energie von Lakuma zu empfangen. Mit der durch das zusätzliche »y« in Lakumay ausgedrückten höheren Schwingung steht uns nun die Energie der Engel zur Verfügung, und das allgemeine Bewusstsein ist bereit, diese Schwingung zu akzeptieren. Das ist ein weiterer Hinweis darauf, dass sich die Menschheit sehr schnell entwickelt.

Ich nehme das Universum nach dem Schreiben dieses Buches anders wahr. Die Schlüssel, die mir am meisten zusagten, waren jene, die sich in den Kapiteln über das Vogelreich, Zeit und Geschwindigkeit, heilige Geometrie und den göttlichen Schall befinden, aber für mich ist es schwierig, mich nur auf einige wenige zu konzentrieren. Beim nochmaligen Durchlesen des Manuskriptes entdeckte ich Informationen und Übungen, die eine tiefe Reaktion in mir auslösten.

4 Deutsch: *Der spirituelle Lebens-Ratgeber. Im Einklang mit dem Universum fühlen, denken, handeln.* Ansata Verlag, München 2003

5 Deutsch: *Das Wunder des Einhorns. Begegnung mit den erleuchteten Wesen der siebten Dimension.* Ansata Verlag, München 2008

6 Deutsch: *Entdecke Atlantis. Das Urwissen der Menschheit verstehen und heute nutzen.* Ansata Verlag, München 2006

Kathy sagte: »Was mich am meisten an diesem Buch faszinierte, war, dass wir stets so geführt wurden, dass wir die höchste Energie aufrechterhalten konnten und nur positive Absichten hatten, die eindeutig auf das höchste Wohl aller Wesen ausgerichtet waren. Ich liebe es, mit meinen spirituellen Führern zu arbeiten, weil sie mir bewusst machen, wie glücklich ich mich schätzen darf und wie sehr ich geliebt werde. Dafür bin ich ihnen so dankbar.«

Nun werde ich mir einen ruhigen Sommer gönnen, damit ich die Übungen und Meditationen praktizieren kann, die Kumeka mir im Rahmen dieses Projektes übermittelte.

Bitte lesen Sie dieses Buch, und aktivieren Sie die Schlüssel, damit Sie, die ganze Welt und dieses Universum davon profitieren können. So wichtig sind die Schlüssel!

Die 50 Schlüssel zur höheren Welt – ein Überblick

Uns wurden 50 Schlüssel zur höheren Welt gegeben: die beiden goldenen kosmischen Schlüssel, die sich in Hohlerde und auf Sirius befinden, und 48 weitere Schlüssel, die in den alten Zivilisationen und Kulturen, Portalen, Reichen und universellen Aspekten und Konzepten bewahrt werden. Jeder Schlüssel eröffnet uns den Zugang zu einem Teil des universellen Wissens – zum Beispiel, wie wir die Energie der Sonne nutzen können, wie wir uns die Weisheit der Bäume und die Botschaften der Tiere zunutze machen können, wie wir die Eigenschaften des Wassers verstehen oder Kontakt zu den Engeln aufnehmen können.

Wir übermitteln in diesem Buch spezifische Informationen zu jedem Schlüssel, zu der in ihm enthaltenen Weisheit und darüber, wie man zu dieser auf energetischer Ebene Zugang finden kann. Indem Sie mit den Visualisierungsübungen, den anderen Übungen und den Klängen arbeiten, werden Sie sich auf jene Schlüssel einstimmen können, für die Sie bereit sind. Wir schlagen vor, dass Sie erst das Kapitel über den jeweiligen Schlüssel lesen und dann den entsprechenden Klang auf der Begleit-CD anhören.

Sie werden sich möglicherweise zu einem bestimmten Schlüssel oder zu mehreren besonders hingezogen fühlen. Daher schlagen wir Ihnen vor, dass Sie sich zunächst auf diese konzentrieren, bis Sie die in ihnen enthaltene Weisheit verstehen und empfangen können. Andererseits ist es aber auch möglich, dass Ihnen alle Schlüssel etwas sagen und dass Sie sich gleich auf alle einstimmen möchten. Dann sollten Sie am Anfang beginnen und sich durch die Übungen hindurcharbeiten. Dadurch wird

Ihr Wissen zunehmen und Sie werden wachsen. Sie können sich aber auch auf den Schlüssel konzentrieren, der Ihnen gerade zusagt. Gehen Sie vor, wie es sich für Sie richtig anfühlt.

Bedenken Sie bitte: Wenn Sie die Instrumentalteile der CD für Hohlerde oder Sirius hören, empfangen Sie die Energie all ihrer Schlüssel. Dann kann Magie geschehen.

Wenn Sie die in jedem der 48 anderen Schlüssel enthaltene Weisheit verstanden und aufgenommen haben, erweitert sich Ihr Bewusstsein. Wenn Sie alle Schlüssel zur höheren Welt in Händen halten, sind Sie ein erleuchteter aufgestiegener Meister, haben als solcher Zugang zum wahren Plan für die Erde und können ihn zurückbringen.

Der erste goldene kosmische Schlüssel: Hohlerde

Die Hohlerde weist den göttlichen Bauplan für den Planeten auf. Sie enthält die Pläne aller alten Zivilisationen, von denen jede einen Teil der universellen Weisheit besitzt. Jeder Aspekt der kosmischen Energie wird als *Schlüssel* bezeichnet.

1. Atlantis
2. Lemuria
3. Mu
4. Petranium – die alte Zivilisation, die einst Afrika besiedelte und den Samen der afrikanischen Rassen darstellt
5. Angala – die Geburt der Erde

Die alten Kulturen bewahren alle Schlüssel zur höheren Welt, einen zur Weisheit von Lemuria und zwölf zu jener von Atlantis.

6. die Aborigines, welche die Energie von Lemuria verankerten

Die zwölf Stämme, welche die Energie von Atlantis bewahrten:

7. die südamerikanischen Inkas, die von Thot geführt wurden
8. die mittelamerikanischen Azteken, die von Isis geführt wurden
9. die Babylonier, die von Horus geführt wurden
10. die Ägypter, die von Ra geführt wurden
11. die Inuit, die von Set geführt wurden
12. die amerikanischen Ureinwohner, die von Imhotep geführt wurden
13. die hawaiischen Kahunas, die von Hermes geführt wurden
14. die Tibeter, die von Zeus geführt wurden
15. die südamerikanischen Mayas, die von Aphrodite geführt wurden
16. die Mesopotamier, die von Apollon geführt wurden
17. die Griechen, die von Poseidon geführt wurden
18. die neuseeländischen Maoris, die von Hera geführt wurden.

Um die Sterne, die Reiche der Engel oder die siebte Dimension zu erreichen, müssen Sie entweder durch Ihr Sternentor-Chakra in den Kosmos hinaus oder durch Ihr Erdstern-Chakra in die Hohlerde hinein reisen – am besten durch beide. Es existieren zwölf Ein- und Austrittspunkte zwischen der Hohlerde und der Erdoberfläche, durch die man in den Kosmos gelangt, die als Portale fungieren und ebenfalls Schlüssel enthalten.

19. Die ägyptischen Pyramiden stehen in Verbindung mit Sirius.
20. Der kalifornische Mount Shasta steht in Verbindung mit den Plejaden.
21. Die Maya-Pyramide in Guatemala steht in Verbindung mit der Venus.
22. Agata im Norden Russlands steht in Verbindung mit den Plejaden.
23. Die Pyramide unter dem Parthenon in Athen steht in Verbindung mit dem Orion.
24. Die Pyramide in den tibetischen Bergen steht in Verbindung mit dem spirituellen Aspekt des Sirius.
25. Die Pyramide unter Machu Picchu in Peru steht in Verbindung mit dem Saturn und dem Mond.
26. Das Hohlerde-Portal in Nord- und Süddakota, Nebraska, Kansas und Oklahoma steht durch die Plejaden in Verbindung mit dem göttlichen Quell.

27. Honolulu steht in Verbindung mit der Venus.
28. Das Dogon-Portal in Mali steht in Verbindung mit dem Sirius.
29. Das Bermuda-Dreieck steht in Verbindung mit dem Neptun.
30. Der Pazifische Ozean in der Nähe der Fidschi-Inseln steht in Verbindung mit Alkione in den Plejaden.

Zudem können viele Reiche durch die Hohlerde erreicht werden. Jedes von ihnen enthält einen Schlüssel zur höheren Welt.

31. Das Vogelreich
32. Das Tierreich
33. Das Reich der Meereswesen
34. Das Reich der Elementarwesen
35. Das Reich der Engel
36. Das Reich der Devas – inklusive der Reptilien

Der zweite goldene kosmische Schlüssel: Sirius

Sirius ist einer der vier Aufstiegsplaneten, Aufstiegssterne und -sternensysteme, mit denen die Erde verbunden ist. Er bewahrt Informationen über spirituelle Technologien, die heilige Geometrie, Wissenschaft und höheres geistiges Verständnis. Seelen, welche diese speziellen Aspekte auf der Erde voranbringen möchten, werden vor ihrer Inkarnation auf Sirius ausgebildet. Zugang zu diesen universellen Aspekten kann durch den goldenen kosmischen Schlüssel des Sirius erlangt werden. Jeder Aspekt enthält einen Schlüssel zu den universellen Energien.

37. Zeit (und Geschwindigkeit)
38. Andere Dimensionen: aufgestiegene Meister, das Höhere Selbst, die Monade
39. Andere Planeten, Sterne und Galaxien
40. Das Naturreich: die Elemente
41. Die heilige Geometrie

42. Licht als Träger spiritueller Informationen
43. Schallwellen (Delfine)
44. Die goldene Erde (Eigenschaften des goldenen Atlantis und Eigenschaften von 2032)
45. Das kosmische Herz
46. Reine Liebe (die Verbindung zum Göttlichen)
47. Die geistigen Gesetze (Alchemie und Magie)
48. Einssein (Eigenschaften, Telepathie, Kommunikation)

Teil I

Der erste goldene kosmische Schlüssel: Hohlerde

Die Hohlerde ist der göttliche siebendimensionale Bauplan des Planeten. Sie enthält die Entwürfe aller alten Zivilisationen, von denen jede einen Schlüssel zu den universellen Energien bewahrt.

Die Hohlerde ist ein energetischer Raum oder ein kosmisches Chakra direkt im Zentrum unseres Planeten. In diesem Chakra wird das gesamte alte Wissen unserer Erde bewahrt – darunter auch das Wissen, warum dieser Planet überhaupt vom göttlichen Quell erschaffen wurde. Die Hohlerde enthält einen der beiden goldenen kosmischen Schlüssel zur höheren Welt.

Viele geistige Wesen »bewohnen« die Hohlerde. Alle sind ätherisch und siebendimensional und leben in vollkommener Harmonie. So bewahren zum Beispiel Repräsentanten aller alten Weisheitskulturen dort die lebende Erinnerung an das Wissen und die Weisheit ihrer Völker. Zu ihnen gehören die alten Atlanter, die Lemurer, die Wesen von Mu und von Petranium, den ursprünglichen Siedlern Afrikas, und die Wesen aus der Zeit von Angala zum Zeitpunkt der Entstehung der Erde.

Die neueren indigenen Völker können ihre Abstammung auf Atlantis zurückführen – darunter die Inkas und Azteken aus Süd- und Mittelamerika, die Babylonier, Ägypter, Inuit, die amerikanischen Ureinwohner, die Kahunas aus Hawaii, die Tibeter, Mesopotamier, Griechen, Mayas und Maoris. Wir können durch die Hohlerde Zugang zu ihrer alten Weisheit finden. Jeder dieser Stämme bewahrt einen der Schlüssel.

Die Aborigines, die einen der kosmischen Schlüssel bewahren, stammen aus Lemuria. Die alten Kulturen der Maoris, Polynesier und Hawaiianer und die alten afrikanischen Stammeskulturen gehen auf Lemuria zurück, aber ihre Schlüssel sind in ihrer späteren atlantischen Weisheit zu finden.

Der alte afrikanische Stammbaum ist in Petranium begründet.

Vertreter der Geister aller Tiere und Vögel halten ihre Energie ebenso in der Hohlerde wie jene des Naturreichs und des Reiches der Elementarwesen. Jede Tier-, Vogel-, Baum-, Blumen-, Pilz- oder Elementargattung ist hier vertreten – und zwar unabhängig davon, ob sie auf der Erdoberfläche ausgestorben ist oder nicht. So finden sich hier zum Beispiel auch Dodos, die flugunfähigen Vögel, die auf der Erdoberfläche längst ausgestorben sind.

Hier gibt es auch ein Portal, das ins Reich der Drachen führt, wo die Weisheit der Drachen bewahrt wird.

Die Hohlerde ist ein siebendimensionales Paradies.

Portale

Portale sind ganz besondere Orte, an denen die Energie höher ist und an denen wir – und die Engel – Lehren, Energien und Licht empfangen können. Sobald Sie sich in einem Portal befinden, können Sie zum Zwecke der Transformation problemlos in höhere Energien hineingleiten. Es gibt auch Wesen, die ohne Hilfe eines Portals auf direktem Wege auf die Erde gelangen können – zum Beispiel die Wesen von den Plejaden, die auf die Erde kommen, um uns mit heilender Energie zu überschütten.

Licht, das Träger spiritueller Informationen und geistigen Wissens ist, strahlt von bestimmten Sternen und Planeten durch zwölf Portale in die Hohlerde hinein. Dort verändert es den Bauplan der Erde auf die höchstmögliche Weise. Dann nimmt Gaia den veränderten Bauplan und verteilt dessen höhere Energie überall auf dem Planeten, was sich auf uns alle auswirkt.

Die zwölf Portale, die als irdische Eintrittspunkte für das Licht der Sterne dienen, sind:

- Die ägyptischen Pyramiden, die in Verbindung mit Sirius stehen,
- Mount Shasta in Kalifornien, der in Verbindung mit den Plejaden steht,
- die Maya-Pyramide in Guatemala, die in Verbindung mit der Venus steht,

- Agata im Norden Russlands, das in Verbindung mit den Plejaden steht,
- die Pyramide unter dem Parthenon in Athen, die in Verbindung mit dem Orion steht,
- die Pyramide in den tibetischen Bergen, die in Verbindung mit Lakumay, dem spirituellen Aspekt des Sirius, steht,
- die Pyramide unter Machu Picchu in Peru, die in Verbindung mit dem Saturn und dem Mond steht,
- das kosmische Hohlerde-Portal in Nord- und Süddakota, Nebraska, Kansas und Oklahoma, das durch die Plejaden in Verbindung mit dem göttlichen Quell steht,
- Honolulu, das in Verbindung mit der Venus steht,
- das Dogon-Portal in Mali, das in Verbindung mit Lakumay, dem spirituellen Aspekt des Sirius, steht,
- das Bermuda-Dreieck, das in Verbindung mit dem Neptun steht,
- und der Pazifische Ozean in der Nähe der Fidschi-Inseln, der in Verbindung mit Alkione in den Plejaden steht.

Die Pyramide in Hohlerde

Wenn Sie sich im exakten Mittelpunkt der Hohlerde befinden, haben Sie Zugang zu allen Energien, die durch die Portale einströmen. Hier befindet sich eine Lichtpyramide, auf deren Spitze sich ein Kristall befindet, der sich ständig dreht und sowohl die Weisheit und das Wissen der alten Zivilisationen und 13 Kulturen ausstrahlt als auch das der Sterne und Planeten, mit denen diese verbunden sind.

Wie oben, so unten. Nach diesem Prinzip hatte die Große Pyramide der Hohlerde ihre Entsprechung in den Pyramiden der Schutzkuppel über dem atlantischen Kontinent. Informationen von allen Sternen werden an die Pyramide übermittelt und individuelle Daten können auf der richtigen Frequenz abgerufen werden. Wenn Sie sich beispielsweise auf Ägypten konzentrieren und sich auf telepathischem Wege auf die richtige Schwingung in der Pyramide einstimmen, können Sie bestimmte Aspekte der ägyptischen Weisheit empfangen.

Jedes dieser zwölf Portale enthält einen Schlüssel zur Hohlerde. Die Schlüssel sind die Noten der Aufstiegsplaneten, Aufstiegssterne und -sternensysteme. Wenn wir sie alle zusammen hören, sind wir auf den fünfdimensionalen Bauplan der Erde eingestimmt.

Neptun	G
Sirius	A
Orion	D
Plejaden	C
Erde	B

Da die Venus, der Saturn und der Mond keine Aufstiegsgestirne sind, sind ihre Noten im Rahmen dieses Buches nicht von Bedeutung.

Interdimensionale Zweiweg-Portale

In Tibet, im englischen Stonehenge, in Machu Picchu in Peru und im afrikanischen Groß-Zimbabwe befinden sich die vier interdimensionalen Zweiweg-Portale auf der Erde. Zwei von ihnen, nämlich Tibet und Machu Picchu, sind zudem Eintrittspunkte in die Hohlerde.

Durch diese vier speziellen Portale können Engel und andere siebendimensionale Wesen sowohl von der Erde in den Kosmos reisen als auch umgekehrt. Diese mächtigen Wesen versammeln sich an diesen Portalen und das Land dort ist vom Licht des göttlichen Quells erfüllt.

Der Große Kristall der Hohlerde

Der Große Kristall der Hohlerde enthält alles Wissen der Erde und über deren Platz im Universum. Er empfängt durch die vier Aufstiegsgestirne Neptun, Orion, Sirius und Plejaden Energie vom göttlichen Quell.

Wir können Zugang zu diesem Großen Kristall finden, wenn wir unsere zwölf Chakras öffnen und uns durch unsere Wurzeln mit dem kosmischen Portal der Hohlerde verbinden, das sich in den Vereinigten Staaten befindet.

Die universelle Engelin Gersisa

Die universelle Engelin Gersisa hat ihr Refugium in der Hohlerde und haucht diesem Chakra und Gaia Lebenskraft ein. Gaias Energie füllt dann die Hohlerde und breitet sich über den ganzen Planeten aus.

Die Hohlerde ist reines Licht. Die universelle Engelin Gersisa ist grau, was eine Vermischung der männlichen weißen und der weiblichen schwarzen Energie ist. Sie strahlt Licht in die Leylinien aus, sodass der gesamte Planet stabil bleibt. Wird Gersisa als Orb fotografiert, erscheint sie grauweiß und strahlt von der Mitte her. Das liegt daran, dass sie – gleichgültig wo sie auch sein mag – immer noch mit den Leylinien verbunden bleibt. Das zeigt sich als graue Energie, aus denen Finger weißen Lichts herausragen (siehe dazu den Orb der universellen Engelin Gersisa im Bildteil).

Sonne und Mond

Von der Erdoberfläche aus sehen wir Sonne und Mond, die uns Helligkeit und Dunkelheit, Tag und Nacht schenken. In der Hohlerde existieren getrennte göttliche männliche und weibliche Energiequellen, die im Gegensatz zu Sonne und Mond gleichzeitig scheinen. Dort gibt es weder Tag noch Nacht.

Was tut die Hohlerde für den Planeten?

Die Hohlerde bewahrt auf der siebendimensionalen Ebene die Energie des göttlichen Quells innerhalb des Planeten. Sie stellt den Bauplan für die Erde dar. Hier ist alles friedlich, rein, liebevoll, ruhig und glücklich – aber doch von großer Macht erfüllt. Alles Wissen ist bekannt und wird verstanden: Wie man die Energie des Mondes nutzt, wie Pflanzen gedeihen und wie unsere symbiotische Beziehung zu den Tieren aussieht. Die indigenen Völker zapften diesen Wissensschatz an und brachten ihn an die Oberfläche, um nach ihm zu leben. Es ist an der Zeit, dass wir uns abermals des wahren Bauplans für die Erde bewusst werden und ihn wieder umsetzen. Die Schlüssel zur höheren Welt werden Sie befähigen, genau das zu tun.

Die Oberfläche der Erde sollte die Mitte widerspiegeln. Alle Aspekte der Natur, die in der Mitte der Erde siebendimensional sind, könnten dies auch auf der Oberfläche sein. Wir können sie durch unsere Wurzeln, unser Erdstern-Chakra, erreichen. Immer schon wurde uns gesagt: »Wie oben, so unten.« Darauf arbeiten wir hin.

Alles, was wir wissen müssen, kann in der Hohlerde gefunden werden, aber nur wenige Menschen können ihr reines kostbares Licht anrühren, ohne es missbrauchen zu wollen. Aber dieses Licht ist so wichtig und so machtvoll, dass wir uns auf diese Möglichkeit vorbereiten müssen.

Die Welt in Harmonie

Um die Welt zu heilen, müssen wir den individuellen Klang eines jeden Kontinents finden und dann alle Klänge in einer großen Harmonie vereinigen. Diese Harmonisierung ist der Schlüssel, der alle Schwierigkeiten auf der Erde beseitigen und die Veränderungen bis zum Jahr 2032 ermöglichen wird.

Wann immer sich mir während meiner letzten Seminare die Möglichkeit bot, habe ich die Teilnehmer in Gruppen aufgeteilt, welche die Kontinente repräsentieren sollten. Jede Gruppe sang dann ein Lied oder erzeugte einen Ton, der die Energie des betreffenden Teils der Welt widerspiegeln sollte. Anschließend kamen alle Gruppen wieder zusammen, um ihren Ton oder ihr Lied harmonisch in das Ganze einzubringen. Am Ende erkannten wir jedes Mal, dass zwar jede Gruppe anders ist, es aber auch ein großes Gefühl der Einheit gibt.

Kathy und ich waren der Meinung, dass es viel wirkungsvoller sein würde, wenn wir die Noten eines jeden Kontinents hätten. Als wir Kumeka darum baten, sagte er, dass er sich mit dem Intergalaktischen Konzil beraten müsse, bevor er uns diese Informationen geben könne, da diese unglaublich machtvoll wären und nur mit Weisheit und Vorsicht gebraucht werden sollten. Ein paar Tage später sagte er, dass er die Erlaubnis erhalten hätte.

Hier sind die Noten:

Arktis	A
Antarktis	G
Asien	D
Nordamerika	F
Südamerika	C
Afrika	B
Europa	E
Australasien	E

Was Erzengel Sandalphon Kathy über Hohlerde mitteilte

»Zweimal ist die Energie der Hohlerde den Erleuchteten anvertraut worden. Die Energie dort ist die reinste, die man sich nur vorstellen kann. Sie umfasst alles, was den Menschen so teuer ist, von ihnen aber für selbstverständlich gehalten wird – zum Beispiel den ersten Schrei eines Neugeborenen, den warmen Wind auf dem Gesicht, den Geschmack reinen Wassers, den Klang der Luft, das reine Lied eines Vogels, die Weichheit und Festigkeit der Erde unter den Füßen. Diese Lebenskraft ist so kostbar, dass wir sie dir anvertrauen. Wir vertrauen dir und erwarten, dass du mit ihr atmest, mit ihr bist und verstehst, wie fein und perfekt, wie stark und wunderbar diese Energie ist.

Es gibt viele Menschen auf der Erdoberfläche, die diese Energie niemals berühren und fühlen werden und dürfen. Sie werden sie nicht verstehen und könnten sie daher in einem Augenblick auslöschen. Viele Menschen werden sie fühlen, aber niemals verstehen. Es gibt einige, die über die Vision und die Erinnerung verfügen, die den richtigen Ton und die richtige Schwingung haben, um mit der Hohlerde zu atmen. Sie können durch die Hohlerde zu den Planeten und darüber hinaus gelangen. Diese Menschen werden die Erdoberfläche in einen warmen, friedvollen Ort der Sanftmut, Ruhe und Liebe verwandeln.

Wenn du dir die Menschen in deiner Nähe anschaust, siehst du, dass ihre Energie durchmischt ist. Jene Menschen, die innen wie außen gleich sind, werden jene sein, die Zugang zur Hohlerde haben. Es ist meine Aufgabe, als Torwächter zu fungieren und alle zu ermutigen, in sich selbst hineinzuschauen, um ein echter reiner Hüter der planetarischen Lebenskraft zu werden. Ich werde niemanden einlassen, dessen Absicht und energetisches Gedächtnis nicht im Einklang sind und der nicht bereit ist, diese zum höchsten Wohle aller Wesen einzusetzen.

Viele Menschen werden niemals Zugang zu den Wundern der Hohlerde erlangen. Sie können es noch nicht. Ein Lächeln oder Lachen ist ansteckend, und jene, die Zugang finden, werden die Magie für diejenigen zum Leben erwecken, die dies nicht tun. Andere werden sich vom Glück, vom Leuchten und von den Wundern des Universums anstecken lassen und dadurch werden die Menschen allmählich erleuchtet werden. Sie werden einfach nicht anders können. Sie werden glücklich sein.

Der göttliche Quell vertraut dir den Herzschlag des Planeten an. Eine Analogie wäre die eines Babys im Mutterleib, das voller Wissen und voller Hoffnung darauf wartet, dir etwas zu geben. Seid die besten Eltern, die ihr sein könnt. Wenn euch Zugang zur Energie der Hohlerde gewährt wird, ist die Zeit gekommen, das Sternentor vollständig zu aktivieren. An diesem Punkt wird alles, was je war und je sein wird, zusammenkommen. Ihr werdet zu demütigen, dankbaren und äußerst fähigen Menschen werden. Ihr werdet die Weisheit haben zu erkennen, welches Wissen wann zu verbreiten ist.

Dann können eure physischen Gestalten im Licht aufgehen und ihr werdet für die Menschen in eurer Umgebung unsichtbar werden.«

Der SCHLÜSSEL der Hohlerde besteht darin, sich auf den Bauplan des Planeten einzustimmen.

Der KLANG für diesen goldenen kosmischen Schlüssel ist das kosmische Orchester aller Töne.

Die FARBE ist Himmelblau.

Die alten Zivilisationen

Schlüssel 1

Die kosmische Ära von Atlantis

Jede Ausatmung Gottes dauert 26 000 Jahre. Dies ist eine Zeit der Schöpfung, während der sich die Dinge auf der Erde entwickeln und ausdehnen. Gegen Ende der Ausatmung wird alles Gute zu einem Abschluss gebracht, Karma wird beglichen, das Veraltete fällt in sich zusammen. Genau das machen unser Planet und unser Universum gegenwärtig durch. Dann folgt die Einatmung und alles strömt zurück zur Gottheit. Während dieser Phase wird das Alte entweder aufgelöst oder umgewandelt.

2012 stellt das Ende eines Zyklus aus zehn Ausatmungen dar. Ein solcher Zyklus wird als kosmische Ära bezeichnet und dauert 260 000 Jahre.

Das letzte goldene Zeitalter auf diesem Planeten war zu Zeiten von Atlantis. Ein ganzer Kontinent wurde für das atlantische Experiment reserviert, das 260 000 Jahre dauert. 10 000 Jahre, um die Voraussetzungen zu schaffen, 240 000 Jahre, in denen das Experiment lief, und noch einmal 10 000 Jahre, um Schlussfolgerungen zu ziehen und Lektionen daraus zu lernen. Die kosmische Ära von Atlantis endet im Jahr 2012.

Nach dem Ende der Ausatmung folgt die Einatmung. Nach dem Abschluss der kosmischen Ära im Jahr 2012 folgt die Einatmung, die elf Jahre, also bis 2023, dauert. Dann folgt eine neunjährige Pause, wonach die nächste Ausatmung einsetzt und wieder eine Zeit der Schöpfung beginnt.

Nach 2032 wird es einen neuen Bauplan für die Erde, die Menschheit und das Universum geben, damit ein neues goldenes Zeitalter auf einer höheren Frequenz als das letzte beginnen kann. Wir schenken Ihnen die Schlüssel zur höheren Welt, damit Sie Ihren Teil dazu beitragen können.

Der Bauplan des goldenen Atlantis

Das goldene Zeitalter von Atlantis – also die 1500 Jahre währende Phase, während der die Frequenz auf dem Planeten so hoch war wie noch nie zuvor – war das letzte Mal, als das Licht auf Erden wahrhaft schien und der Planet hell erstrahlte. Diese Zeit wurde als goldenes Zeitalter bezeichnet, weil das Licht, das alle Wesen und die Erde selbst ausstrahlten, von goldener Farbe war. Der Bauplan für das goldene Atlantis sah ein völlig entspanntes Dasein vor, in dem alle Menschen die Tiere, die Natur und die Erde verstehen konnten. Die Menschheit hatte eine fünfdimensionale Schwingung, sodass sie zum höchsten Wohle aller Wesen zusammenarbeiten und in vollkommener Harmonie miteinander leben konnte. Sie teilte alles nach ihren Bedürfnissen, sie half und respektierte einander und ehrte das Land.

Der Bauplan dieser Zeit wird in der Hohlerde aufbewahrt, und Tiere und Vögel erscheinen, um uns davon zu berichten. Singvögel zum Beispiel erzählen uns in ihren Liedern von den erstaunlichen Fähigkeiten, die in uns schlummern. Die Tiere, die eine fünfdimensionale Frequenz haben, erscheinen und leben auf fünfdimensionale Weise, wodurch sie uns diese höhere Art des Lebens demonstrieren.

Zwölf spirituelle Chakras und zwölf DNA-Stränge

Zur Zeit des goldenen Atlantis waren die zwölf spirituellen Chakras aller Menschen geöffnet und aktiv. Das bedeutet, dass auch die zwölf Stränge ihrer DNA vollständig aktiviert waren, sodass sie über spirituelle und übersinnliche Gaben verfügten, die unser heutiges Vorstellungsvermögen weit übersteigen. Alle waren hellsichtig, hellhörig und konnten telepathisch miteinander kommunizieren, die meisten Menschen konnten auch levitieren, heilen, sich auf die in Kristallen enthaltenen Informationen einstimmen und mit Engeln und Einhörnern kommunizieren. Die Magier konnten fliegen, die Hohepriester und Hohepriesterinnen reisten intergalaktisch zu anderen Sternensystemen. Sie entwickelten und gebrauchten unglaubliche spirituelle Technologien, die auf das höchste Wohl des Planeten ausgerichtet waren.

Die Engel von Atlantis

Engel-Delfine und die Engel von Atlantis, welche die Weisheit jener Zeit bewahren, sind nun wieder unter uns und übertragen das alte Wissen auf telepathischem und anderem Wege auf uns. Immer mehr Menschen beginnen sich an ihre Talente und Begabungen zu erinnern. Alte natürliche Heilmethoden, die ohne den Gebrauch von Medikamenten auskommen, kehren zurück. Die Weisheit und Kraft der Kristalle wird wieder nutzbar gemacht.

Der Große Kristall

Im Tempel des Poseidon im Zentrum von Atlantis befand sich der Große Kristall, in dem das atlantische Wissen und die atlantische Weisheit enthalten waren. Der Kristall diente auch als Portal. Heute liegt er im Zentrum des Bermudadreiecks. Er ist eines der Portale zur Hohlerde (siehe dazu Schlüssel 29).

Der SCHLÜSSEL von Atlantis besteht darin, sich tief zu entspannen und die Tiere und die Erde zu ehren.

Der KLANG ist der Weckruf, der alle dazu einlädt, in der fünften Dimension zu leben.

Die FARBE ist Golden.

Eine Visualisierung: Ehren Sie die Tiere und die Erde

1. *Suchen Sie sich einen ruhigen Ort, an dem Sie niemand stören wird.*
2. *Zünden Sie eine Kerze an, um die Schwingung anzuheben.*
3. *Schließen Sie die Augen und entspannen Sie sich.*
4. *Erden Sie sich, indem Sie sich vorstellen, dass aus den Fußsohlen Wurzeln bis tief in die Erde dringen.*
5. *Hüllen Sie sich vollständig in Erzengel Michaels blauen Schutzmantel.*
6. *Stellen Sie sich vor, Sie würden an einem wunderschönen Ort in der Natur spazieren gehen.*
7. *Visualisieren Sie das Wunder des Bodens, der Steine, der Insekten, der Blätter, der Wurzeln und alles anderen.*
8. *Stellen Sie sich vor, was sich in Steinen und Kristallen auf tieferer Ebene abspielt.*
9. *Laden Sie Tiere aus aller Welt in Ihre Visualisierung ein, und schauen Sie das Wunder, das sie sind.*
10. *Seien Sie gewiss: Je mehr Sie die Tiere und die Erde ehren, respektieren und bewundern, desto stärker wird Ihr Zugang zu diesem Schlüssel zur höheren Welt sein.*
11. *Kehren Sie nach einer Weile an den Ausgangspunkt Ihres geistigen Spaziergangs zurück, richten Sie Ihre Aufmerksamkeit wieder auf die Gegenwart und öffnen Sie die Augen.*

Eine Übung: Achtsam gehen

1. Gehen Sie hinaus in den Garten, in einen Park, aufs Land oder an den Strand.
2. Schauen Sie sich das Wunder aller natürlichen Dinge an, die Sie sehen – gleich ob es sich dabei um einen Baum, eine Blume, eine Muschel, einen Stein oder Wasser handelt.
3. Wenn möglich berühren Sie sie.
4. Erkennen Sie an, dass sie alle ihren Teil beitragen, und danken Sie ihnen dafür.

Schlüssel 2

Lemuria

Lemuria war die Zivilisation, die Atlantis vorausging. Wesen aus allen Universen waren gekommen, um am lemurischen Experiment teilzunehmen. Sie alle hatten eine große Liebe zur Erde. Sie waren harmonisch, fünfdimensional und in sich selbst komplett. Sie waren androgyn, hatten also kein Geschlecht, aber ein großes Verlangen, den Planeten zu heilen. Sie besaßen die richtige Energie, um dies zu bewerkstelligen.

Aber die Lemurer waren ätherisch, sie waren nicht völlig verkörpert und wandelten nicht physisch auf dem Land. In gewissem Sinn waren sie wie die Engel, aber sie schwangen auf einer fünfdimensionalen Frequenz.

Von unserem menschlichen Gesichtspunkt aus erscheinen die Lemurer als große Menschen mit blondem Haar und blauen Augen. Aber in Wirklichkeit waren sie wie eine gewaltige Energiewolke, die in verschiedene Bereiche des Universums trieb und die Orte, die sie berührte, beeinflusste und heilte. Sie stellten eine riesige Lichtmacht dar, die aus allen Teilen der Universen kam und an verschiedenen Orten auf unterschiedliche Weise heilte.

Sie alle waren mit den vier Aufstiegsplaneten, -sternen und -sternensystemen Neptun, Orion, Sirius und Plejaden verbunden. Die Lemurer zogen das Licht und die Liebe Gottes durch das kosmische Herz in die Erde hinein.

Die Lemurer sammelten die göttlichen Eigenschaften der irdischen Energiefelder und der Auras vieler Existenzebenen, Sterne, Sternensysteme und Planeten und fügten diese der reinen Energie des göttlichen Quells hinzu. Wenn sie dieses gewaltige Licht auf den Planeten konzentrierten, verfestigte es sich und bildete die lemurischen Kristalle. Sie legten die Kristalle in die Erde, damit das in ihnen enthaltene Licht in die Leylinien einströmen konnte. Deshalb war die Erde von innen her erleuchtet. Das Land war bedingungslose Liebe. Im Film *Avatar* kann man sehen, wie der Boden vor Liebe aufleuchtet, wenn die Na'vi über ihr Land auf Pandora schreiten. Er leuchtete aber nicht, wenn die Erdlinge, die sich nicht im Einklang mit ihrer Welt befanden, darüberschritten.

Die Lemurer beeinflussten die Erde, aber auch viele andere Sterne, Planeten und Sternensysteme und pflanzten ihre Heilkristalle, die über eine unglaublich reine Energie verfügten, an vielen Orten ein.

Die Kristalle enthalten Energien, die immer genau das hervorbringen, was gebraucht wird, um der Sternenwelt oder der gesamten Schöpfung zu einer gegebenen Zeit zu helfen. Wenn Sie zum Beispiel so weit sind, mit den Drachen zu arbeiten, um dem Planeten zu helfen, öffnen sie Ihnen die Tür zum Reich der Drachen. Wenn Sie eine Verbindung zu Petranium haben, bringen sie Sie auf die richtige Frequenz, damit Sie die Energie anzapfen können, die Sie benötigen. Sie können lemurische Kristalle auch benutzen, um eine bestimmte Eigenschaft in jemandem hervorzubringen. Diese Energie kann dann eingesetzt werden, um ein bestimmtes Projekt zu beeinflussen, bis es zu einem Welleneffekt kommt, der unbegrenzt sein kann. Die lemurischen Kristalle müssen aber weise eingesetzt werden, da sich ihre Wirkung immer weiter ausbreitet und viele Menschen berührt.

Die Lemurer verbanden sich mit der klaren Absicht mit der Erde, Heilkristalle für uns zu erschaffen. Diese Kristalle waren so konstruiert, dass sie uns während der Übergangsphase zum neuen goldenen Zeitalter helfen sollten. Wir können ihre Eigenschaften für vieles benutzen, darunter auch für die Heilung des ganzen Planeten. Diese Kristalle geben uns den einzigen Hinweis auf die Existenz der Lemurer, denn sie waren als Erbe für uns gedacht.

Mutter Maria war eines der kosmischen Wesen, die das Wirken der Lemurer auf der Erde beaufsichtigte.

Die Energie von Lemuria verankern

Es gab eine Phase gegen Ende der lemurischen Epoche, in der die frühen Atlanter bereits angekommen waren und die Lemurer sich noch nicht vollständig zurückgezogen hatten. Während dieser Phase existierten beide Zivilisationen gleichzeitig. Diese ersten Atlanter, die das Land in physischen Körpern betraten, waren aber ätherisch und liebevoll genug, um keine Reibereien zu provozieren.

Schließlich trafen die Aborigines auf dem Planeten ein, um die Energie von Lemuria zu verankern. Sie hatten physische Körper, aber ihre Energiefelder enthielten nicht jene bedingungslose Liebe, mit der die Erde bisher vertraut war. Daher erzeugten sie zunächst ein Ungleichgewicht. Viel später während der Zeit des goldenen Atlantis wurden die Aborigines vom atlantischen Experiment beeinflusst – obwohl sie keinen Anteil daran hatten –, sodass sie lernten, die Erde bedingungslos zu lieben.

Das kosmische Portal von Hawaii, das den Großen Kristall von Lemuria aktiviert und die in ihm enthaltene Weisheit zurückbringt, öffnet sich bereits.

Der SCHLÜSSEL von Lemuria besteht darin, sich mit dem göttlichen Quell zu verbinden und die eigene Energie in Harmonie mit der bedingungslosen Liebe der Erde zu bringen.

Der KLANG ist ein tiefes Summen, das die vier Aufstiegsgestirne verbindet.

Die FARBE ist Weiß-Golden.

Eine Übung: Lemurische Selbstheilung mit Kristallen

Die Aktivierung unserer Selbstheilungskräfte wird immer wichtiger, da heute, wo sich unsere Schwingungsfrequenz erhöht, unsere niederen Energien vermehrt an die Oberfläche kommen. Sorgen Sie dafür, dass Sie keine persönlichen Erwartungen an das Ergebnis einer Heilung haben.

1. Verwenden Sie nur nach ethischen Maßstäben abgebaute lemurische Quarzkristalle, die Sie in jedem guten Kristallladen kaufen können. Sie müssen nicht gereinigt werden, da sie sich selbst reinigen.
2. Diese Übung müssen Sie gemeinsam mit anderen ausführen, damit Sie von ihnen Rückmeldungen erhalten. Wenn Sie einen der lemurischen Kristalle in die Hand nehmen, erwecken Sie diesen zum Leben. Schauen Sie in Ihren Kristall, als ob Sie in einen Spiegel sehen würden, und denken Sie daran, dass wir nicht immer in der Lage sind, die Wahrheit über uns selbst zu erkennen.
3. Die anderen schauen für Sie in ihre Kristalle und sehen, spüren oder nehmen auf sonstige Weise wahr, was bei Ihnen geheilt werden muss. Wenn sie dies getan haben, erzählen sie Ihnen liebevoll davon.
4. Bitten Sie die Kristalle alles aufzulösen, was geläutert oder geheilt werden muss.
5. Visualisieren Sie, dass Sie sich mit dem schlagenden Herzen des Kosmos verbinden. Dies wird Ihnen helfen zu akzeptieren, was geheilt oder geläutert werden muss.

Heilen mit lemurischen Kristallen

Wenn Sie mit einem lemurischen Kristall arbeiten, übernehmen Sie eine große Verantwortung. Wenn Sie jemandem einen lemurischen Kristall ohne ausführliche Erklärung schenken, ist das so, als ob Sie einem Kind ein Motorrad schenken würden, ohne ihm zu zeigen, wie man es korrekt fährt. Lemurische Heilenergie ist zehnmal so stark wie Reiki-Energie. Die geistige Welt wird nicht zulassen, dass wir etwas über ihre Heilkräfte erfahren, solange wir nicht in der Lage sind, sie auf integre Weise zu gebrauchen.

Lemurisches Heilen entspringt der tiefsten Liebe und betraf immer den ganzen Planeten, obwohl es auch bei Individuen angewendet werden kann. Aber die Energie wird niemals von einem Einzelnen ausgesendet. Wenn zwei fünfdimensionale Menschen zusammenkommen, können sie die Energie der Kristalle in die Erde hineinprojizieren.

Eine Visualisierung: Verbinden Sie sich mit der lemurischen Energie

1. *Suchen Sie sich einen ruhigen Ort, an dem Sie niemand stören wird.*
2. *Entzünden Sie eine Kerze, um die Schwingung anzuheben.*
3. *Schließen Sie die Augen und entspannen Sie sich.*
4. *Erden Sie sich, indem Sie sich vorstellen, dass aus Ihren Fußsohlen Wurzeln tief in die Erde dringen.*
5. *Hüllen Sie sich vollständig in Erzengel Michaels blauen Schutzmantel.*
6. *Bitten Sie Mutter Maria, zu Ihnen zu kommen, und stellen Sie sich vor, dass sie Sie in eine blassrosa Lichtkugel setzt.*
7. *Stellen Sie sich vor, Sie wären ein Teil der wundersamen lemurischen Energie.*
8. *Sie halten einen riesigen lemurischen Kristallstab in den Händen und treten in die Erde ein.*
9. *Mit Ihrem Stab aktivieren Sie alle lemurischen Kristalle in der Erde, bis Sie sehen, dass unser Planet von innen heraus leuchtet und schimmert.*
10. *Nehmen Sie Ihren Stab und durchstreifen Sie den Kosmos. Aktivieren Sie alle lemurischen Kristalle auf anderen Planeten.*
11. *Treten Sie einen Schritt zurück, und sehen Sie, wie das ganze Universum im Licht der Heilung leuchtet und strahlt.*
12. *Trennen Sie sich wieder von der lemurischen Energie.*
13. *Bringen Sie Ihr Bewusstsein wieder in das Zimmer zurück, in dem Sie sitzen, und öffnen Sie die Augen.*

Eine Übung: Ein lemurischer Spaziergang

Die Energie von Lemuria ist weiß-golden. Die Lemurer liebten die Erde und die gesamte Natur. Dieser Spaziergang wird Ihnen helfen, sich darauf einzustimmen.

1. Gehen Sie hinaus in den Garten, in einen Park, in die Berge, in den Wald oder ans Meer.
2. Konzentrieren Sie sich eine Zeit lang darauf, Liebe aus dem kosmischen Herzen einzuatmen.
3. Gehen Sie dann tiefer in Gott hinein und ziehen Sie weiß-goldenes Licht durch sich hindurch.
4. Spüren Sie, dass Sie weiß-goldene Fußspuren auf der Erde hinterlassen. Visualisieren Sie dann, dass diese von der Liebe der Erde zum Leuchten gebracht werden, sodass Sie eine Spur aus Licht und Liebe hinterlassen.

Schlüssel 3

Mu

Viele Menschen reden über Mu, als ob es identisch mit Lemuria und der Name lediglich eine Art Abkürzung wäre. Mu war jedoch eine ältere Zivilisation, die noch vor Lemuria bestand, aber ebenfalls im Pazifik lag. Die Wesen von Mu besaßen ein vier- bis fünfdimensionales Bewusstsein und waren nicht so hoch entwickelt wie die Lemurer. Da sie noch keine physische Gestalt angenommen hatten, gibt es keine Relikte.

Die Wesen von Mu hegten und pflegten die Bäume und Pflanzen und arbeiteten ebenfalls mit Kristallen, aber in weit geringerem Ausmaß als die Zivilisation, die auf sie folgte. Sie waren glücklich und zufrieden, hier zu sein und das Leben auf der Erde zu erfahren, Kontakt mit den Tieren zu haben und der Körperlichkeit dieser Existenzebene nahe zu kommen, aber sie hatten nicht das brennende Verlangen, die Erde zu heilen, wie es die Lemurer hatten.

Obwohl die Wesen von Mu nicht dieselbe tiefe Leidenschaft für die Natur und die Heilung des Planeten besaßen wie die Lemurer, liebten sie die Erde und die vier Aufstiegsgestirne Neptun, Orion, Sirius und Plejaden doch sehr.

Klangberge

Menschen, welche die Berge lieben, wissen, dass diese leben und eigenständige Wesen sind. Wie alle anderen Lebewesen erzeugen auch sie einen bestimmten Ton. Der Klang der Berge ist die hohe, klare Note des

Engelgesangs. Oscar Hammerstein, der in dem Lied *The Sound of Music* den Ausdruck »Die Berge sind voll des Klangs der Musik« gebrauchte, war mit Sicherheit darauf eingestimmt. Die Wesen von Mu hatten eine besonders enge Verbindung zu den Bergen.

Der dritte Schlüssel ist der Klang, der den Bergen der Welt innewohnt. Bestimmte Berge oder Gebirgszüge wie die Alpen senden außerordentlich reine Melodien aus, die alle Bewohner der Region beeinflussen. Berge wie die in Afghanistan enthalten Lapislazuli, Smaragde und andere Edelsteine, die ihre eigenen Töne aussenden und das Spektrum der Musik ergänzen, das die Berge dieser Region aussenden. An Orten, an denen die Energie der Erde schwer ist, sind die Töne flach und disharmonisch und müssen mit höherer Musik in Harmonie gebracht werden.

In der Hohlerde, innerhalb einer aquamarinfarbenen Flamme Mutter Marias und Erzengel Michaels, bewahren die Wesen von Mu die Liebe der fünf Gestirne Erde, Neptun, Orion, Sirius und Plejaden gleichermaßen in einem wunderbaren heilenden Licht.

Aufgabe der Wesen von Mu ist es zudem, den Metatron-Würfel in der Hohlerde zu bewahren. Hier findet sich die Liebesenergie, das Herz des Metatron-Würfels. Der göttliche Bauplan für jeden Planeten, jeden Stern und jedes Sternensystem wird in seinem hohlen Inneren bewahrt. Mu verbindet Hohl-Sirius, die Hohl-Plejaden, Hohl-Orion, Hohl-Neptun und Hohlerde. In Mu in der Hohlerde wird die Weisheit der anderen vier Gestirne und der Erde eingeschlossen in einem ätherischen Metatron-Würfel bewahrt.

Der SCHLÜSSEL von Mu besteht darin, die Weisheit aller Planeten zu vereinen.

Der KLANG ist der des Windes, der durch die Wälder weht, und der der Musik der Berge.

Die FARBE ist Blassgelb.

Eine Visualisierung: Nehmen Sie Kontakt zur Weisheit der Planeten auf

1. *Suchen Sie sich einen stillen Ort, an dem Sie zur Ruhe kommen können und nicht gestört werden.*
2. *Zünden Sie eine Kerze an und weihen Sie diese den Hohlzentren von Neptun, Orion, den Plejaden, Sirius und der Erde.*
3. *Schließen Sie die Augen und atmen Sie tief durch. Lassen Sie die Außenwelt hinter sich und entspannen Sie sich.*
4. *Erden Sie sich, indem Sie sich vorstellen, dass aus Ihren Füßen Wurzeln tief in die Erde dringen.*
5. *Hüllen Sie sich vollständig in Erzengel Michaels blauen Schutzmantel.*
6. *Stellen Sie sich vor, Sie wären im Zentrum der Hohlerde in einem wunderschönen Naturparadies.*
7. *Rufen Sie die Wesen von Mu an und spüren Sie deren Anwesenheit.*
8. *Vor sich sehen Sie ein riesiges aquamarinfarbenes Licht. Darin spüren Sie Mutter Maria und Erzengel Michael, die Heilung und Liebe ausstrahlen.*
9. *Stellen Sie sich vor, Sie würden in diesem blauen Licht in das Zentrum von Hohl-Sirius reisen. Halten Sie die Tiere im Licht. Atmen Sie die Liebe dort ein.*
10. *Begeben Sie sich nun im blauen Licht nach Hohl-Orion und erleben Sie das dortige Paradies. Atmen Sie die Liebe dort ein.*
11. *Dann geht es weiter zu den Hohl-Plejaden. Atmen Sie die Liebe dort ein.*
12. *Dann geht es weiter zu Hohl-Neptun. Atmen Sie die Liebe dort ein.*
13. *Bringen Sie all diese Liebe und heilende Energie zurück zur Hohlerde und füllen Sie das Herz des Metatron-Würfels damit.*
14. *Danken Sie den Wesen von Mu dafür, dass sie Ihnen geholfen haben, und tauschen Sie Ihr Licht mit ihnen aus.*
15. *Kehren Sie nun in das Wachbewusstsein zurück.*

Eine Übung: Hören Sie das Lied der Berge

1. Weihen Sie diese Übung Ihrer Verbindung zur Energie von Mu.
2. Wenn möglich begeben Sie sich auf einen Berg und setzen Sie sich still hin.
3. Hören Sie dem Lied des Berges zu und summen oder singen Sie mit. Wenn Ihnen das unmöglich erscheint, tun Sie so, als könnten Sie es hören. Singen Sie, was Ihnen auch immer in den Sinn kommen mag.
4. Bedanken Sie sich bei den Bergen und empfangen Sie ihren Segen.

Schlüssel 4

Petranium – die Ursprünge Afrikas

Petranium war der Name der alten Zivilisation, die vor Lemuria und Mu bestand, Afrika bevölkerte und die afrikanischen Rassen begründete. Der große aufgestiegene Meister Afra, ein siebendimensionales Wesen, dessen Energie der eines Erzengels gleicht, wacht über Afrika. Als er noch einen physischen Körper hatte, war er ein Mann, aber heute ist er androgyn.

Nun folgt, was Afra zu Kathy sagte:

> »Ich bin Teil dieses Planeten. Ich wandle mit den Menschen in Afrika. Ich versuche, Ihnen dabei zu helfen, das Schöne und Reine zu spüren und das Licht des goldenen Zeitalters zurückzubringen. Meine Energie ist Teil der Erde. Sie ist in den Kristallen, in der Erde und den Steinen, in der Hohlerde und den Sternen. Aber meine Energie ist nicht von der Erde, sie energetisiert die Erde vielmehr. Sie verstärkt ihre Eigenschaften und bringt jene Qualitäten hervor, welche Tiere und Pflanzen für ihr Überleben brauchen. Ich bin ein fernes Licht, das durch die Poren des Planeten dringt, um auf jede mögliche Weise zu helfen. Meine Kraft ist wie ein Lichtfinger, der von meinem Heimatplaneten zur Erde dringt und in der Erde verbleibt.«

Afra arbeitet mit Serapis Bey zusammen, der nach dem Untergang von Atlantis bei der Errichtung der Pyramiden half. Beide wachen auch jetzt noch über diesen Kontinent.

Ursprünglich kamen die Wesen Afrikas, welche die Zivilisation von Petranium begründeten, aus allen Teilen der Universen und brachten das Wissen von ihren Planeten, um die Erde zu erleuchten. Als Afrika zuerst besiedelt wurde, existierten auf der anderen Seite des Globus in Asien bereits Wesen, die vor jenen angekommen waren, die Petranium begründeten. Sie hatten auf denselben Hilferuf reagiert und sind immer noch mit unserem Planeten verbunden, obwohl sie nie physische Körper angenommen haben.

Die gewaltige, mannigfaltige Landmasse Afrikas war schon immer hier. In frühester Zeit war Afrika mit üppiger, grüner und kraftvoller Vegetation bedeckt. Jede einzelne Pflanze war gesund. Das Land war magisch. Es lebte. Das war das goldene Zeitalter von Petranium.

Ursprünglich hatten sich kleine Gruppen an verschiedenen Orten des Kontinents niedergelassen, da jede Region eine andere Energie und einen anderen Bestimmungszweck hatte. Die Wesen, die zuerst dorthin kamen, wussten, wie man mit dem Planeten, seiner Erde, seiner Luft und seinem Wasser umgehen musste. Sie spürten sogar intuitiv, wie man mit Feuer umgeht, wenn eines ausbrach.

Einige der frühen Siedler wussten, wie sie mit dem Licht und den Kristallen der Erde arbeiten konnten – besonders wie sie den Kristallen helfen konnten, das Licht der Erde als Signal weit zu anderen Sternen, Planeten und Galaxien dieses Universums zu senden, da dies zeigte, wie sich Gaia fühlte.

Andere arbeiteten mit dem Wasser. Sie wussten, wie man dessen Qualitäten allen zugänglich machen konnte. In der damaligen Zeit floss das Wasser nicht zufällig, auch fiel es nicht aufgrund der Zyklen des Planeten vom Himmel, es wurde bewahrt.

Die Wesen, die den Kontinent besiedelten, arbeiteten sehr eng mit den kosmischen Wesen zusammen. Gemeinsam waren sie in der Lage, die Wolken so zu lenken, dass das Wasser in ihnen immer dort fiel, wo und wann es gebraucht wurde.

In jener Zeit wussten sie, wie man die Erde wirklich spürte. Heute haben wir keine Vorstellung davon, wie sie es taten. Wir haben vergessen, wie wunderbar, wie verletzlich und wie nährend diese weiche Schicht auf der Oberfläche der Erde ist. Sie hingegen wussten es.

Die Wesen bauten keine Erze ab, sie beraubten den Boden nicht seiner Mineralien und Elemente, wie wir es heute tun. Sie reicherten ihn an, indem sie ihre eigene Energie mit der des Bodens verschmolzen. Auf diese Weise waren sie in Zusammenarbeit mit dem Wasser in der Lage, die Elemente und Mineralien überall hin zu verteilen.

Afrika könnte immer noch zu diesem wunderbaren Zustand zurückkehren, wenn seine Bewohner sich wieder mit ihrem inneren Wissen verbinden und es wieder entfachen könnten. Dann könnten sie ihre Energie wieder mit jener der kosmischen Wesen verschmelzen, die über den Kontinent wachen.

In alter Zeit wussten sie, wie die Sterne, die Planeten und der Mond den Zyklus des Lebens bestimmen. Wenn wir heute um dieses Wissen bitten und es anwenden würden, könnten die Leben spendenden Eigenschaften des Wassers wieder genutzt werden.

Die frühen Bewohner Afrikas waren klein. Sie brauchten keine größere Körpermasse, um das zu erreichen, was sie sich vorgenommen hatten, da ihre Auras so hell und strahlend waren, dass physische Größe keine Rolle spielte. Zuerst waren sie mehr Energie als Fleisch.

Zwischen den einzelnen Regionen gab es keinen Wettbewerb. Alle arbeiteten zusammen und teilten im Interesse des Gemeinwohls ihr Wissen und ihre Erfahrungen miteinander.

Das goldene Afrika strahlte in einem lebenden, starken Licht. Heute sind die Erinnerung daran und die alte Weisheit tief im Land verborgen, aber sie können freigesetzt und wieder genutzt werden. Mein Führer Kumeka versichert uns, dass wir die Antworten nicht finden werden, indem wir diese Informationen rational zu verstehen suchen. Sie müssen gelebt werden. Die Wesen der Engelreiche sind bereit, uns dabei zu helfen. Lemurisches Heilen wird den Menschen helfen, dies zu tun, wodurch wir ein neues Gleichgewicht finden und ein neues Bewusstsein erlangen werden. Der erste Schritt besteht darin, den eigenen Verstand zu zähmen. Dann muss man zulassen, dass das in Gehirn und Geist gespeicherte Wissen die eigene Aura ausfüllt. Die kosmischen Meister wollen, dass wir nun über uns selbst hinauswachsen.

Die Wesen Petraniums waren nicht in einem Körper gefangen, bis sie auf die Erde kamen. Ihre Energien waren so klein oder so groß, wie sie es gerade brauchten. Die Lebenskraft unseres Planeten ist stark und schwer. Da gegenwärtig unsere Schwingungsfrequenz angehoben wird, fühlen wir uns häufig müde und unsere Körper haben mehr Schmerzen. Aus diesem Grund begrenzen wir unbewusst unsere Energie, damit wir uns in unserem physischen Körper leichter fühlen. Die kosmischen Wesen teilen uns mit, dass es nun für alle Bewohner der Erde an der Zeit ist, wieder das hohe Energieniveau zu erreichen, das wir während des afrikanischen und der anderen goldenen Zeitalter über lange Zeit aufrechterhalten hatten. Wenn wir mit ihnen arbeiten, werden sie unseren Körpern helfen, diese Energie leichter zu akzeptieren. Sie wissen, dass dies für uns eine Herausforderung darstellt, aber sie sind gekommen, um uns dabei zu helfen.

Als die Wesen von Petranium eng mit den kosmischen Wesen, den Kristallen, der obersten Erdschicht, dem Wasser und der Luft zusammenarbeiteten, war das Licht unglaublich hell. Alles Leben befand sich in strahlender Harmonie, aber im Verlauf von Millionen Jahren änderte sich dies allmählich. Die ursprünglichen Bewohner fanden es zunehmend schwieriger, die Verbindung zu ihren Heimatplaneten aufrechtzuerhalten, und wurden so mehr und mehr deren Einfluss entzogen. Als ihre Energie immer dichter wurde, nahmen sie schließlich menschliche Gestalt an. Ihre Haut wurde aufgrund der Nahrung, die sie aßen, und der damaligen gemäßigten Temperaturen dunkler. Ihre Gefühle und Emotionen wurden stärker, bis sie schließlich zu sexuellen Wesen wurden und sich fortzupflanzen begannen.

Als die ersten Wesen zuerst in Afrika mit der Erde in Kontakt kamen, waren sie eher geistig als körperlich. Sie waren wie die Lemurer ätherisch. Aber im Gegensatz zu den Lemurern wurden sie schließlich zu physischen Wesen. Solange sie ätherisch waren, standen sie in Verbindung zu ihren Heimatplaneten, -sternen und -galaxien. Es war für sie möglich, Tausende Jahre alt zu werden. Während der Übergangsperiode, in der sie immer körperlicher wurden, verloren sie die Fähigkeit, die Erde zu nähren. Damals variierte ihre Lebensspanne noch, da viele von ihnen auch weiterhin in der Lage waren, in ihre ätherischen Körper zurückzukehren und in ihre physischen Körper hinein- und aus ihnen herauszuschlüpfen. Andere, die dies nicht konnten und daher mehr Zeit in ihren physischen Körpern verbringen mussten, lebten nicht so lange wie jene, die in die ätherische Welt zurückkehren konnten. Obwohl sie schließlich jede Verbindung zu ihren Heimatplaneten verloren hatten, war ihre Schwingungsfrequenz immer noch siebendimensional, sodass sie noch heute unter uns weilen – unsichtbar für die Menschen, die sich gegenwärtig inkarnieren.

Es gibt noch immer Tausende der ursprünglichen siebendimensionalen Bewohner Afrikas. Sie sind überall und begeben sich dorthin, wo sie am meisten gebraucht werden. Wenn wir uns ihnen gegenüber öffnen könnten, würden wir ihre Präsenz spüren, aber da unser Energiefeld eng und verschlossen ist, blockieren wir uns selbst und verhindern, dass dies geschehen kann.

Die siebendimensionalen Wesen helfen den Bürgern Afrikas, sich wieder mit dem Land zu verbinden. Sie arbeiten sehr intensiv daran, ihnen zu helfen, ihr größeres Selbst zu spüren, denn das Wissen ist immer noch vorhanden und wartet nur darauf, genutzt zu werden. Es wird eine Weile brauchen, um den Boden zu nähren, aber es ist möglich.

In letzter Zeit haben mehr und mehr Menschen die ursprünglichen Bewohner gespürt, sind aber nicht in der Lage zu verstehen, was sie da spüren. Sie haben Angst vor ihnen, obwohl sie nicht wissen, wovor sie sich eigentlich fürchten. In Wirklichkeit gibt es keinen Grund, Angst zu haben. Viele Afrikaner glauben, die siebendimensionalen Wesen seien Götter, wo sie doch in Wirklichkeit ihre Vorfahren sind.

Gewisse Afrikaner versuchen gegenwärtig, die Harmonie mit der Erde wiederherzustellen, indem sie die Menschen ermutigen, zu den natürlichen Lebens- und Anbaumethoden zurückzukehren. Sie haben dies getan, indem sie die Menschen durch Botschaften von den »Göttern« einschüchtern. Heute müssen diese Menschen danach streben, andere – inspirierendere – Wege zu finden, ihre Ziele zu erreichen. Wenn die Menschen wieder Kontakt zu den kosmischen Wesen, die wissen, wie man mit den Elementen und den Elementarwesen arbeitet, aufnehmen und mit ihnen zusammenarbeiten, wird die alte Weisheit zurückkehren.

Außerdem helfen die siebendimensionalen Wesen den Portalen zu erwachen.

Afrika nach Atlantis

Die Dogon

Die Dogon stammen ursprünglich von Lakumay, einem aufgestiegenen Planeten des Sirius. Nach dem Untergang von Atlantis führte der Hohepriester Ra seinen Stamm nach Ägypten. Ein Teil davon zog weiter nach Mali, wo aus ihnen die Dogon wurden.

Die Dogon können sehr gut zuhören. Sie sind sehr weise und halten ihre Verbindung zur Vergangenheit aufrecht. Sie wissen um die Existenz der ursprünglichen siebendimensionalen Wesen, die das Licht Afrikas bewahren, und sie leben nach deren Weisheit. Sie machen es möglich, dass die Weisheit von Lakumay hier auf Erden verankert ist.

Allerdings sind ihre Möglichkeiten aufgrund ihrer Körperlichkeit und ihrer Gefühle begrenzt, die sie häufig daran hindern, ihr Wissen mit anderen zu teilen. Weil sie von dreidimensionalen Wesen umgeben sind, ist es für sie schwierig, ihre Weisheit zu verbreiten und darauf zu vertrauen, dass diese das ihnen anvertraute Wissen weise nutzen werden.

Wenn die Menschen überall auf der Welt nur auf sie hören würden und nicht nur ihre Worte hören, sondern ihnen wahrhaft zuhören würden, könnten sie eine Menge lernen.

Weiße Löwen

Weiße Löwen inkarnieren sich in Afrika zu bestimmten Zeiten und so tun sie es auch heute. Sie bewahren das größtmögliche Vertrauen. Sie sind zufrieden damit, hell zu strahlen, aus der Menge herauszuragen, ihre Ansichten konsequent zu vertreten und keine Angst vor den Konsequenzen zu haben. Sie tragen das Licht in sich, das durch alle Universen hindurch scheint, das Licht, das die Energie von allem und allen ist: das Christus-Licht. Sie bringen es im Interesse des neuen goldenen Zeitalters in unsere Welt. Ich war vollkommen fasziniert, als ich im Rahmen eines meiner früheren Buchprojekte den weißen Löwen begegnete und ihre außerordentliche Energie spürte.

Südafrika: der Solarplexus des Planeten

Südafrika ist das spirituelle Solarplexus-Chakra des Planeten. Sowohl auf individueller als auch auf planetarischer Ebene zieht der Solarplexus Angst an und wandelt sie um. Wenn dieses Chakra fünfdimensional wird, erstrahlt es in einem reinen Goldton und strahlt Weisheit aus.

Südafrika, das Solarplexus-Chakra der Erde, ist bereits fünfdimensional, aber es verarbeitet negative Energien aus der ganzen Welt. Diese Energie wird dort zwar nicht gespeichert, sondern umgewandelt und als positives Licht zurückgegeben, aber das Chakra füllt sich so schnell, dass es nicht strahlen kann. Das wird sich allerdings nach 2032 ändern.

> *Als ich in Thailand war, fotografierte ich einen wunderbaren Orb von Erzengel Uriel, der für die Entwicklung des Solarplexus-Chakras des Planeten verantwortlich ist. Der Orb war von goldener Farbe, mehrere seiner Kammern standen offen und das reine Licht des göttlichen Quells strahlte aus ihnen hervor. Uns wurde gesagt, dass er gerade alle Negativität umgewandelt hatte und wieder jungfräulich rein war. Seither habe ich viele Orbs von Erzengel Uriel gesehen, die braun waren, weil sie Negativität aufgenommen hatten, die noch nicht geläutert worden war. Dies ist gegenwärtig auch der permanente Zustand des Solarplexus-Chakras in Südafrika. Je mehr wir uns dem Jahr 2032 nähern, desto weniger Angst wird es geben, die es aufnehmen muss.*

Die Bestimmung Afrikas

Die Bestimmung Afrikas – wie aller anderen Kontinente auch – besteht letztlich darin, Licht auf den Planeten zu bringen. In Afrika findet sich eine Verbindung zur Hohlerde, sein Boden enthält Kristalle und Erinnerungen, die uns allen eine unglaubliche Weisheit bescheren können. Wenn Afrika sich wieder mit seinem göttlichen Potenzial verbindet, wird dadurch auch die Verbindung zu den kosmischen Wesen möglich werden, wodurch im Laufe der Zeit eine symbiotische Beziehung zu den Elementen Feuer, Erde, Luft und Wasser ermöglicht wird.

Bevor das aber geschehen kann, muss das menschliche Ego noch einige Läuterungsprozesse durchmachen. Nur wenn unser Bewusstsein fünfdimensional wird, können wir die natürliche Essenz unseres Planeten verstehen und seine unglaubliche Kraft zum höchsten Wohle aller Wesen nutzen.

Reichtum für Afrika

Afrika wird reich sein, wenn sich die Afrikaner der Wahrheit zuwenden. Das Portal im Tafelberg bewahrt das rechte Verständnis des Reichtumsbewusstseins. Wenn die Afrikaner auf ihre Weisheit, ihre Energie und ihre wahre Identität vertrauen, dann wird der Kontinent blühen und gedeihen. Das Portal im Tafelberg strahlt sowohl Vertrauen als auch Energie aus, die von allen Menschen aufgenommen werden können. Wenn die Afrikaner sie annehmen, wird sich ihr Selbstwertgefühl erhöhen, was letztendlich zu größerem Reichtum führt. Es ist möglich, dass bis zum Jahr 2032 alle Menschen genug zu essen haben werden.

Als kosmische Wesen bezeichnen wir alle Wesen und Menschen, die eine fünfdimensionale oder höhere Schwingung haben. Dazu gehören auch die Engel und die spirituellen Meister von anderen Planeten. Sie bewahren das gesamte Wissen des Universums, das wir uns nun unbedingt nutzbar machen sollten. Wenn wir mit den siebendimensionalen Alten zusammenarbeiten und uns ihre Energie nutzbar machen, können wir die globale Erwärmung rückgängig machen, die Ozonschicht wiederherstellen und zur Gesundung des Planeten beitragen.

Der SCHLÜSSEL von Petranium besteht darin, sich wieder mit dem alten Wissen, der Weisheit und dem Licht zu verbinden, das im Kern Afrikas bewahrt wird, und mit der Energie der Elementarmeister zu verschmelzen. Dann wird die Menschheit fähig sein, mit den Elementarwesen zusammenzuarbeiten, das Wasser des Planeten in die richtigen Bahnen zu lenken, sodass das Wetter zum Wohl der gesamten Natur und allen Lebens verändert wird.

Der KLANG des alten Afrikas ist der der Trommeln, die wie der Herzschlag des Planeten klingen.

Die FARBE ist Violett-Grün.

Eine Visualisierung: Verbinden Sie sich mit dem goldenen Afrika

1. *Suchen Sie sich einen friedlichen Ort, an dem Sie zur Ruhe kommen können.*
2. *Zünden Sie eine Kerze an und weihen Sie diese dem goldenen Afrika.*
3. *Schließen Sie die Augen und atmen Sie tief ein und aus. Lassen Sie die Außenwelt hinter sich und entspannen Sie sich.*
4. *Erden Sie sich, indem Sie sich vorstellen, dass aus Ihren Fußsohlen Wurzeln tief in die Erde dringen.*
5. *Hüllen Sie sich in Erzengel Michaels blauen Schutzmantel.*
6. *Stellen Sie sich vor, Sie würden in die Zeit des goldenen Afrikas zurückgehen.*
7. *Sie stehen mit den Füßen auf der reichen fruchtbaren Erde und sind von der grünen Schönheit des Landes umgeben.*
8. *Verbinden Sie sich mit der lebendigen Harmonie des Kontinents.*
9. *Werden Sie sich der Präsenz der ursprünglichen Bewohner bewusst – der machtvollen siebendimensionalen Wesen, die das Wissen und die Weisheit Afrikas bewahren.*

10. *Verschmelzen Sie Ihre Energie mit der dieser ursprünglichen Bewohner, und spüren Sie das Wunder, in der siebten Dimension zu sein.*
11. *Sehen Sie sich selbst durch das heutige Afrika wandeln und die Menschen mit Ihrer Weisheit berühren.*
12. *Erkennen Sie, dass Sie einen wichtigen Beitrag geleistet haben, und spüren Sie, wie gut sich dieses Wissen anfühlt.*
13. *Bedanken Sie sich bei den ursprünglichen Bewohnern.*
14. *Bringen Sie Ihr Bewusstsein wieder in das Zimmer zurück und öffnen Sie die Augen.*

Eine Übung: Nehmen Sie Kontakt zu den weißen Löwen auf

1. Gehen Sie hinaus in die Natur, ans Meer, aufs Land, in den Wald oder in einen Park.
2. Rufen Sie einen weißen Löwen herbei, und bitten Sie ihn, als Beschützer und Freund mit Ihnen zu gehen.
3. Werden Sie sich der hohen Schwingungsfrequenz dieses wunderbaren weißen Geschöpfes bewusst, welches das Christus-Licht der bedingungslosen Liebe in sich trägt.
4. Während Sie sich auf die Energie des weißen Löwen einstimmen, kommen Ihnen möglicherweise höhere Gedanken.
5. Stellen Sie Fragen, und lassen Sie zu, dass der weiße Löwe sie Ihnen beantwortet.

Schlüssel 5

Angala

Dieses Kapitel handelt von einer Zeit vor vielen Äonen, als die Erde gerade erst geschaffen wurde. Während dieser Zeit sammelte Gott Energie, um unseren Planeten zu erschaffen.

Im göttlichen Geist existierte der Gedanken an die Erde und daran, dass die Engel sie beschützen sollten. Das war Angala.

Zuerst war die Erde nur ein kahler Planet voller Liebe und wie ein neugeborenes Kind kostbar und verletzlich. Die Erde empfing die ganze Liebe und die volle Aufmerksamkeit des Vater-Mutter-Gottes und der Engel. Später wurden Bäume aus dem Geist des göttlichen Quells gesät. Sie kamen nicht aus einem anderen Universum. Bäume sind die alten, weisen, fühlenden Wesen, die das Wissen ihrer Region bewahren.

Der ursprüngliche Gedanke im Geist Gottes enthielt einen siebendimensionalen Bauplan, dem ein wundersames und einzigartiges Konzept hinzugefügt wurde: das des freien Willens. Jedes Geschöpf, das sich hier entwickeln oder von einer anderen Existenzebene hierherkommen würde, sollte in der Lage sein, sein eigenes Schicksal zu bestimmen.

Da die Zeit nicht linear verläuft, sondern alles jetzt geschieht, ist Angala ein Moment unbegrenzter Potenzialität. Angala ist die ewige Geburt, bei der alles und jedes möglich ist. Wenn Sie dieses Konzept wirklich verstehen, können Sie eine neue Idee entwickeln, sich auf die Energie von Angala, des ersten Augenblicks der Erde, einstimmen; das ganze Universum wird Ihr Projekt unterstützen und fördern. Es gibt keine Grenzen.

Der SCHLÜSSEL von Angala besteht darin, vollkommenes Vertrauen in den göttlichen Quell zu haben, dass Sie in der Lage sind, etwas Einzigartiges und Wunderbares zu erschaffen.

Der KLANG, der Sie auf diese Energie einstimmt, ist der Klang der Geburt, der Herzschlag.

Die FARBE ist Schneeweiß.

Eine Visualisierung: Verbinden Sie sich mit der Energie von Angala

1. *Suchen Sie sich einen ruhigen Ort, an dem Sie nicht gestört werden können.*
2. *Zünden Sie eine Kerze an und weihen Sie diese der Erde.*
3. *Schließen Sie die Augen und atmen Sie tief ein und aus. Lassen Sie die Außenwelt hinter sich und entspannen Sie sich.*
4. *Erden Sie sich, indem Sie sich vorstellen, dass aus Ihren Fußsohlen Wurzeln tief in die Erde dringen.*
5. *Hüllen Sie sich in Erzengel Michaels blauen Schutzmantel.*
6. *Stellen Sie sich die Erde bei ihrer Geburt vor: kostbar, zart und verletzlich.*
7. *Schauen Sie zu, wie sie sich entwickelt und wie Gräser, Pflanzen, Bäume und Tiere erscheinen.*
8. *Alles befindet sich in vollkommener Harmonie, alle arbeiten harmonisch und in Frieden zusammen.*
9. *Spüren Sie die Herrlichkeit der göttlichen Absicht.*
10. *Bringen Sie Ihre Aufmerksamkeit nach einer Weile zurück in die Gegenwart und öffnen Sie die Augen.*

Eine Übung: Verwirklichen Sie Ihre Vision

1. Überlegen Sie sich, welche Vision Sie verwirklich möchten.
2. Zeichnen Sie einen Kreis, der die Erde repräsentiert.
3. Zeichnen Sie um die Erde Engel (die nicht perfekt sein müssen!). Sie wissen, dass diese Engel das höchste, reinste Licht repräsentieren und dass sie Ihre Vision beschützen werden.
4. Zeichnen Sie in den Kreis ein Bild oder ein Symbol für das, was Sie verwirklichen möchten.
5. Gebären Sie Ihre Vision und verleihen Sie ihr durch Summen, Singen, Beten oder Handeln Kraft.

Die alten Kulturen

Schlüssel 6

Die Aborigines

Die meisten der alten Kulturen haben ihre Ursprünge in Atlantis, aber die Aborigines kamen bereits zu der Zeit von Lemuria auf die Erde. Die ursprünglichen Aborigines kamen von einem anderen Planeten in diesem Universum und nutzten den Sirius, um ihre Schwingungsfrequenz zu senken. Sie inkarnierten sich auf der Erde und verankerten die Energie der Lemurer hier.

Die Aborigines hatten eine große Liebe zur Erde und verstanden sie vollkommen. Sie wussten, wie man leichten Fußes auf ihr wandelt, ohne das Ökosystem zu beeinträchtigen. Die Bäume Australiens, die aus dem Geist Gottes geschaffen worden waren, wurden gesät, als die ersten Aborigines eintrafen. Zur selben Zeit kamen die Tiere – darunter auch Schlangen und Reptilien –, die nur auf diesem Kontinent anzutreffen sind, von anderen Planeten und aus anderen Universen hierher, um bestimmte Erfahrungen zu machen. Damals waren alle Tiere vollkommen ungefährlich und alle Wesen lebten in Harmonie und unterstützten einander.

Das Portal von Uluru stellt einen Zugang zur Hohlerde dar. Die Aborigines sind das Bindeglied, das die Hohlerde mit der Sonne verbindet.

Da bei den Aborigines überwiegend die rechte Gehirnhälfte dominiert, sind sie die Träger des göttlich Weiblichen auf Erden. Ihre Frauen verkörpern die höchsten weiblichen Eigenschaften wie Weisheit, Kreativität, Empathie, Intuition, Gemeinschaftsgefühl, Teilen, Zusammenarbeit, Nähren, Mitgefühl und Offenheit gegenüber allem Geistigen. Die Praxis der mündlichen Überlieferung ermöglicht die Weitergabe der Essenz von Botschaften in Form von Geschichten, wodurch eine Kontinuität hergestellt wird. Da Teilen für die Aborigines sehr wichtig ist, übernehmen sie die kollektive Verantwortung für das Land, wodurch das Fortbestehen ihrer Kultur gesichert wird.

Das göttlich Weibliche wird durch das göttlich Männliche ergänzt und ausgeglichen, das durch die spezielle Verbindung der Aborigines zur Sonne verstärkt wird, sodass die höheren Eigenschaften wie Stärke, Mut, Beschützergeist, Ordnung und Struktur aufrechterhalten werden können.

Tatsächlich verbinden die Aborigines das göttlich Männliche der Sonne mit dem göttlich Weiblichen von Mutter Erde. Wenn sich die rechte und linke Gehirnhälfte in einem vollkommenen Gleichgewicht befinden und harmonisch zusammenarbeiten, erleben wir ein Gefühl von Frieden und Geborgenheit und spüren, dass wir eins mit dem Universum sind. Das lehren uns die Aborigines.

Anlässlich meines sechzigsten Geburtstags reiste ich sechs Monate lang durch Australien. Ich hatte die Vision, die Ältesten der Aborigines zu treffen und mit ihnen zu sprechen. Innerhalb von drei Wochen hatte ich Kontakt zu einigen Ältesten hergestellt, die in Cooktown, an der nordöstlichen Spitze des Kontinents, lebten. Cooktown war damals noch nicht an das Straßennetz angeschlossen. Ich brauchte zwei Monate, um dorthin zu gelangen. Unterwegs wurde ich eingeladen, eine Schule für Aborigines zu besuchen, obwohl dort eigentlich keine Weißen zugelassen waren. Es war faszinierend und ich fühlte mich dadurch sehr geehrt. Als ich Cooktown erreichte und mit den

Ältesten redete, beeindruckten mich ihre Demut, ihr Mitgefühl, ihre Kraft zu vergeben und ihre Weisheit sehr. Ich schrieb in The Codes of Power, *meinem zweiten spirituellen Roman, über sie.*

Der SCHLÜSSEL der Aborigines besteht darin, dem Klang des Didgeridoos zuzuhören und dabei die Füße auf der Erde und die Liebe im Herzen zu spüren.

Der KLANG ist der des Didgeridoos, der das Männliche und das Weibliche ins Gleichgewicht bringt.

Die FARBE ist Grün.

Eine Visualisierung: Lernen Sie von den weisen Ältesten der Aborigines

1. *Suchen Sie sich einen stillen Ort, an dem Sie zur Ruhe kommen können.*
2. *Zünden Sie eine Kerze an, um die Schwingung anzuheben.*
3. *Schließen Sie die Augen und atmen Sie tief ein und aus. Lassen Sie die Außenwelt hinter sich und entspannen Sie sich.*
4. *Erden Sie sich, indem Sie sich vorstellen, dass aus Ihren Fußsohlen Wurzeln tief in die Erde dringen.*
5. *Hüllen Sie sich in Erzengel Michaels blauen Schutzmantel.*
6. *Stellen Sie sich vor, dass Sie leichten Fußes auf der roten Erde Australiens wandeln und sich in vollkommener Harmonie mit den Bäumen befinden.*
7. *Nehmen Sie sich Zeit, um mit den indigenen Tieren – den Koalas, Emus, Kängurus, Krokodilen und Schlangen – Kontakt aufzunehmen. Was können Sie von ihnen lernen?*
8. *Bitten Sie einen der weisen Aborigines-Ältesten zu erscheinen und Ihnen mitzuteilen, was Sie wissen müssen.*
9. *Danken Sie ihm, dass er seine Weisheit mit Ihnen geteilt hat.*
10. *Bringen Sie Ihre Aufmerksamkeit zu Ihrer jetzigen Umgebung zurück und öffnen Sie die Augen.*

Eine Übung: Männliche und weibliche Energien ins Gleichgewicht bringen

1. Gehen Sie an einem sonnigen Tag nach draußen und baden Sie im Sonnenlicht.
2. Gehen Sie möglichst barfuß, aber wenn Ihnen das unangenehm ist, ziehen Sie Schuhe an. Spüren Sie die Erde unter den Füßen.
3. Denken Sie darüber nach, wie Sie Ihre männlichen Energien nutzen: Stärke, Mut, Entscheidungsfreudigkeit, Beschützerinstinkt, Ordnungsliebe, strukturiertes, lineares, strategisches und zielgerichtetes Denken.
4. Denken Sie darüber nach, wie Sie Ihre weiblichen Energien nutzen: Weisheit, Kreativität, Empathie, Intuition, Gemeinschaftsgefühl, Teilen, Zusammenarbeit, Nähren, Mitgefühl und Empfänglichkeit gegenüber dem Geistigen.
5. Bitten Sie Sonne und Erde in Gedanken, Ihr Yin und Yang in ein perfektes Gleichgewicht zu bringen.

Sie können diese Übung auch im Sitzen oder Liegen ausführen und dabei dem Klang des Didgeridoos zuhören.

Schlüssel 7

Die Inkas

Einer der zwölf Stämme von Atlantis, der einen Schlüssel zur höheren Welt besitzt, sind die Inkas. Sie sind auf der Erde, aber nicht von der Erde.

Nach dem Untergang von Atlantis führte der große Hohepriester Thot seinen Stamm an die Westküste Südamerikas, wo aus ihnen die Inkas wurden. Die ersten Inkas stammten von der Venus und bewahrten lange Zeit die ihnen innewohnenden Fähigkeiten und Kenntnisse. Sie alle praktizierten Telepathie, Levitation, Energieheilung und besaßen ein Einheitsbewusstsein.

Sie ließen Liebe und Weisheit in das von ihnen ausgeübte Goldhandwerk einfließen, sodass jeder Gegenstand sowohl Wissen als auch Heilkraft enthielt. Sie arbeiteten auch mit Kupfer, und wie die Azteken verwendeten auch sie Oreichalkos, ein rosa-goldfarbenes Metall, dessen Schwingung auf die Sonne abgestimmt ist und deren Eigenschaften in sich trägt. Kupfer schwingt mit dem Ursprungsplaneten der Inkas, der Venus.

Thot lehrte, dass es zwischen jedem Teil des Universums eine Beziehung gibt und sich das Universum in Harmonie befindet, wenn jedes Teil in Harmonie mit allen anderen ist.

Da die Natur nach den Prinzipien der heiligen Geometrie aufgebaut ist, enthält jede Heilpflanze eine bestimmte geometrische Struktur – wie übrigens auch jeder Teil des menschlichen Körpers. Befindet sich der mentale, emotionale oder physische Körper in vollkommener Übereinstimmung mit seinem göttlichen Bauplan, führt dies zu strahlender

Gesundheit. Alle Hohepriesterinnen und Hohepriester des goldenen Zeitalters von Atlantis wussten, welche Pflanze dieselbe geometrische Struktur und dieselbe Schwingung wie der entsprechende Körperteil hatte. Wurde die Heilpflanze eingenommen, suchte sie nach dem Bauplan des beschädigten Organs und brachte es wieder in Übereinstimmung damit, wodurch es sich erholte und gesund wurde.

Jede Zelle hat einen eigenen Klang. Wenn sich alle Körperzellen vollkommener Gesundheit erfreuen und sich in Übereinstimmung mit dem göttlichen Bauplan befinden, ist das persönliche Lied eines jeden Menschen wunderbar anzuhören. Aber aufgrund von Traumata aus dem jetzigen oder vergangenen Leben sind bestimmte Noten unterdrückt worden und fehlen so im Repertoire. Indem Sie diese Noten hören und singen, können Sie sich wieder auf Ihren ursprünglichen Bauplan einstimmen und vollkommenes Wohlbefinden erlangen.

Die Inkas nutzten Energie, um zu heilen, indem sie die Chakras korrekt aneinander ausrichteten. Sie wussten um die Macht der Visualisierung und konnten perfekte Gesundheit einfach dadurch herstellen, dass sie sie sich vorstellten.

Diese und andere Formen der Energieheilung werden in der Zukunft, im neuen goldenen Zeitalter, die Grundlage für Langlebigkeit, Gesundheit und Glück sein.

Der SCHLÜSSEL der Inkas besteht darin zu verstehen, wie Energie genutzt werden kann, um alles in Harmonie und Ganzheit zu bringen.

Der KLANG ist ein Freudenschrei, der von Herzen kommt, und das Summen, das dem Herzen entströmt.

Die FARBE der Inkas ist Golden.

Eine Visualisierung: Werden Sie ganz, gesund und vollkommen

1. *Suchen Sie sich einen stillen Ort, an dem Sie sich entspannen können.*
2. *Zünden Sie eine Kerze an, oder stellen Sie eine Vase mit Blumen auf, um die Schwingung anzuheben.*
3. *Schließen Sie die Augen. Bitten Sie den mächtigen Hohepriester Thot, Ihre Visualisierung, sich mit Ihrem wahren göttlichen Bauplan zu verbinden, mit seinem Licht zu überstrahlen.*
4. *Stellen Sie sich vor, Sie seien vital, schlank und entspannt.*
5. *Stellen Sie sich vor, Sie gehen oder laufen unbeschwert und leicht. Befinden Sie sich an einem Strand, auf dem Land oder auf einem Berg?*
6. *Achten Sie darauf, wie sehr Ihr Haar glänzt, wie es Ihren Kopf umspielt. Ihre Haut ist rein und Ihre Augen strahlen. Spüren Sie Ihre Lebenskraft.*
7. *Spüren Sie, dass Ihr Herz stark ist und Liebe ausstrahlt. Sie empfangen Liebe von der Natur, den Elementarwesen und den Engeln.*
8. *Sehen Sie, wie Ihr ganzer Körper leicht und ohne Anstrengung funktioniert.*
9. *Ihre Körperzellen beginnen zu leuchten, während Sie sich immer mehr auf Ihren perfekten göttlichen Bauplan einstimmen. Vielleicht spüren Sie, wie ein Lachen aus Ihnen hervorbrechen will.*
10. *Was müssen Sie essen, trinken, denken, sagen und tun, um diesen wunderbaren Zustand der Vitalität, Gesundheit und des Glücks aufrechtzuerhalten? Denken Sie in Ruhe darüber nach.*
11. *Verbringen Sie ein paar Minuten in diesem perfekten, ganzen, gesunden und glücklichen Zustand.*
12. *Öffnen Sie dann die Augen, kehren Sie in die Gegenwart zurück und erfreuen Sie sich an Ihrem göttlichen Bauplan.*

Eine Visualisierung: Harmonie für sich und das ganze Universum

1. *Suchen Sie sich einen stillen Ort, an dem Sie sich entspannen können.*
2. *Zünden Sie – wenn möglich – eine Kerze an, oder stellen Sie eine Vase mit Blumen auf, um die Schwingung anzuheben.*

3. *Schließen Sie die Augen und danken Sie dem mächtigen Hohepriester Thot dafür, dass er sie in Harmonie mit dem ganzen Universum bringt. In seiner Gegenwart fühlen Sie sich vollkommen sicher.*
4. *Atmen Sie Licht in jeden Teil Ihres Körpers.*
5. *Stellen Sie sich vor, Sie stünden in einer sternenklaren Nacht auf einem Hügel.*
6. *Seien Sie sich bewusst, dass sich all Ihre Chakras weit geöffnet haben und das Licht des göttlichen Quells durch Ihr Kronen-Chakra einströmt, Ihren ganzen Körper durchströmt und in den Boden unter Ihren Füßen strömt. Spüren Sie, welchen Frieden und welche Harmonie dies mit sich bringt.*
7. *Nehmen Sie wahr, dass eine goldene Schnur Sie mit dem Mond und den Sternen verbindet.*
8. *Die goldene Schnur verbindet Sie auch mit Bäumen, Menschen und Tieren.*
9. *Kleine goldene Schnüre verbinden Sie mit den Elementarwesen.*
10. *Die Schnüre verbinden Sie mit den Steinen, den Bergen, den Flüssen und Meeren.*
11. *Sie befinden sich in der Mitte von Abermillionen Verbindungsschnüren. Senden Sie durch sie Frieden und Harmonie aus.*
12. *Spüren Sie die Einheit des harmonischen Universums, und bewahren Sie sich dieses Gefühl, wenn Sie die Augen wieder öffnen und in Ihre gegenwärtige Realität zurückkehren.*

Eine Übung: Frieden finden

1. Gehen Sie hinaus in die Natur und berühren Sie einen Felsen, einen Baum oder tauchen Sie die Hand in ein Gewässer.
2. Atmen Sie den Frieden und die Liebe der Natur ein, bis Sie sich sehr wohl fühlen.
3. Schauen Sie in den Himmel und atmen Sie den Frieden und die Liebe von Sonne und Mond ein.
4. Stellen Sie sich die Sterne vor, die darauf warten, sichtbar zu werden, und atmen Sie ihnen Frieden und Liebe entgegen.

5. Atmen Sie Frieden und Liebe für Bäume und Blumen, Menschen, Tiere und Elementarwesen aus.
6. Atmen Sie Frieden und Liebe für Berge und Steine, Flüsse und Meere aus.
7. Entspannen Sie sich und empfangen Sie Ihrerseits Liebe und Frieden. Atmen Sie Liebe und Frieden ein.
8. Achten Sie darauf, wie Sie sich jetzt fühlen, da Sie Frieden und Liebe mit allen Teilen des Universums ausgetauscht haben.

Schlüssel 8

Die Azteken

Die Azteken waren ebenfalls einer der zwölf Stämme, welche die Energie von Atlantis bewahrten und einen Schlüssel zur höheren Welt hatten. Nach dem Untergang der alten atlantischen Zivilisation führte die große Hohepriesterin Isis ihren Stamm nach Mittelamerika, wo aus ihm die Azteken wurden. Wie die Inkas stammten auch die frühen Azteken von der Venus und brachten Liebe und Weisheit von dort mit.

Sie hatten ein großes Wissen von den Sternen und eine starke Verbindung zu ihnen – besonders zur Venus. Das ermöglichte es ihnen, den Azteken-Kalender zu schaffen, der mit der Geburt der Venus beginnt und im Jahr 2012 endet. Die von ihnen erbauten Pyramiden enthielten fortgeschrittenes Wissen und Informationen über die Venus und die Sterne unseres Universums und darüber, wie ihre Energien miteinander verbunden sind und einander in kosmischer Harmonie im Gleichgewicht halten.

Die Wände des Poseidon-Tempels in Atlantis waren mit Oreichalkos, einem rosa-goldfarbenen Kupfererz, bedeckt, das in den Bergen von Atlantis gefunden wurde. Sowohl die Inkas als auch die Azteken verarbeiteten dieses Metall. Oreichalkos hat dieselbe Schwingung wie die Sonne, die seine Macht und Leuchtkraft verstärkt. Kupfer schwingt mit der Venus und bewahrt Liebe.

Die Azteken strahlten Eigenschaften wie Liebe und Lebensfreude aus und übertrugen diese Energie auf ihr tägliches Leben und ihr Kunsthandwerk. Sie waren in der Lage, ihr Herz mit den Herzen von Tieren, Bäumen, Steinen und der gesamten Natur zu verbinden. Dadurch waren sie in der Lage, die symbiotische Beziehung allen Lebens zu verstehen.

Während die Inkas wussten, wie man den Körper heilt, verstanden sich die Azteken auf die Heilung der Seele. Jeder von ihnen kannte den richtigen Weg für seine Seele und folgte ihm. Sie wählten intuitiv die richtige Nahrung aus, um Klarheit für die Seele zu erlangen, und sorgten stets dafür, dass sie im Gleichgewicht und in ständiger Übereinstimmung mit ihrem göttlichen Bauplan blieben.

> *Es ist doch ziemlich interessant, dass einen in der Schule bestimmte Themen einfach mehr packen als andere. Heute weiß ich, dass diese Themen mit der Bestimmung der Seele zu tun haben. Kathy war immer besonders an den Azteken interessiert, hatte aber früher keine Ahnung von deren Weg. Heute weiß sie, dass es darum ging, Menschen mit ihrer Seelenbestimmung in Übereinstimmung zu bringen, damit sie im Interesse des höchsten Wohles aller Wesen ihre Wahrheit leben können.*

Der SCHLÜSSEL der Azteken besteht darin, zu verstehen und zu akzeptieren, wer Sie wirklich sind, damit Sie in Harmonie mit Ihrem göttlichen Bauplan und dem Planeten leben.

Der KLANG ist der der Stille, die von einem sanften Anschlagen des Beckens gefolgt wird.

Die FARBE ist Rosa-Goldfarben.

Eine Visualisierung: Sich so geliebt und akzeptiert fühlen, wie Sie sind

1. *Suchen Sie sich einen Ort, an dem Sie sich entspannen können und nicht gestört werden.*
2. *Erinnern Sie sich selbst daran, dass Sie diese Zeit für Ihr spirituelles Wachstum verdient haben.*

3. *Entzünden Sie eine Kerze, oder stellen Sie ein paar Blumen in die Nähe, um das Energieniveau anzuheben.*
4. *Schließen Sie die Augen, und spüren Sie, wie Ihre Lider angenehm schwer werden.*
5. *Atmen Sie jede Anspannung in Ihrem Körper aus.*
6. *Stellen Sie sich vor, Sie wären irgendwo im Universum – allein, von Frieden erfüllt und eins mit sich selbst.*
7. *Nun beginnt das goldene Licht des göttlichen Quells zu scheinen und Sie vollständig einzuhüllen. Sie fühlen sich akzeptiert und geliebt, so wie Sie sind. Sie wissen, dass Sie vollkommen sicher sind.*
8. *Entspannen Sie sich so lange, wie Sie brauchen, um diese Erfahrung voll auszukosten und alle Zellen Ihres Körpers mit dieser Energie zu sättigen.*
9. *Wenn Sie sich so akzeptiert und geliebt fühlen, wie Sie sind, dann öffnen Sie die Augen und lächeln Sie angesichts des Wunders, welches das Universum ist.*

Eine Übung: Machen Sie den Weg Ihrer Seele frei

1. Nehmen Sie ein Blatt Papier und einige Buntstifte zur Hand.
2. Denken Sie an die Azteken, während Sie nun eine Zeichnung anfertigen.
3. Zeichnen Sie eine goldene Pyramide, die in der Mitte rosafarben ist.
4. Zeichnen Sie darüber die Sonne.
5. Zeichnen Sie einen Baum, eine Blume, ein Tier und einen Felsen. Dann verbinden Sie diese, die Sonne und die Pyramide mit Strichen.
6. Während Sie dies tun, achten Sie auf Gedanken, die Ihnen hinsichtlich der richtigen Ernährung, Bewegung und Aktivität kommen, um den Weg Ihrer Seele freizumachen.

Schlüssel 9

Die Babylonier

Ein anderer atlantischer Stamm, der einen der Schlüssel zur höheren Welt bewahrte, waren die Babylonier. Nach dem Untergang von Atlantis führte der große Hohepriester Horus seinen Stamm nach Babylon. Sie brachten einen gewaltigen Wissensschatz in Bezug auf die Jahreszeiten, die Macht der Sonne und die Eigenschaften des Wassers mit sich. Als sie in ihrer neuen Heimat ankamen, fanden sie das Land grün und wunderschön vor. Die Babylonier bemühten sich, diesen Zustand zu bewahren.

Um dies zu erreichen, arbeiteten sie eng mit den Elementarwesen zusammen. Sie ehrten und liebten sie und hatten eine symbiotische Beziehung zu ihnen, sodass Menschen und Elementarwesen das Land und die Pflanzen gemeinsam hegten und pflegten.

Außerdem respektierten die Babylonier das Wasser. Sie segneten es und hielten es durch ehrfurchtsvolle Zeremonien rein. El Morya war ein Meister, der zu jener Zeit dort lebte. Er hatte die kosmischen Eigenschaften des Wassers erkannt und seine verborgenen esoterischen Qualitäten verstanden. Dieses Wissen gab er an die Menschen weiter, sodass diese in der Lage waren, Wasser zu Reinigungs-, Läuterungs- und Heilungszwecken zu gebrauchen.

Die früheren Atlanter vermittelten der örtlichen Bevölkerung ihr Wissen um die richtige Bewässerung. Dank seines Wissens und der engen Zusammenarbeit mit den Elementarwesen erschuf dieser Stamm die Hängenden Gärten von Babylon, die zu den Sieben Weltwundern gehören.

Sie brachten große Fertigkeiten mit sich und lehrten die dortigen Ureinwohner, kunstvolle Häuser zu bauen und wunderschöne Kunstgegenstände herzustellen.

Die Bürger von Babylon waren Händler, und Horus und sein Stamm lehrten sie, auf ehrliche und integre Weise und in Übereinstimmung mit den geistigen Gesetzen Handel zu treiben.

Die geistigen Gesetze

Es gibt 33 geistige Gesetze und drei transzendente Gesetze. Weitere Informationen darüber finden Sie in Schlüssel 47. Ich habe diese Gesetze auf einfache und leicht verständliche Weise in *A Little Light on the Spiritual Laws*[7] beschrieben.

Der SCHLÜSSEL der Babylonier besteht darin, mit dem zu arbeiten, was die Natur im Interesse des höchsten Wohles aller Wesen bereitstellt, und die geistigen Gesetze zu verstehen und anzuwenden.

Der KLANG ist der des fließenden Wassers.

Die FARBE ist Kristallin mit grünem Aquamarin darin.

Eine Visualisierung: Mit der Weisheit des Horus in Kontakt treten

1. *Suchen Sie sich einen ruhigen Ort, an dem Sie sich entspannen können.*
2. *Entzünden Sie eine Kerze.*
3. *Schließen Sie die Augen und entspannen Sie sich.*

7 Deutsch: *Der spirituelle Lebens-Ratgeber. Im Einklang mit dem Universum fühlen, denken, handeln.* Ansata Verlag, München 2003

4. *Bitten Sie den Hohepriester Horus, zu Ihnen zu kommen, und atmen Sie das reine kristallklare Licht mit grünem Aquamarin darin ein. Horus beschützt Sie.*
5. *Entspannen Sie sich noch tiefer, während Horus Sie an das wahre Wunder des Wassers und die exakte Macht der geistigen Gesetze erinnert.*
6. *Stellen Sie sich eine Wüste vor und bauen Sie dann mit Ihrer Vorstellungskraft ein Aquädukt. Sehen Sie vor Ihrem geistigen Auge, wie das Wasser überall in der Wüste verteilt wird und sie zum Leben erweckt.*
7. *Beobachten Sie, wie sich grüne Vegetation ausbreitet, wie Bäume aus der Erde emporwachsen und Blumen die Hügel bedecken.*
8. *Machen Sie sich bewusst, dass Sie die Macht haben, Leben zu erzeugen.*
9. *Wenn Sie dieses Wissen vollständig integriert haben, dann bringen Sie Ihre Aufmerksamkeit wieder in das Zimmer zurück und öffnen Sie die Augen.*

Eine Übung: Ehren und segnen Sie das Wasser

1. Segnen und lieben Sie das Wasser, das Sie heute trinken, und danken Sie ihm.
2. Wenn Sie baden, duschen oder auf andere Weise Wasser benutzen, seien Sie sich seiner kosmischen Eigenschaften bewusst und danken Sie ihm dafür, dass es Sie reinigt und heilt.
3. Halten Sie die Hände in den Regen, über Pfützen, Seen oder Flüsse und segnen Sie das Wasser mit Liebe.

Schlüssel 10

Die Ägypter

Der große Hohepriester Ra war der Führer eines der zwölf atlantischen Stämme, welche die Schlüssel zur höheren Welt bewahrten. Beim Untergang von Atlantis führte er sein Volk nach Ägypten. Die auf ihn folgenden Hohepriester wurden Pharaonen und verfügten über genug atlantisches Wissen, um die Große Pyramide zu erbauen. Serapis Bey und der universelle Engel Metatron beaufsichtigten dieses Projekt von der geistigen Welt aus und gaben die kosmischen Informationen preis, die in der Pyramide auf fünfdimensionaler Ebene gespeichert sind. Der universelle Engel Butyalil, der für die kosmischen Ströme verantwortlich ist, half ihnen dabei.

Die Große Pyramide und die Sphinx

Die Große Pyramide steht mit Sirius und Orion in Verbindung, zieht die Weisheit dieser Sternensysteme zur Erde und leitet sie zur Hohlerde weiter. Ursprünglich war die Spitze der Großen Pyramide von einem riesigen rotierenden Kristall gekrönt, der durch Energien an seinem Ort gehalten wurde, die von der Hohlerde aufwärts- und von Sirius und Orion abwärtsströmten. Diese Energien erzeugten eine gleich starke, aber entgegengesetzte Kraft, durch die der Kristall sein Gleichgewicht halten konnte.

Die Große Pyramide war ein siebendimensionales kosmisches Portal und stellte einen sicheren Treffpunkt für Wesen aus der Hohlerde und siebendimensionalen Wesen aus dem Universum dar.

Als die Pyramiden errichtet wurden, war die Energie auf dem Planeten überwiegend dreidimensional, und die höheren Wesen brauchten einen sicheren Eintrittspunkt, an dem die niederen Energien keinen schädlichen Einfluss auf sie haben konnten. Die Reinheit des Lichts im Portal half ihnen, die Einheit zu spüren.

Die Sphinx ist der andere Teil des Eintrittsportals zur Hohlerde. Diese Statue hat schon immer die Energie des göttlichen Quells bewahrt und tut dies bis heute. Göttliche Kraft ist in den Steinen gespeichert und strahlt von hier in die ganze Welt aus. Sie müssen nur daran denken, um einen Extraschub göttliche Energie zu erhalten. In der Sphinx werden auch die Akascha-Chroniken für unser Universum innerhalb einer fünfdimensionalen Energiekugel aufbewahrt.

Heilung

Die Ägypter brachten medizinisches Wissen und Informationen zu allen natürlichen Therapieformen mit. Sie wussten um die göttlichen Heilkräfte der Heilpflanzen und kannten die Macht des Geistes und der Kristalle. Wenn genug Menschen die fünfte Dimension erreichen und sich wieder auf die Große Pyramide einstimmen können, werden sich von hier aus neue Formen des Heilens mit Pflanzen, Kristallen, Wasser und Farbe sowie Massage- und viele andere Therapieformen verbreiten.

Der sechszackige Stern

Der sechszackige Stern ist eines der machtvollsten und nutzbringendsten spirituellen Symbole aus Atlantis, das auch von den Ägyptern benutzt wurde. Es besteht aus einem nach oben gerichteten Dreieck, das symbolisiert, dass die Erde sich dem Himmel nähert, und eines nach unten gerichteten Dreiecks, das symbolisiert, dass sich der Himmel der Erde nähert. Wenn Sie dieses Symbol visualisieren und sich vorstellen, dass es mit der Gold und Silber violetten Flamme der Transmutation und des Mitgefühls gefüllt ist, und dann visualisieren, wie sich der goldene Strahl des Christus-Lichtes darüber ergießt, haben Sie ein sehr machtvolles Werkzeug zur Verfügung, um das Alte umzuwandeln und die Energie eines Menschen, eines Ortes oder eines Chakras anzuheben.

Mein Führer Kumeka und der universelle Engel Metatron trugen mir auf, den sechszackigen Stern, gefüllt mit der Gold und Silber violetten Flamme und eingehüllt in das goldene Christus-Licht, in einem Wald zu platzieren, in dem die Energie sehr finster war. Mir lief jedes Mal ein kalter Schauer über den Rücken, wenn ich durch ihn hindurchging. Das Symbol verwandelte das kalte, dunkle Gefühl dieses Ortes auf magische Weise.

Ich visualisiere es auch manchmal über meinen zwölf Chakras und jedes Mal kann ich den Unterschied spüren. Ich tue dies häufig, wenn ich in der Natur spazieren gehe.

Der SCHLÜSSEL der Ägypter besteht darin, sich mit dem sechszackigen Stern zu verbinden und die Erde in den Himmel und den Himmel auf die Erde zu bringen.

Der KLANG ist ein hochfrequenter, sehr hoher Ton, der die Pyramiden mit den Sternen verbindet. Es hört sich an wie ein Grashüpfer oder das sanfte Rauschen von Engelsflügeln.

Die FARBE ist Königsblau, also ein tiefes Blau, in dem auch Rot enthalten ist. Dies ist wahrlich eine majestätische Farbe, weil das feurige Rot dem edlen Blau Energie und Lebenskraft hinzufügt.

Eine Visualisierung: Mit dem sechszackigen Stern heilen

1. *Suchen Sie sich einen Ort, an dem Sie sich entspannen können und nicht gestört werden.*

2. *Zünden Sie eine Kerze an, um die Schwingung anzuheben.*
3. *Schließen Sie die Augen und entspannen Sie sich möglichst tief.*
4. *Platzieren Sie einen violetten sechszackigen Stern in einem goldenen Christus-Strahl über jedes Ihrer Chakras und atmen Sie dabei seine Energie ein. Alternativ können Sie auch einen riesigen Stern über Ihren ganzen Körper platzieren.*
5. *Visualisieren Sie den sechszackigen Stern über der Großen Pyramide, um dem Symbol Energie zu verleihen.*
6. *Platzieren Sie den sechszackigen Stern nun, wo immer Sie wollen – über Orte oder Menschen –, um deren Energie umzuwandeln und zu heilen.*
7. *Wenn Sie fertig sind, öffnen Sie die Augen in der Gewissheit, dass Sie einen würdigen Akt der Nächstenliebe vollbracht haben.*

Eine Übung: Zeichnen Sie einen sechszackigen Stern

1. Zeichnen Sie einen sechszackigen Stern.
2. Färben Sie ihn entweder violett ein, oder zeichnen Sie den Umriss mit Violett nach, während Sie an die violette Flamme denken.
3. Malen Sie goldgelbe Strahlen um ihn herum und denken Sie dabei an den goldenen Christus-Strahl der bedingungslosen Liebe.
4. Sie können Ihren Stern so groß oder so klein zeichnen, wie Sie möchten.
5. Sie können ihn in einem Zimmer lassen, um das Alte darin aufzulösen und das Licht darin zu vergrößern, oder Sie können den Stern auf eine Landkarte, das Foto einer Person, ein Bild Ihres Hauses legen oder den Namen eines Ortes oder einer Person auf den Stern schreiben. Dies ist eine sehr wirkungsvolle Methode, um Blockaden in den Leylinien aufzulösen. Ihre Intention wird die Energie dorthin lenken, wo sie hin soll.

Eine Übung: Schreiten Sie den sechszackigen Stern ab

1. Formen Sie auf dem Boden einen sechszackigen Stern entweder mit Kreide, einer Schnur oder mit Steinen.
2. Schreiten Sie den Stern ab und rufen Sie dabei die Gold und Silber violette Flamme und den goldenen Christus-Strahl an.
3. Stellen Sie sich vor, dass die Energie tief in die Erde eindringt und ihr hilft, Altes aufzulösen und zu erwachen.

Schlüssel 11

Die Inuit

Nach dem Untergang von Atlantis führte der große Hohepriester Set seinen Stamm nach Alaska und nahm einen der atlantischen Schlüssel zur höheren Welt mit. Die Inuit waren Schamanen, welche die Schleier durchdringen konnten, um Informationen zu sammeln. Zudem verfügten sie über das komplette Wissen, wie man mit den Sternen und Planeten arbeitet. So konnten sie zum Beispiel in den Sternen lesen, wann die beste Zeit für eine Reise sein würde. Sie wussten auch um den Effekt der Sterne auf das Wetter.

Wie die Babylonier hatten auch die Inuit eine ganz besondere Verbindung zum Element Wasser. Sie wussten um seine Leben spendenden Eigenschaften und verstanden, wie wichtig es für Fische, Robben und Eisbären war.

Die Inuit hatten eine symbiotische Beziehung zu den Tieren und kommunizierten mit ihnen auf telepathische Weise. Wie die amerikanischen Ureinwohner nahmen auch sie Kontakt zum Höheren Selbst eines Tieres auf, bevor sie es erlegten, um Nahrung daraus zu gewinnen. Die Seele des Tieres stimmte zu, sein Leben hinzugeben, um ihres zu erhalten. Indem es dieses Opfer brachte, empfing es den heiligen Segen. Die Inuit segneten jedes Tier, gleich ob Fisch oder warmblütiges Säugetier, bevor sie es aßen und sprachen ihm ihren Dank dafür aus, dass es sein Leben gegeben hatte.

Die Inuit bewahrten die alten Geschichten von Atlantis, die sie noch heute erzählen, tanzen und singen, sodass die Essenz der Botschaften bis in alle Ewigkeit weitergegeben werden wird.

Da die Inuit in einer reinen Umgebung aus Schnee und Eis leben, haben sie sich ihre ursprüngliche Verbindung zum Göttlichen bewahrt und leben im Einklang mit ihrer höheren Führung.

Der SCHLÜSSEL der Inuit besteht darin, sich seine Unschuld und Reinheit zu bewahren und auf die höhere Führung zu hören.

Der KLANG ist der des Wassers, das von einem Eiszapfen tropft.

Die FARBE ist das Blauweiß des Eises.

Eine Visualisierung: Sich mit der höheren Führung verbinden

1. *Suchen Sie einen ruhigen Ort auf, an dem Sie ungestört sind.*
2. *Schließen Sie die Augen. Stellen Sie sich vor, Sie wären von einem reinen blauweißen Licht umgeben, das Sie läutert.*
3. *Bitten Sie den Hohepriester Set zu erscheinen. Spüren Sie seine Gegenwart, und seien Sie sich bewusst, dass er Ihnen helfen wird.*
4. *Rufen Sie ein Tier zu sich, und spüren Sie oder stellen Sie sich vor, dass es vor Ihnen steht.*
5. *Danken Sie ihm, dass es zu Ihnen gekommen ist. Spüren Sie nun die Gefühle des Tieres. Hören Sie ihm zu, was es Ihnen zu sagen hat.*
6. *Antworten Sie auf telepathischem Wege, falls eine Antwort nötig ist.*
7. *Wenn die Kommunikation vorüber ist, segnen Sie das Tier. Visualisieren Sie, dass es in seiner natürlichen Umgebung glücklich ist und geehrt und respektiert wird.*
8. *Bedanken Sie sich bei Set dafür, dass er Ihnen geholfen hat.*
9. *Bringen Sie Ihre Aufmerksamkeit zurück in die Gegenwart und öffnen Sie die Augen.*

Eine Übung: Ehren Sie die Gaben der Erde

1. Welche Nahrung Sie heute auch immer essen mögen – ob pflanzlich oder tierisch: Denken Sie an das Leben in ihr, an die in ihr enthaltenen Nährstoffe, an ihre Entwicklung in Sonne und Regen und an die Eigenschaften, die sie Ihnen bietet.
2. Segnen Sie die Nahrung vor dem Essen, und danken Sie ihr dafür, dass sie ihr Leben für Sie gegeben hat.

Schlüssel 12

Die amerikanischen Ureinwohner

Nach dem Untergang von Atlantis führte der große Hohepriester Imhotep seinen Stamm in das Gebiet der heutigen Vereinigten Staaten und begründete dort die Kultur der amerikanischen Ureinwohner. Auch diese bewahren einen der Schlüssel zur höheren Welt. Ursprünglich waren es die Cherokee, welche die Geheimnisse von Atlantis bewahrten. Im Lauf der Zeit breitete sich ihr Einfluss über den ganzen Kontinent aus, und andere Gruppen bildeten sich heraus, die jeweils einen Teil der heiligen Weisheit bewahrten.

Sie praktizierten den Schamanismus und besaßen die Fähigkeit, sich hinter die Schleier zu begeben. Das ermöglichte es ihnen, Traumfänger zu konstruieren und sie richtig anzuwenden. Eine ihrer Gaben war die der Seelenrückholung, und ein Teil ihrer Heilungszeremonien bestand darin, die verloren gegangenen Aspekte eines Menschen zurückzubringen, damit das betreffende Individuum vollständig seine Erfahrungen auf der Erde machen konnte.

Die amerikanischen Ureinwohner sind die Hüter der alten Weisheit der Erde. Sie haben immer gewusst und gelehrt, dass uns die Erde nicht gehört, sondern dass sie uns nur anvertraut wurde und wir ihre Hüter sind. Sie ehren das Land und alles, was auf ihm lebt, und hatten immer eine besondere Beziehung zu den Tieren, die sie als Brüder behandeln und respektieren. Sie wussten auch, dass Menschen, Tiere, Sonne, Mond, Sterne und alles andere eins sind.

Der SCHLÜSSEL der amerikanischen Ureinwohner besteht darin, das Land und alles, was auf und in ihm lebt, zu ehren.

Der KLANG ist das schnelle Trommeln, der Herzschlag des Landes.

Die FARBE ist Rotbraun.

Eine Visualisierung: Kontakt zu Imhotep und der Kultur der amerikanischen Ureinwohner herstellen

1. *Suchen Sie einen ruhigen Ort auf, an dem Sie ungestört sein können.*
2. *Zünden Sie eine Kerze an.*
3. *Schließen Sie die Augen. Atmen Sie in Ihre Gliedmaßen hinein, bis diese angenehm schwer werden.*
4. *Bitten Sie den Hohepriester Imhotep zu Ihnen zu kommen, und spüren Sie, wie er bekleidet mit einem riesigen Kopfschmuck aus Federn vor Ihnen erscheint.*
5. *Nun platziert er einen Federkopfschmuck auf Ihrem Kopf. Achten Sie darauf, ob Ihnen das Gefühl bekannt vorkommt.*
6. *Sie tragen Mokassins und wandeln sehr leicht auf der Erde, während Sie ihm folgen.*
7. *Er führt Sie zu einem Pferd und lädt Sie ein, telepathisch mit diesem Kontakt aufzunehmen. Spüren Sie die Verbindung zwischen sich und dem Pferd. Senden Sie ihm Liebe.*
8. *Das Pferd erwidert Ihre Liebe. Sie springen auf seinen ungesattelten Rücken und fühlen sich vollkommen sicher. Es läuft los.*
9. *Während Sie das Pferd unter sich spüren, nehmen Sie auch den Wind auf Ihrem Gesicht und die Sonne auf Ihrem Rücken wahr. Der Himmel ist blau und grenzenlos. Die Bäume und Pflanzen senden Ihnen Energie.*
10. *Lassen Sie sich Zeit, um wirklich zu spüren, dass Sie eins mit der gesamten Natur sind. Alle sind aufeinander angewiesen und lieben einander.*

11. *Spüren Sie das Einssein.*
12. *Wenn Sie genug haben, bedanken Sie sich bei Imhotep, kehren Sie in das Zimmer zurück und öffnen Sie die Augen.*

Eine Übung: Gehen, um das Land zu ehren

1. Geben Sie sich genügend Zeit und ausreichend Platz, damit Sie sich vollkommen auf das Land und die Natur konzentrieren können.
2. Berühren Sie einen Baum und ehren Sie den Geist des Baumes. Danken Sie ihm und segnen Sie ihn.
3. Spüren Sie das Gras, den Sand oder die Erde unter Ihren nackten Füßen. Segnen Sie die Erde dafür, dass sie Sie trägt, und achten Sie darauf, welche Gefühle dabei hochkommen. Danken Sie ihr, dass sie Ihnen dient.
4. Spüren Sie die Energie der Pflanzen und Blumen. Ist es Winter? Falls ja, spüren Sie, wie sie sich fühlen, wenn sich ihre Energie in den Boden zurückzieht. Ist es Frühling? Wie fühlen sie sich, wenn sie wieder zum Leben erwachen? Danken Sie ihnen und erfreuen Sie sich an ihnen.
5. Hören Sie den Vögeln zu und beobachten Sie ihren Flug. Verbinden Sie sich von Herz zu Herz.
6. Wenn möglich streicheln Sie ein Tier voller Ehrfurcht und Respekt. Teilen Sie ihm telepathisch mit, dass Sie sich bewusst sind, dass es eine wunderbare Seele hat, die sich ebenfalls auf dem Weg zum Aufstieg befindet.
7. Bewegen Sie Ihre Hand durch das Wasser eines Teiches, eines Flusses, eines Tümpels oder selbst einer Pfütze. Seien Sie sich bewusst, dass Wasser ein ganz besonderes Element ist, das kosmische Eigenschaften besitzt, die alle Dinge miteinander verbinden. Danken Sie dem Wasser.

Diese Übung wird jedes Mal anders sein.

Schlüssel 13

Die hawaiischen Kahunas

Nach dem Untergang von Atlantis führte der große Hohepriester Hermes, der später von den Griechen als Gott verehrt werden sollte, den Stamm, über den er herrschte, nach Hawaii. Aus diesem Stamm gingen die Kahunas hervor, die einen Schlüssel zur höheren Welt bewahren.

Hermes ist der Führer durch die Unterwelt – in diesem Fall durch Hohlerde. Er ist eng mit dem Erdstern-Chakra verbunden und ermöglicht uns durch dieses Chakra Zugang zur Hohlerde. Wenn Sie mit ihm und dem universellen Engel Sandalphon durch Ihr Erdstern-Chakra Kontakt aufnehmen, wird er Ihnen helfen, tiefer nach Hohlerde vorzudringen. Während der Meditation können Sie ihn bitten, Sie durch die verschiedenen Regionen zu führen. Sie können ihn aber auch bitten, Ihren Geist während des Schlafes auf eine Tour mitzunehmen.

Die Kahunas hatten eine besonders starke Verbindung zu den Delfinen. Hermes wird Ihnen helfen, den Delfinen und auch den Engel-Delfinen, welche die Weisheit von Atlantis zurückbringen, auf den inneren Ebenen zu begegnen, um an ihrer Lebensfreude und ihrem Wissen teilzuhaben. Er hilft denen, die bereit sind, intergalaktisch zu reisen, mit dem Delfin-Licht. Dieses Licht ist eine siebendimensionale Energieform, die sich völlig nach Ihren Bedürfnissen richtet.

Sie können silberne Delfin-Energie herbeirufen und sich in diese einhüllen, dann Hermes dazubitten und ihn bitten, mit Ihnen zu reisen. Die Delfin-Energie wird Sie beschützen. Hermes wird Sie an alle Orte führen, zu denen Sie möchten, und er wird einen seiner Engel bitten, auf Sie aufzupassen, während Sie tun, was Sie zu tun gekommen sind.

Hermes war einer der Götter des Olymps und er unterstützt das Streben nach dem Höchsten und die Perfektionierung des Körpers durch Sport. Das letztendliche Ziel des Sports besteht darin, alle Menschen zu vereinen, um Frieden und Harmonie auf der Welt herzustellen.

Hermes, der auch als Beschützer der Grenzen bekannt ist, kümmert sich um alle Reisenden, die Grenzen überschreiten. Dabei arbeitet er mit Erzengel Raphael zusammen, welcher sowohl der Engel der Heilung und des Reichtums als auch der Engel der Reisenden ist. Gemeinsam ermöglichen sie es den Menschen, ungehindert in ihren physischen Körpern um die Welt zu reisen. Sie helfen auch jenen Forschern und Entdeckern, welche die richtige Einstellung haben und demütig danach streben, die Wunder der Schöpfung Gottes zu erforschen.

Huna-Gebete

Hermes, der Götterbote, arbeitet mit dem universellen Engel Sandalphon zusammen, um unsere Gebete zu Gott zu tragen. Die Kahunas sind bekannt für ihre Huna-Gebete, die eine der machtvollsten Formen des Bittens darstellen. Hermes legte die Regeln dafür fest. In den Huna-Gebeten werden geistige Gesetze angewendet, um eine besonders wirksame Form des Bittens zu garantieren. Die geistige Welt teilt uns mit, es sei nun an der Zeit, dass alle Menschen diese Weisheit annehmen und lernen, wie man ein Huna-Gebet spricht.

Das Gesetz des Betens betont die Bedeutung von Vertrauen und Glauben. Es besagt Folgendes: Wenn Sie den göttlichen Quell um etwas bitten und vollkommen darauf vertrauen, dass Ihnen Ihre Bitte gewährt wird, löst Ihr Glaube eine Reaktion im Herzen Gottes aus und die Engel bringen das Gewünschte zu Ihnen. Aber viele Menschen glauben nur äußerlich, hegen innerlich aber Zweifel, weil der unbewusste Verstand häufig Glaubenssätze, Erinnerungen oder Gefühle enthält, die verhindern, das wir das bekommen, was wir uns wünschen. Der unbewusste, bewusste und überbewusste Geist müssen in Harmonie sein, damit sich ein Gebet erfüllen kann. Die Huna-Gebete nutzen die Macht aller drei Aspekte des Geistes, um eine wirksame Form des Bittgebets zu erschaffen.

Hermes entdeckte, dass unser bewusster Verstand genug Energie erzeugen muss, um das Gebet durch das Unbewusste zum Höheren Selbst – zu unserer Seele – zu leiten. Die Kahunas tanzen, singen und klatschen, wodurch die Lebenskraft oder Energie, die dies bewirkt, verstärkt wird.

Hermes wusste, dass die Seele erst dann Kontakt zu den Engeln und Meistern aufnehmen kann, wenn Gott das Gebet empfangen hat. Die Kahunas sagen, dass wir ein Gebet dreimal täglich 30 Tage lang aufsagen sollen. Die Wiederholung prägt sich unserem Unbewussten wie eine Affirmation ein und trägt dazu bei, dass sich der Weg zum Erfolg öffnet.

Der SCHLÜSSEL der Kahunas besteht darin, sich auf die Weisheit der Delfine einzustimmen und die Erde und die Weite des Universums zu erforschen.

Der KLANG ist der des Muschelhorns.

Die FARBE ist Silbrigblau.

Eine Visualisierung: Mit Hermes und den Delfinen zur Hohlerde und hinaus ins Universum reisen

1. *Suchen Sie sich einen ruhigen Platz, an dem Sie nicht gestört werden.*
2. *Zünden Sie eine Kerze an.*
3. *Schließen Sie die Augen und entspannen Sie sich.*
4. *Rufen Sie die Delfin-Energie herbei, und fühlen Sie, wie das silbrig blaue Licht Sie einhüllt. Atmen Sie es ein und entspannen Sie sich noch tiefer.*
5. *Stellen Sie sich vor, aus Ihren Füßen würden Wurzeln nach unten in Ihr Erdstern-Chakra wachsen. Richten Sie Ihre Aufmerksamkeit in diesen wunderschönen Raum unter Ihren Füßen.*
6. *Hier begegnen Sie dem großen universellen Erzengel Sandalphon. Begrüßen Sie ihn.*
7. *Nun erscheint der Hohepriester Hermes. Begrüßen Sie auch ihn.*

8. *Bitten Sie die beiden, Sie mit in die Hohlerde zu nehmen. Zeigen Sie ihnen, was Sie dort sehen möchten. Nehmen Sie sich Zeit, diesen wundersamen Ort zu erforschen.*
9. *Wenn Sie alles gesehen haben, was Sie dort sehen wollen, und nun intergalaktisch reisen möchten, bitten Sie Hermes, Sie mit auf einen Planeten zu nehmen, auf dem Sie entweder dienen oder eine Erfahrung machen können.*
10. *Nehmen Sie bewusst wahr, dass das silbrig blaue Licht der Delfine jetzt noch stärker geworden ist.*
11. *Folgen Sie Hermes ins Universum hinaus, und besuchen Sie einen Stern oder einen Planeten, auf dem Sie helfen können. Tun Sie, was immer Sie dort tun müssen.*
12. *Wenn Sie fertig sind, wird einer von Hermes' Engeln Sie zurück an den Ort bringen, von dem aus Sie gestartet sind.*
13. *Ruhen Sie sich eine Weile aus, um die gemachten Erfahrungen zu verinnerlichen und zu integrieren.*
14. *Danken Sie Hermes, Sandalphon und der Delfin-Energie.*
15. *Öffnen Sie nun die Augen und kehren Sie in Ihr Wachbewusstsein zurück.*

Eine Übung: Das Huna-Gebet

1. Läutern Sie sich, um den Weg zu Ihrem Höheren Selbst zu eröffnen. Führen Sie die Läuterungszeremonie täglich aus, bevor Sie das Huna-Gebet sprechen.
   Hier sind ein paar Beispiele, auf welche Weise Sie sich läutern können:
   a) Duschen Sie und rufen Sie dabei die kosmischen Eigenschaften des Wassers an, damit diese Sie läutern.
   b) Bitten Sie die Einhörner, ihr Licht über Ihnen auszuschütten.
   c) Rufen Sie die Gold und Silber violette Flamme an, um alles umzuwandeln, was aufgelöst werden muss.
   d) Bitten Sie Erzengel Gabriel, Ihre Energiefelder zu reinigen.

2. Richten Sie Ihr Gebet an die Wesen, mit denen Sie arbeiten möchten. Sie können einen Engel oder Meister anrufen oder auch mehrere. Es ist üblich, diese dabei mit »Geliebter« anzusprechen. Sie können das Gebet also folgendermaßen beginnen: »Geliebter Jesus, geliebter Allah, geliebter El Morya, geliebter Erzengel Michael oder geliebte Maria.« Vielleicht möchten Sie Ihr Gebet aber auch mit »Geliebter Gott« oder »Geliebter Buddha« beginnen. Es bleibt völlig Ihnen überlassen.
3. Schreiben Sie genau auf, was Sie zum höchsten Wohle aller Wesen manifestieren möchten. Achten Sie darauf, dass Ihr Gebet nur positive Wörter enthält. Beginnen Sie mit »Ich bete und bitte von ganzem Herzen und ganzer Seele«, um dem Gebet noch mehr Kraft zu verleihen.
4. Heben Sie Ihr Energieniveau durch Tanzen, Visualisieren, Klatschen, Singen oder auf andere Weise an.
5. Sprechen Sie das Gebet dreimal laut aus. Beenden Sie es mit »So sei es. Es ist vollbracht.« Sprechen Sie mit klarer, fester Stimme.
6. Befehlen Sie Ihrem unbewussten Verstand, das Gebet mit der nötigen Energie zu Ihrem Höheren Selbst zu bringen. Stellen Sie sich vor, dass es nach oben aus Ihrem Kronen-Chakra herausschießt.
7. Entspannen Sie sich danach für einige Zeit. In dieser Zeit können Sie leise OM sagen.
8. Sitzen Sie mit nach oben gerichteten offenen Handflächen da. Die Kahunas gebrauchen die Worte »Herr, lass den Regen deiner Segnungen fallen.«
9. Erwarten Sie in den nächsten Tagen oder Wochen eine Reaktion. Wenn Sie intuitiv spüren, dass Sie aktiv werden müssen, tun Sie es. Wenn Sie mehr als eine Bitte in Ihr Gebet aufnehmen möchten, können Sie das tun – solange Sie die Bitte schlicht und einfach formulieren. Schließen Sie etwas in Ihr Gebet ein, für das Sie dankbar sind. Wenn Sie Ihr Gebet entscheidend verändern, beginnen Sie von neuem mit dem 30-tägigen Prozess.

Schlüssel 14

Die Tibeter

Nach dem Untergang von Atlantis führte der große Hohepriester Zeus, der von den Griechen später zum Gott erklärt wurde, den Stamm, über den er herrschte, mit einem der Schlüssel zur höheren Welt nach Tibet.

Zeus verkörperte die Prinzipien der Stille, der Friedfertigkeit und der Gewaltlosigkeit gegenüber allen Geschöpfen. Mit der Zeit formten die Tibeter daraus die buddhistische Religion. Sie wussten, dass sich jedes Geschöpf sicher fühlt, wenn man Harmlosigkeit ausstrahlt, und dass einen dann nichts verletzen kann.

Zeus beeinflusst direkt den gesamten modernen Mittleren und Nahen Osten. Wenn sich das kosmische Portal in Mesopotamien öffnet, wird er es benutzen, um in dieser Region Stille, Friedfertigkeit und Gewaltlosigkeit zu verbreiten. Die Tibeter werden ihr Licht verbreiten, um den Menschen des Nahen und Mittleren Ostens den Weg zur Spiritualität zu eröffnen.

Zeus war der König der Götter und der Gott des Himmels und des Donners. Er besaß ein gewaltiges Wissen in Bezug auf die Elemente, die für die Wetterbildung verantwortlich sind. Er arbeitete schon mit den ursprünglichen Wesen zusammen, die während der Zeit des Petranium nach Afrika gekommen waren, und half ihnen, das Klima zu kontrollieren.

Heute arbeitet er mit den Australiern und Wesen von anderen Planeten zusammen. Wenn sich das Portal von Uluru öffnet, wird er ihnen dabei helfen, den Regen und andere Elemente zu begreifen, und sie dabei anleiten, einen größeren Teil ihres Kontinents fruchtbar zu machen.

Zeus arbeitet auch mit Poseidon an der weltweiten Reinigung des Planeten und benutzt dabei die Elemente Luft, Wasser, Feuer und Erde, um die Wetterverhältnisse zu beeinflussen.

Während ich dies in England schreibe, sollte ich eigentlich in Dublin sein, aber mein Flug wurde wegen des Vulkanausbruchs in Island storniert. Dieser Ausbruch setzte altes isländisches Karma mit Feuer und Luft frei. Der gesamte Flugverkehr in Europa wurde eingestellt. Dies sollte ein Weckruf sein, der uns darauf aufmerksam machen soll, wie verletzlich wir sind. Wir sind nicht die Herren der Lüfte und wir müssen uns auf die Elemente einstimmen und sie respektieren.

Der von Zeus geführte Stamm arbeitet mit dem universellen Engel Fhelyai – dem Engel der Tiere – zusammen, um die Herzen der Menschen zu öffnen, sodass sie die Tiere verstehen lernen. Es ist höchste Zeit, dass die Menschen begreifen, dass Tiere ebenso wie sie auf ihrer eigenen Seelenreise zum Aufstieg sind. Viele von ihnen sind hoch entwickelt. Manche inkarnieren sich genau wie Menschen, um etwas Bestimmtes zu lernen, während andere gekommen sind, um zu lehren.

Zeus arbeitet auch mit Guanyin zusammen, um Spiritualität auf künstlerische Weise in Moscheen, Tempeln, Kirchen und allen Stätten der Andacht überall auf der Welt auszudrücken. Zudem setzt er seine Macht ein, um Menschen und Gruppen zu beschützen – besonders jene, die sich hervortun und spirituelle Arbeit leisten.

Die Energie von Zeus und seinem Stamm ist in den Bergen von Tibet besonders hoch, wo sie gemeinsam mit Erzengel Gabriel daran arbeiten, Reinheit, Klarheit und Freude zu verbreiten.

Der SCHLÜSSEL der Tibeter besteht darin, nach den Prinzipien des Mitgefühls, der Friedfertigkeit und Gewaltlosigkeit zu leben und in die Stille einzutreten.

Der KLANG ist der des buddhistischen Sprechgesangs.

Die FARBE ist Weiß.

Eine Visualisierung: Friedfertigkeit und Gewaltlosigkeit verbreiten

1. *Suchen Sie sich einen ruhigen Platz, an dem Sie nicht gestört werden können.*
2. *Legen Sie – wenn möglich – sanfte, rhythmische Musik auf.*
3. *Entspannen Sie sich und schließen Sie die Augen.*
4. *Erden Sie sich, indem Sie sich vorstellen, dass Wurzeln aus Ihren Fußsohlen tief in die Erde dringen.*
5. *Hüllen Sie sich in Erzengel Michaels blauen Schutzmantel.*
6. *Konzentrieren Sie sich auf Ihr Herz. Atmen Sie schneeweißen Frieden ein und Harmlosigkeit aus.*
7. *Spüren Sie, wie es in Ihnen ganz still wird.*
8. *Visualisieren Sie sich selbst in den unberührten Bergen Tibets und atmen Sie die Stille ein.*
9. *Bitten Sie den Hohepriester Zeus, zu Ihnen zu kommen.*
10. *Begeben Sie sich mit ihm in den Nahen und Mittleren Osten und strahlen Sie dort Friedfertigkeit und Gewaltlosigkeit aus.*
11. *Reisen Sie mit ihm in andere Länder und berühren Sie die Herzen der dortigen Menschen. Erinnern Sie sie telepathisch daran, die Tiere zu ehren und zu respektieren, da auch sie eine Seele und Gefühle haben.*
12. *Danken Sie Zeus, dass Sie unter ihm dienen durften.*
13. *Kehren Sie an Ihren Ausgangspunkt zurück und öffnen Sie die Augen.*

Eine Übung: Gehen, um Harmlosigkeit zu verbreiten

1. Gehen Sie in der Natur an einem ruhigen Ort spazieren.
2. Atmen Sie den Frieden der Natur ein.
3. Strahlen Sie Harmlosigkeit gegenüber allen Tieren und Vögeln aus.
4. Wenn Sie danach wieder Menschen begegnen, strahlen Sie auch ihnen gegenüber Harmlosigkeit aus.
5. Achten Sie darauf, wie sich Ihr Herz dabei anfühlt.

Schlüssel 15

Die Mayas

Nach dem Untergang von Atlantis führte die große Hohepriesterin Aphrodite ihren Stamm nach Mittelamerika, wo aus ihm die Mayas wurden. Wie die Inkas und die Azteken stammten auch die Mayas von der Venus und brachten von dort Liebe und Weisheit mit.

Die Mayas sind für ihr astronomisches und mathematisches Wissen berühmt, das es ihnen ermöglichte, den Maya-Kalender zu berechnen, der einen Zeitraum von 3114 vor Christus bis 2012 nach Christus umfasst. Ihre Weisheit war in die kosmischen Pyramiden einprogrammiert, die sie, ausgerichtet an Sternen und Galaxien, errichteten. Die Pyramiden waren so justiert, dass sie am 21. Dezember 2012 Kontakt zur Venus und zu Andromeda herstellen sollen, um die unglaublichen Informationen über Atlantis und das Sternenwissen freizugeben, das in sie einprogrammiert war. Die Mayas bezeichnen diesen kosmischen Moment, der für 2012 vorhergesagt wurde, als »Schöpfungstag«.

Laut der Prophezeiung wird die Kraft, welche die Pyramiden an jenem Tag berührt, zu einer Wiedergeburt des Sonnenbewusstseins der Menschheit führen und den Aufstieg von Individuen und des Planeten beschleunigen. Aphrodite und Thot arbeiten gemeinsam daran, uns ihr altes Wissen zu vermitteln, um ein neues goldenes Zeitalter einzuläuten.

Aphrodite, die Hohepriesterin des Stammes, aus dem die Mayas hervorgingen, stellte mit Geisteskraft einen der zwölf Kristallschädel von Atlantis her. Sie erschuf jenen Schädel, der die gesamte Liebe, die unglaubliche kosmische Weisheit und das praktische höhere Wissen der Mayas enthält.

Aphrodite arbeitet mit der Meisterin Venus vom Planeten Venus zusammen, damit von dort aus reine Liebe in die Herzen der Menschen überall auf der Welt fließen kann. Sie versucht überall dort Frieden zu stiften, wo er gebraucht wird, und sie arbeitete mit dem Intergalaktischen Konzil zusammen, das den Maya-Schädel im Jahr 1927 freigab, um so den Frieden in Europa zu bewahren.

Als Wesen der Liebe konzentriert Aphrodite auch den Reichtum auf die Erde. Die Mayas verfügten über ein breites, fortgeschrittenes Wissen über die Natur, die Landwirtschaft und das gesunde Wachstum von Bäumen, Nutz- und Kulturpflanzen. Sie hilft, verschiedene Pflanzenarten zu kreuzen, damit diese ihre Kraft behalten. Ihre Aufgabe besteht darin, die Welt zum Blühen zu bringen. Sie informiert den göttlichen Quell ständig in Bezug auf die Bedürfnisse der Pflanzen, Bäume, Tiere und Menschen unseres Planeten.

Aphrodite und die Mayas helfen, emotionale Liebe in wahre Liebe zu verwandeln. Was sie für die Pflanzen tut, das tut sie auch für die Menschen. Sie hilft Paaren, das Beste ineinander zu sehen, damit ihre Beziehung erblühen kann.

Der SCHLÜSSEL der Mayas besteht darin, Liebe im Herzen zu tragen und diese in die Natur auszuatmen, damit die Welt weiterhin wachsen und blühen kann.

Der KLANG ist der des perlenden Gelächters, klingender Glöckchen und der Flöte.

Die FARBE ist Rosa.

Eine Visualisierung: In Liebe erblühen

1. *Suchen Sie sich einen ruhigen Platz, an dem Sie sich entspannen können.*
2. *Zünden Sie – wenn möglich – eine Kerze an, oder stellen Sie ein paar Blumen in die Nähe, um die Schwingung anzuheben.*

3. *Schließen Sie die Augen und entspannen Sie sich.*
4. *Stellen Sie sich ein wunderschönes rosafarbenes Licht vor, das von der Venus in Ihr Herz strömt, bis Ihr Herz so groß ist, dass Sie ganz und gar von rosafarbener Liebe umgeben sind.*
5. *Visualisieren Sie einen kahlen Kirschbaum, und stellen Sie sich vor, dass aus den Zweigen überall rosafarbene Blüten hervorbrechen.*
6. *Senden Sie dieses Rosa zu Freunden und Familienangehörigen, und stellen Sie sich vor, wie deren Liebe erblüht.*
7. *Senden Sie es zu neuen Bekannten und zu Fremden, und spüren Sie, wie deren Liebe erblüht.*
8. *Senden Sie das Rosa in Ihren Garten, einen Park oder auf das Land, und stellen Sie sich vor, wie Blumen und Bäume dort erblühen und gedeihen.*
9. *Stellen Sie sich vor, dass alle Sterne, Menschen, Tiere, Bäume und Naturwesen in dieser rosafarbenen pulsierenden Liebe miteinander verbunden sind.*
10. *Stellen Sie sich vor, wie dieses Netzwerk der Liebe in Ihr Herz und Ihre Essenz integriert wird.*
11. *Wenn Sie das Gefühl haben, ausreichend gesättigt zu sein, und anfangen zu strahlen, dann bringen Sie Ihre Aufmerksamkeit wieder in das Zimmer zurück und öffnen Sie die Augen.*

Eine Übung: Die Liebe der Venus energetisieren

1. Gehen Sie in einer sternenklaren Nacht nach draußen und schauen Sie sich die Venus an.
2. Atmen Sie ihre Energie ein, und stellen Sie sich vor, Ihr Herz würde in einem kräftigen Rosaton leuchten, weil die Liebe in ihm erblüht.
3. Atmen Sie diese Liebe aus und senden Sie sie allen Sternen am Nachthimmel.
4. Atmen Sie Liebe aus und senden Sie diese den Menschen überall auf der Welt. Stellen Sie sich vor, dass sich all ihre Herzen öffnen.
5. Atmen Sie Liebe aus und senden Sie sie den Tieren, Bäumen,

Pflanzen und der gesamten Natur. Stellen Sie sich vor, dass sich alles öffnet und erblüht.

6. Danken Sie der Venus und den Mayas dafür, dass sie die Energie der Liebe auf der Erde halten.

Schlüssel 16

Die Mesopotamier

Nach dem Untergang von Atlantis führte der große Hohepriester Apollon, der später von den Griechen in den Rang eines Gottes erhoben wurde, den Stamm, über den er herrschte, nach Mesopotamien. Auch dieser Stamm bewahrte einen der Schlüssel zur höheren Welt.

Apollon ist mit der Sonne assoziiert und hat eine strahlend goldene männliche Energie, die all jene beeinflusst, die sich auf ihn einstimmen. Die Milde der Weisheit macht seine Macht sanfter, sodass alles, was er tut, ausgeglichen ist. Auf diese Weise demonstriert er das männliche Idealbild. Gelegentlich wird er als Bogenschütze bezeichnet, weil es ihm seine männliche Energie ermöglicht, seine Gedanken zum Wohle aller Wesen extrem gut zu konzentrieren. Er ist der Gott des Lichts und der Wahrheit, der das Gute, Weise und Ausgezeichnete für uns in die Welt bringt.

Häufig wird Apollon mit einer Leier dargestellt, und tatsächlich macht er mit den Engeln Musik, um der Menschheit Frieden zu bringen. Diese Musik beeinflusst uns Menschen auf der zellulären Ebene und erzeugt in uns ein Gleichgewicht zwischen männlichen und weiblichen Energien. Wenn sich diese beiden Aspekte in jeder Zelle des Körpers im Gleichgewicht befinden, findet der ganze Körper seine Harmonie. Apollon arbeitet mit Fekorm, dem universellen Meister der Musik, und mit Thot zusammen, um die Zellen aller Lebewesen dazu zu bringen, in Harmonie miteinander zu singen.

Apollon beaufsichtigte die Errichtung der großen kosmischen Pyramide in Mesopotamien, die zerstört wurde und daher nicht mehr sichtbar ist. Aber auf der energetischen Ebene ist sie noch immer da und mit den Sternen verbunden. Sie ist bereit, im Jahr 2012 zu erwachen. Apollon speicherte in ihr verschlüsselte Informationen über Atlantis und das Wissen über die Sterne, das die Grundlage der westlichen Astrologie bildet.

Das Wissen dieses Stammes hinsichtlich der Bewegungen der Sterne bildete die Grundlage seiner Bewässerungstechniken. Die Mesopotamier verwendeten Wasser nicht einfach nur als Flüssigkeit, sondern hatten auch seine kosmischen Eigenschaften erkannt, welche die Pflanzen nähren. Dieses Wissen wird uns nach 2012 wieder zur Verfügung stehen. Es ist höchste Zeit, dass wir aus den Wüsten wieder fruchtbare Gärten machen.

Es existieren drei weibliche Energien, die Apollon dabei helfen, die Gewässer des Planeten wieder in einen Zustand der Harmonie und des Gleichgewichts zu bringen. Diese sind

- Artemis, die mit dem Mond assoziiert ist.
- Isis, die von der universellen Engelin Maria in vielen Leben überstrahlt wurde. Sie war Ma-Ra in Lemuria, wo sie die Mysterienschulen begründete, sie war eine Hohepriesterin im goldenen Atlantis, die als Jungfrau Horus gebar, und sie war Maria, die Jesus gebar.
- Heda, die aus einem anderen Universum stammt und die Zwillingsflamme von Fekorm, des universellen Meisters der Musik, ist. Heda und Fekorm arbeiten zusammen.

Apollon wird auch mit der Dichtkunst assoziiert, weil er mit der Resonanz, der Harmonie und dem Rhythmus des Kosmos arbeitet.

Der Stamm der Mesopotamier brachte einen gewaltigen Wissensschatz in Bezug auf Heilpflanzen aus Atlantis mit. Apollon arbeitet mit ihnen und lenkt die Menschen so, dass sie die richtigen Kräuter benutzen, um die Organe des Körpers ins Gleichgewicht zu bringen. Die Resonanz der Kräuter bringt die erkrankten Teile des Körpers ins Gleichgewicht und stellt die Harmonie wieder her.

Der SCHLÜSSEL der Mesopotamier besteht darin, alles im Kosmos in einen Zustand der Resonanz und Harmonie zu bringen.

Der KLANG ist der des Gesangs der Sterne und des Wachsens der Pflanzen.

Die FARBE ist Grüngold.

Eine Visualisierung: Alles in Rhythmus und Harmonie bringen

1. *Suchen Sie sich einen ruhigen Ort, an dem Sie nicht gestört werden.*
2. *Legen Sie – wenn möglich – sanfte Musik auf.*
3. *Entspannen Sie sich und schließen Sie die Augen.*
4. *Erden Sie sich, indem Sie sich vorstellen, dass Wurzeln aus Ihren Fußsohlen tief in die Erde dringen.*
5. *Hüllen Sie sich in Erzengel Michaels blauen Schutzmantel.*
6. *Rufen Sie Apollon an und bitten Sie ihn zu erscheinen. Spüren Sie, wie sein strahlend goldenes Licht Sie umhüllt.*
7. *Bitten Sie ihn, Sie mit hinaus in den Kosmos zu nehmen, damit Sie die Harmonie, den Rhythmus und die Schwingung des gesamten Kosmos wahrnehmen können.*
8. *Stellen Sie sich vor, dass Sie sich mit Apollon draußen zwischen den Sternen befinden.*
9. *Werden Sie sich der Verbindung zwischen den Sternen und ihrer Musik bewusst.*
10. *Werden Sie sich bewusst, dass die Planeten einander ständig Liebe senden.*
11. *Spüren Sie, dass das ganze Universum singt und im Gleichklang schwingt.*
12. *Wenn Sie diese Erfahrung in sich aufgenommen haben, lassen Sie sich von Apollon zurück in Ihren Körper bringen.*
13. *Lassen Sie die Harmonie fließen und jede Zelle Ihres Körpers erfüllen.*
14. *Bedanken Sie sich bei Apollon, bringen Sie Ihre Aufmerksamkeit ins Zimmer zurück und öffnen Sie die Augen.*

Eine Übung: Einen Baum oder eine Pflanze in göttliche Harmonie bringen

1. Spielen Sie einem Baum oder einer Pflanze schöne melodische Musik vor.
2. Stimmen Sie sich auf Apollon ein und segnen Sie etwas Wasser mit kosmischer Freude. Wässern Sie anschließend den Baum oder die Pflanze.
3. Danken Sie dem Kosmos dafür, dass er diesem Baum oder dieser Pflanze geholfen hat.

Schlüssel 17

Die griechische Kultur

Der große atlantische Hohepriester Poseidon, der später von den Griechen als Gott verehrt werden sollte, herrschte über einen Stamm, den er nach dem Untergang von Atlantis nach Griechenland führte. Dieser Stamm bewahrt ebenfalls einen der Schlüssel zur höheren Welt.

Poseidon brachte aus Atlantis das notwendige Wissen mit, um eine der sechs großen kosmischen Pyramiden erbauen zu können. Er beaufsichtigte die Errichtung der Pyramide in Athen, die sich heute unter dem Parthenon befindet. In ihr sind verschlüsselte Informationen über Atlantis und den Einfluss der Sterne auf die Gezeiten und Winde gespeichert. Der Stamm verstand das kosmische Wissen und wusste, wie man mit dessen Hilfe auf See navigiert. Zudem kartografierten die alten Griechen die Meere.

Wenn nach dem Jahr 2012 die Kundalini des Planeten aufsteigt und die Sternenverbindungen zu den großen Pyramiden aktiviert, werden diese Informationen zum Vorschein kommen und es uns ermöglichen, leichter mit dem Fluss des Lebens mitzuschwimmen. Wir werden auch lernen, unter optimalen Bedingungen und zum göttlich bestimmten Zeitpunkt zu reisen.

Der Stamm des Poseidon brachte große Gelehrte hervor. Deshalb befindet sich in der großen kosmischen Pyramide in Athen eine ätherische fünfdimensionale Bibliothek. Nach 2012 werden fünfdimensionale Menschen in der Lage sein, diese zu benutzen und auf das alte Wissen zurückzugreifen, indem sie das gelbe Licht ihres Verstandes nutzen. Das wird ihnen helfen, die Informationen mit ihrer rechten Gehirnhälfte aufzunehmen und sie dann zur Verarbeitung an die linke weiterzuleiten.

Ein Großteil der speziellen Informationen, welche die Griechen aus Atlantis mitbrachten, hat mit natürlicher Medizin und Heilung zu tun. Sie kannten die exakte Note eines jeden Organs und wussten, wie es beeinflusst werden kann, damit es in perfekter Harmonie bleibt. Das wurde durch die korrekte Ausrichtung auf einen bestimmten Stern, eine bestimmte Blume oder einen bestimmten Baum erreicht. Welches Kraut eingenommen oder welche Nahrung gegessen werden muss, mag dabei der entscheidende Faktor sein. Auch die Farbe oder der Klang, der mit dem betreffenden Körperteil in Resonanz ist, oder Druck auf eine bestimmte Stelle könnten den Körper dazu bringen, perfekte Harmonie zu erlangen.

Die alten Griechen entwickelten und nutzten fortgeschrittene Heilmethoden für den Geist, damit dieser dann den Körper beeinflusste.

Sie verfügten über ein tiefes Wissen in Bezug auf Kristalle und arbeiteten schon in Atlantis mit lemurischen Heilstäben und allen anderen Kristallen. So war es zum Beispiel Poseidon, der gemeinsam mit Erzengel Raphael seinen Strahl auf die afghanischen Berge richtete, um dort hochfrequente Smaragde herzustellen, die Heilkräfte besaßen. Er entschied sich für diese Region, weil sie mit der heilenden Konstellation Andromeda und der Weisheit des Orion verbunden ist. Zudem ist Afghanistan das Dritte-Auge-Chakra des Planeten und Erzengel Raphael ist für das Dritte-Auge-Chakra aller Menschen verantwortlich. Wenn Afghanistan im Jahr 2032 so weit sein wird, wird das Dritte Auge des Planeten in einem herrlichen Glanz erstrahlen und die ganze Welt erleuchten (siehe dazu den Orb der Erzengel Raphael und Purlimiek im Bildteil).

Poseidon arbeitet auch mit Joules, der universellen Engelin, die über das Portal im Bermuda-Dreieck wacht, in dem der große Kristall von Atlantis verborgen liegt. Gemeinsam wachen sie auch über die tektonischen Platten.

Der SCHLÜSSEL der griechischen Kultur besteht darin, den Geist zu entwickeln, damit er den Körper heilen kann.

Der KLANG ist der einer Harfe, der alles im Universum miteinander verbindet.

Die FARBE ist Mittelgelb.

Eine Visualisierung: Das Dritte-Auge-Chakra der Menschen und des Planeten heilen

1. *Suchen Sie sich einen ruhigen Ort, an dem Sie nicht gestört werden können.*
2. *Legen Sie – wenn möglich – sanfte Musik auf.*
3. *Entspannen Sie sich und schließen Sie die Augen.*
4. *Erden Sie sich, indem Sie sich vorstellen, dass aus Ihren Fußsohlen Wurzeln tief in die Erde dringen.*
5. *Hüllen Sie sich in Erzengel Michaels blauen Schutzmantel.*
6. *Stellen Sie sich vor, Sie wären in den herrlichen Bergen Afghanistans, dem spirituellen Dritte-Auge-Chakra des Planeten.*
7. *Rufen Sie Erzengel Raphael an, und bitten Sie ihn, Afghanistan zu heilen und dem Land Reichtum zu bringen.*
8. *Bitten Sie ihn, die Smaragde in den Bergen zum Strahlen zu bringen.*
9. *Rufen Sie die Einhörner herbei, und bitten Sie sie, das reine Licht der Erleuchtung auf dieses Land scheinen zu lassen.*
10. *Sehen Sie, wie Afghanistan Licht ausstrahlt.*
11. *Spüren Sie, wie Ihr Drittes Auge ebenfalls erstrahlt.*
12. *Sie können sich sicher sein, dass Sie einen wichtigen Beitrag geleistet haben.*
13. *Kehren Sie an Ihren Ausgangspunkt zurück und danken Sie Erzengel Raphael und den Einhörnern.*
14. *Öffnen Sie nun die Augen.*

Eine Übung: Mit Klang und Intention heilen

1. Suchen Sie sich einen Partner für diese Übung und führen Sie diese abwechselnd aus.
2. Rufen Sie Erzengel Raphael an, und spüren Sie, wie sein helles smaragdfarbenes Licht Sie vollständig einhüllt.
3. Bitten Sie ihn, durch Sie hindurch zu arbeiten, und bekräftigen Sie Ihre Absicht, Ihren Partner zu heilen.
4. Legen Sie die Hände dort auf den Körper Ihres Partners, wo er Heilung oder Ausgeglichenheit braucht.
5. Summen, singen oder machen Sie einen Ton, damit dessen Schwingung in das Energiefeld Ihres Partners eindringen kann.
6. Wechseln Sie nun die Rollen.

Schlüssel 18

Die Maoris

Die große Hohepriesterin Hera, die später in der griechischen Kultur als Göttin verehrt wurde, herrschte über einen atlantischen Stamm, den sie nach dem Untergang von Atlantis erst zu den Fidschi-Inseln und von dort aus nach Neuseeland führte. Aus diesem Stamm gingen die Maoris hervor.

Die Maoris waren Mystiker und Schamanen, die in der Lage waren, durch die Schleier der Illusion zwischen den Welten zu reisen. Mit ihrer besonderen Weisheit hilft Hera all jenen, die über schamanische Kräfte verfügen, auf andere Existenzebenen zu reisen, um zu heilen und verloren gegangene Seelenanteile zurückzuholen. Sie arbeitet mit dem Höheren Selbst der Krafttiere zusammen und macht es ihnen möglich, Kontakt zu Menschen aufzunehmen, die auf sie eingestimmt sind.

Hera bewahrt die Schlüssel zu den heiligen Mysterien des Universums und öffnet jenen die Tür, die dafür bereit sind. Sie hilft diesen Menschen, in Dimensionen zu blicken, die jenseits der materiellen liegen, ihre Intuition zu entwickeln und sich mit den Mächten des Universums – wozu auch die Engel gehören – zu verbinden.

Zu ihrem heiligen Wissen gehören auch die Geheimnisse der Fruchtbarkeit und des Überflusses. Diese werden nach 2012 besonders hilfreich sein, denn dieses Wissen wird der Landwirtschaft helfen, die Menschen auf eine Weise zu ernähren, die auch der Erde etwas zurückgibt und die Tiere respektiert.

Es gab eine Zeit während des goldenen Zeitalters von Atlantis, als Menschen und Tiere einander dienten, ihre Unterschiede respektierten und ihre Einzigartigkeit ehrten. Hera bringt diese Einstellung nun zurück.

Sie überstrahlt Frauen, Ehen und Geburten, und sie hilft den Frauen dabei, wieder ihren rechtmäßigen Platz in der Gesellschaft einzunehmen.

Wenn eine Frau scheinbar unfruchtbar ist, aber unbedingt ein Kind möchte, hilft sie ihr, sich auf allen Ebenen – mental, physisch, emotional und spirituell – vorzubereiten und dann mit der richtigen Seele, die auf eine Inkarnation wartet, Kontakt aufzunehmen. Es gibt viele Frauen, die sich ein Kind wünschen, aber keines empfangen, weil ihre Seelen wissen, dass sie diese Erfahrung in diesem Leben nicht machen sollen. Hera hilft solchen Frauen, dies zu erkennen und Frieden damit zu schließen.

Sie arbeitet daran, die rechte Hirnhälfte der Menschen – besonders die der Frauen – zu entwickeln, damit sie sich an die Geschichten und Lieder erinnern können, welche die Weisheit der Alten enthalten. Da sie um die Macht von Rhythmus und Klang weiß, fügt sie den Liedern heilige spirituelle Energie hinzu, damit das Wissen und die Weisheit, die in ihnen enthalten sind, über alle Generationen hinweg erhalten bleiben. Auf diese Weise hilft sie Familien und Kulturen, ihre Kontinuität zu bewahren.

Der SCHLÜSSEL der Maoris besteht darin, die Intuition zu entwickeln und sich auf die heiligen Mysterien des Universums einzustimmen.

Der KLANG ist der des Klatschens.

Die FARBE ist Mittelblau.

Eine Visualisierung: Weisheit und Heilung empfangen

1. *Suchen Sie sich einen ruhigen Ort, an dem Sie nicht gestört werden können.*
2. *Zünden Sie – wenn möglich – eine Kerze an oder legen Sie passende Musik auf.*

3. *Entspannen Sie sich und schließen Sie die Augen.*
4. *Erden Sie sich, indem Sie sich vorstellen, dass aus Ihren Fußsohlen Wurzeln tief in die Erde dringen.*
5. *Hüllen Sie sich in Erzengel Michaels blauen Schutzmantel.*
6. *Bitten Sie die Göttin Hera, zu Ihnen zu kommen. Vielleicht spüren oder sehen Sie sie ja.*
7. *Bitten Sie Hera, Sie mit in das Universum hinauszunehmen, um dort Weisheit und Heilung zu empfangen und einen Teil Ihrer Seele zurückzuholen.*
8. *Vertrauen Sie darauf, dass Hera Sie durch die Schleier an den Ort führen wird, der für Ihre spirituelle Entwicklung optimal ist.*
9. *Erleben Sie dort, was Sie brauchen, und hören Sie auf Heras Rat.*
10. *Danken Sie ihr und lassen Sie sich von ihr an Ihren Ausgangspunkt zurückbringen.*
11. *Bringen Sie Ihre Aufmerksamkeit wieder in das Zimmer, öffnen Sie die Augen und schreiben Sie Ihre Erfahrungen auf.*

Eine Übung: Erforschen Sie Ihre Familiengeschichte

1. Erforschen Sie die Geschichte Ihrer Familie oder Kultur. Falls möglich können Sie ältere Verwandte befragen, wo Ihre Vorfahren gelebt haben, was sie gearbeitet haben und was ihre Interessen waren. Vielleicht können Sie herausfinden, warum die Menschen Ihrer Kultur bestimmte Dinge tun oder an bestimmte Dinge glauben. So finden Sie beispielsweise vielleicht heraus, warum sie ihr Haar auf bestimmte Weise oder eine bestimmte Art von Kleidung tragen, oder entdecken die verborgene Bedeutung von religiösen Liedern.
2. Wenn Sie diese Aspekte Ihrer Kultur verstehen, werden Sie auch sich selbst und die alte Weisheit, die Sie verkörpern, besser verstehen können.

Die Portale

Um die Sterne, die Reiche der Engel und die siebte Dimension erreichen zu können, müssen Sie entweder durch das eigene Sternentor-Chakra in den Kosmos gehen oder durch das Erdstern-Chakra in die Hohlerde. Am besten ist es, wenn Sie beides können. Je tiefer Sie Ihr Bewusstsein in die Hohlerde eindringen lassen können, desto höher kommen Sie hinauf zu den Sternen.

Es gibt zwischen der Hohlerde und der Erdoberfläche zwölf Ein- und Austrittspunkte in den Kosmos. Jeder dieser Punkte stellt einen Schlüssel zur höheren Welt dar.

Schlüssel 19

Die Große Pyramide und die Sphinx in Ägypten

Die Große Pyramide ist eines der kosmischen Portale, die nach dem Untergang von Atlantis gebaut wurden. Es stellt die Verbindung zu Sirius und Orion her, während die Sphinx der Eingang zur Hohlerde ist. Das Licht der Hohlerde strahlt also von der Großen Pyramide zu den Sternen hinauf und von ihnen durch die Sphinx in die Hohlerde hinunter.

Die Sphinx funktioniert wie ein Portal und lädt Informationen von Sirius, Orion und verschiedenen anderen Planeten und Sternen herunter. Ein fünfdimensionaler Tunnel unterhalb der Sphinx führt zur Großen Pyramide in der Hohlerde, in der die Akascha-Chroniken, also die Aufzeichnungen des ganzen Universums, aufbewahrt werden. Der Schlüssel besteht in der Verschmelzung der Informationen von den Sternen, die in einem heiligen geometrischen Kegel eingekapselt sind, der von oben in die Sphinx eintritt, mit denen, die in einem Kegel aufbewahrt werden, der aus der Hohlerde zur Sphinx heraufkommt. Dadurch entsteht eine Acht oder das Unendlichkeitssymbol der göttlichen Weisheit.

Der SCHLÜSSEL der Großen Pyramide und der Sphinx besteht darin, sich mit der Acht zu verbinden.

Der KLANG ist das Summen der Pyramide, die uns mit dem Universum verbindet.

Die FARBE ist Karmesinrot.

Eine Visualisierung: Informationen aus der Akascha-Chronik abrufen

1. *Suchen Sie sich einen ruhigen Ort, an dem Sie nicht gestört werden können.*
2. *Zünden Sie – wenn möglich – eine Kerze an.*
3. *Entspannen Sie sich und schließen Sie die Augen.*
4. *Erden Sie sich, indem Sie sich vorstellen, dass aus Ihren Fußsohlen Wurzeln tief in die Erde dringen.*
5. *Hüllen Sie sich in Erzengel Michaels blauen Schutzmantel.*
6. *Bringen Sie Ihr Bewusstsein in die Große Pyramide und hinauf zu Sirius und Orion, dann durch die Sphinx hinunter zur Hohlerde, dann wieder hinauf. Führen Sie diese Achterbewegung ein paar Mal aus.*
7. *Spüren Sie die Gotteskraft in der Sphinx, während Sie diese passieren.*
8. *Stellen Sie sich vor, Sie würden durch den fünfdimensionalen Tunnel von der Sphinx zur Großen Pyramide in der Hohlerde reisen. Betreten Sie die Pyramide.*
9. *Betreten Sie ehrfürchtig und staunend die große Bibliothek, in der die Akascha-Chronik aufbewahrt wird.*
10. *Ein Meister nähert sich Ihnen. Fragen Sie ihn, ob Sie die Informationen einsehen dürfen, die es Ihnen ermöglichen, spirituell zu wachsen.*
11. *Der Meister führt Sie an einen Platz und bedeutet Ihnen, Platz zu nehmen. Er reicht Ihnen einen speziellen Quarzkristall.*
12. *Während Sie sich entspannen und sich auf den Kristall einstimmen, empfangen Sie Informationen. Diese mögen in der Form von Bildern, Gedanken oder Empfindungen zu Ihnen kommen.*
13. *Wenn Sie fertig sind, geben Sie dem Meister den Kristall zurück und bedanken Sie sich bei ihm.*
14. *Kehren Sie dann durch den Tunnel zur Sphinx zurück an Ihren Ausgangspunkt und öffnen Sie die Augen.*
15. *Während der nächsten Stunden oder Tage mögen Sie sich kosmischer oder persönlicher Informationen bewusst werden, die Sie vorher nicht hatten.*

Eine Übung: Aktivieren Sie das alte Wissen durch die Acht

1. Zeichnen Sie eine Acht auf den Boden, und schreiten Sie diese mit der Absicht ab, die Weisheit von Sirius und Orion zum Wohl aller Wesen zu entschlüsseln.
2. Wenn Sie dazu nicht in der Lage sind, zeichnen Sie eine Acht auf ein Blatt Papier und fahren Sie mit der Absicht, das alte kosmische Wissen zu entschlüsseln, die Umrisse mit dem Finger nach.

Schlüssel 20

Mount Shasta in Kalifornien

Einer der Faktoren, der zur Aufrechterhaltung der hohen Schwingung des goldenen Zeitalters von Atlantis beitrug, war eine Kuppel aus Kristallpyramiden, die über dem Land platziert wurde. Diese Kuppel umhüllte das gesamte Gebiet des Experiments und strahlte ein großes Licht darauf. Nach dem Untergang von Atlantis wurden die meisten Pyramiden in die inneren Welten zurückgebracht, aber eine wurde in den Äther über dem heiligen Berg Mount Shasta transportiert. Diese Pyramide sorgt dafür, dass die Energie dort besonders rein ist.

Das Refugium von Erzengel Gabriel befindet sich im Äther über Mount Shasta. Auch dieses Refugium sorgt dafür, dass die gesamte Region von weißem Licht erfüllt ist. Es bewahrt Reinheit, Freude und spirituelles Erwachen für diese Region und wird dies auch nach dem Öffnen des kosmischen Chakras im Jahr 2012 tun.

Das Portal von Mount Shasta führt direkt in die lemurische Energie der Hohlerde hinunter und verbindet sich von dort aus mit den Plejaden. Heilenergie von den Plejaden strömt durch Mount Shasta auf die Erdoberfläche und in die Hohlerde hinein.

In einer Richtung wird dieses Portal von Seelen benutzt, die auf den Plejaden leben, aber auf die Erde oder in die Hohlerde kommen wollen. Auch Engel von den Plejaden, welche die Erde oder die Hohlerde besuchen wollen, benutzen es. Zwar könnten sie die Erde auch auf anderen Wegen erreichen und müssen dafür kein Portal benutzen, aber sie kommen durch dieses Portal in die Hohlerde, um ihr Wissen über Heilung zu verbreiten.

Wir waren erstaunt, als wir einen ganz außergewöhnlichen blauen Orb sahen, der die Form eines Diamanten hatte und sich deutlich von anderen unterschied. Uns wurde gesagt, dass dies ein Wesen von den Plejaden war, das dem Land Heilung brachte. Diese Wesen bereiten gegenwärtig bestimmte Gegenden auf den Aufstieg vor (siehe dazu den Orb im Bildteil).

In der anderen Richtung geleiten die Engel während des Schlafes Seelen von der Erde durch das Portal zu den Plejaden, wenn diese etwas über die plejadischen Heilmethoden lernen wollen.

Wesen von den Plejaden können auch teleportieren oder auf andere Weise reisen, aber sie benutzen keine Raumfahrzeuge.

Die Geister der Tiere von den Plejaden reisen durch Mount Shasta. Außerdem benutzen die Seelen der plejadischen Tiere, die sich auf der Erde inkarnieren wollen, dieses Portal, um uns zu besuchen, bevor sie die Reise antreten, auf der sie das Leben auf unserem Planeten kennenlernen werden. Wir haben viele Engel-Orbs gesehen, die Geister bringen, um potenzielle Familien, Eltern und Großeltern, Brüder und Schwestern, Tanten und Cousinen auszukundschaften, bevor sie die endgültige Entscheidung treffen und Kontakt zur Mutter herstellen. Viele dieser wartenden Seelen treffen diese Entscheidung also nicht leichtfertig.

Schafe kommen von den Plejaden, um uns ihre Wolle zu schenken und uns mit ihrer Güte zu trösten und zu heilen. Bienen, die ebenfalls von dort stammen, hatten keine Stacheln, als sie zuerst zur Erde kamen, weil sie sich nicht verteidigen mussten. Stacheln entwickelten sich erst, als die Schwingungsfrequenz auf der Erde sank. Die Bienen bestäuben Blumen, zeigen uns, wie man auf geordnete Weise und in Harmonie lebt, und bauen nach den Gesetzen der heiligen Geometrie. Sie heilen uns, indem sie uns trösten und uns ihren süßen Honig schenken. Schweine kommen ebenfalls von den Plejaden und bringen das Ökosystem ins Gleichgewicht, indem sie Reste vertilgen. Sie werden wegen ihrer Intelligenz und ihrer Weisheit geliebt und respektiert. Auch sie sind Heiler, die uns ihre Freundschaft anbieten und das Land heilen. Unsere Aufgabe ist es, ihnen Respekt zu zollen und für ihre Unterkunft zu sorgen.

Plejadisches Heilen

Alle Heilmethoden von den Plejaden basieren auf dem Herzen, wie Sie am Orb eines plejadischen Heilers (siehe Bildteil) sehen können, der unseren Planeten besucht. Der Orb hat die blaue Farbe des Hals-Chakras, weil die plejadischen Heiler mit der Wahrheit heilen.

Als ich Mount Shasta zum ersten Mal besuchte, berichteten mir mehrere Menschen, dass ihre Großeltern ihnen von Lemurern erzählt hätten, denen sie auf Wanderungen in den Bergen begegnet waren. Es hieß, sie würden ihre Wohnstätten durch einen Tunnel in der Erde betreten.

Der SCHLÜSSEL von Mount Shasta besteht darin, aus dem Herzen heraus zu heilen, indem die Menschen in reine Liebe gehüllt werden.

Der KLANG ist der von singenden Engeln.

Die FARBE ist Blauweiß.

Eine Visualisierung: Durch die Weisheit der Plejaden mehr über Heilung erfahren

1. *Suchen Sie sich einen ruhigen Ort, an dem Sie nicht gestört werden können.*
2. *Zünden Sie – wenn möglich – eine Kerze an.*
3. *Entspannen Sie sich und schließen Sie die Augen.*
4. *Erden Sie sich, indem Sie sich vorstellen, dass aus Ihren Fußsohlen Wurzeln tief in die Erde dringen.*
5. *Hüllen Sie sich in Erzengel Michaels blauen Schutzmantel.*
6. *Bitten Sie Erzengel Gabriel, zu Ihnen zu kommen. Spüren Sie sein schneeweißes Licht um sich herum.*
7. *Stellen Sie sich vor, dass Sie in seine Energie gehüllt das Portal von*

Mount Shasta in den herrlichen schneebedeckten Bergen Kaliforniens aufsuchen. Atmen Sie die Energie ein.

8. *Bitten Sie Erzengel Gabriel, Sie durch das Portal mit zu den Plejaden zu nehmen, um von den plejadischen Engeln mehr über Heilung zu erfahren und geheilt zu werden.*
9. *Spüren Sie, wie sich Ihr Herz öffnet und wie sich Ihre Körperzellen mit dem hochfrequenten blauen Licht füllen. Lassen Sie sich so viel Zeit, wie Sie dafür benötigen.*
10. *Bedanken Sie sich bei den Engeln der Plejaden.*
11. *Kehren Sie mit Erzengel Gabriel durch das Portal von Mount Shasta zur Erde zurück und treten Sie in die Hohlerde ein.*
12. *Verbreiten Sie die wunderschöne, herzzentrierte blaue Heilenergie durch die Leylinien.*
13. *Wenn Sie fertig sind, kehren Sie mit Erzengel Gabriel durch das Portal an Ihren Ausgangspunkt zurück.*
14. *Danken Sie ihm und öffnen Sie die Augen.*

Eine Übung: Tiere wertschätzen

1. Wenn es Ihnen möglich ist, gehen Sie aufs Land hinaus und suchen Sie eine Biene, ein Schaf oder ein Schwein. Ist das nicht möglich, schauen Sie sich das Bild eines dieser Tiere an oder stellen Sie es sich vor.
2. Atmen Sie von Herzen kommende Liebe aus und hüllen Sie das Tier damit ein.
3. Danken Sie ihm auf telepathischem Weg dafür, dass es auf die Erde gekommen ist, und für alles, was es für uns getan hat.
4. Nehmen Sie sich genug Zeit, um ihm zu zeigen, wie sehr Sie es schätzen und wie dankbar Sie ihm sind.

Schlüssel 21

Die kosmische Pyramide der Mayas in Guatemala

Die neunstufige kosmische Maya-Pyramide, die nach dem Untergang von Atlantis erbaut wurde, ist ein Portal, das uns mit der Venus und dem kosmischen Herzen verbindet.

Diese Pyramide leitet die Liebe des kosmischen Herzens in die Hohlerde, von wo aus Gaia sie dem ganzen Planeten schickt und die universelle Engelin Gersisa sie durch die Leylinien weiterleitet. Wenn der Strom der Liebe auf der Erde ankommt, zieht er die Finsternis an, um sie aufzulösen. Dies verursacht gegenwärtig einige Unruhe, weil blockierte Energien aufgewühlt werden. Nur bedingungslose Liebe wird in die Hohlerde weitergeleitet.

Wenn sich die Frequenz des Planeten erhöht, werden Guatemala und ganz Süd- und Mittelamerika im Licht erstrahlen.

Die Maya-Pyramide ist auch mit dem Sirius verbunden. Die Kundalini des Planeten verlagerte sich 2008 nach Guatemala und geriet so unter den Einfluss des höheren Aspekts von Sirius, Lakumay, der dabei ist, die heilige Geometrie auf der Erde zu konzentrieren, damit der Planet in höhere Dimensionen aufsteigen kann. Die Weisheit des Sirius wird im neundimensionalen goldenen Christus-Strahl bewahrt.

Der SCHLÜSSEL der kosmischen Maya-Pyramide besteht darin, bedingungslose Liebe zu fokussieren und zu verbreiten.

Der KLANG ist das von Herzen kommende Summen, das den Kristallschädel, die Sterne und die heilige Geometrie verbindet.

Die FARBE ist ein blasses Kristallrosa.

Eine Visualisierung: In kosmischer Liebe und im Christus-Licht baden

1. *Suchen Sie sich einen ruhigen Ort, an dem Sie nicht gestört werden können.*
2. *Zünden Sie – wenn möglich – eine Kerze an.*
3. *Entspannen Sie sich und schließen Sie die Augen.*
4. *Erden Sie sich, indem Sie sich vorstellen, dass aus Ihren Fußsohlen Wurzeln tief in die Erde dringen.*
5. *Hüllen Sie sich in Erzengel Michaels blauen Schutzmantel.*
6. *Visualisieren Sie, dass Sie die kosmische Maya-Pyramide betreten und sich in ihr Zentrum setzen.*
7. *Öffnen Sie sich dem Strahl des reinen rosafarbenen Lichts, das aus dem kosmischen Herzen kommend hier einströmt. Baden Sie in dieser wundersamen Liebe.*
8. *Öffnen Sie sich nun dem goldenen Christus-Strahl, der vom höheren Sirius kommend hier einströmt.*
9. *Achten Sie auf Symbole der heiligen Geometrie, die Ihnen erscheinen mögen.*
10. *Gestatten Sie dem Rosa von der Venus und dem Gold vom Sirius, durch Sie hindurch in das Zentrum der Hohlerde zu fließen.*
11. *Sehen Sie, wie Gaia und die universelle Engelin Gersisa dieses Licht aufnehmen und es in die Leylinien einspeisen.*
12. *Stellen Sie sich vor, dass der ganze Planet in rosafarbener und goldener Liebe pulsiert.*

13. *Wenn Sie fertig sind, kehren Sie an Ihren Ausgangspunkt zurück. Spüren Sie, dass Ihre Aura ebenfalls in rosafarbener und goldener Liebe pulsiert. Achten Sie darauf, wie sich das anfühlt.*
14. *Öffnen Sie die Augen und lächeln Sie.*

Dies ist eine wunderbare Visualisierungsübung, die Sie vor dem Schlafengehen machen können. Auf diese Weise wird die rosafarbene und goldene Liebe während der ganzen Nacht durch Sie hindurchströmen. Ihr Höheres Selbst wird dafür sorgen, dass Sie nur das aufnehmen, was Sie auch verarbeiten können.

Eine Übung: Bedingungslose Liebe durch heilige Geometrie verbreiten

1. Nehmen Sie einen Weltatlas oder eine örtliche Landkarte zur Hand.
2. Konzentrieren Sie sich auf Ihr Herz.
3. Zeichnen Sie einen sechszackigen Stern und färben Sie ihn rosa ein.
4. Summen Sie von Herzen und senden Sie dem Stern diesen Klang.
5. Wenn der Stern voller Energie ist, legen Sie ihn irgendwo auf den Atlas oder die Landkarte.
6. Sie können dies so oft tun, wie Sie wollen.

Schlüssel 22

Agata im Norden Russlands

Eines der wichtigsten, machtvollsten und einflussreichsten kosmischen Portale öffnet sich ungefähr im Jahr 2012 in Agata. Es stellt die Verbindung zu den Plejaden her.

Die Kundalini ist die essenzielle Lebenskraft einer Pflanze. Sie trägt alle Informationen und Energien in sich, welche die Pflanze für ihr Wachstum braucht. Wenn sie aktiviert wird, schießt die Pflanze in die Höhe. Die Umstände, unter denen eine Pflanze gesetzt wird, Boden, Sonne, Regen und die Pflege, die sie erhält, beeinflussen offensichtlich die Vitalität der Pflanze. Genau dasselbe gilt auch für einen Menschen.

Wenn die Zeit und Umstände richtig sind, steigt die Kundalini auf und wir beginnen zu erwachen und spirituell zu wachsen. Alle Sterne und Planeten folgen dieser Ordnung, und wenn die planetarische Kundalini im Jahre 2012 aktiviert wird, werden wir Zeugen eines rapiden spirituellen Wachstums sein.

Beim Untergang von Atlantis war die Kundalini des Planeten männlich und wurde von Sanat Kumara in der Wüste Gobi bewahrt. Sie enthielt die niedere Frequenz des späten Atlantis, die jetzt geheilt werden muss, damit der Planet ab 2012 aufsteigen kann.

2008 verlagerten Maya-Schamanen die Kundalini nach Guatemala, wo aus ihr eine weibliche Energieform wurde, sodass sich die planetarische Lebenskraft nun im Gleichgewicht befindet.

Allerdings benötigt der atlantische Aspekt der Kundalini noch weitere Heilung. Bei ihren Bemühungen, dies zu bewerkstelligen, versuchen die

Wesen von den Plejaden, die atlantische Energie in der Hohlerde durch das Portal in Agata zu erreichen.

Da die Kundalini nun von männlich zu weiblich gewechselt hat und nach Guatemala gebracht wurde, erlangen die Erdstern-Chakras aller Bewohner des Planeten nun ihr Gleichgewicht. Die männliche Kraft des Planeten entspannt sich und wird in Liebe und Heilenergie gebadet. Sie verändert sich nun von der des kämpfenden Kriegers zu der des friedvollen Kriegers, der sich voller Weisheit für das Wohl aller Wesen einsetzt und dabei die Schwachen, Armen und Verwundbaren beschützt.

Die männliche Kraft hilft nun den Menschen der Erde, Entscheidungen im höchsten Interesse zu fällen, und bringt jenes Wissen zurück, das gebraucht wird, um das Leben auf dem Planeten in eine harmonische Koexistenz von Natur, Tieren und Menschen zu verwandeln. Sie beschützt, weil sie friedvoll, stark und mutig ist und göttlich gelenkt wird.

Der SCHLÜSSEL von Agata besteht darin, männliche und weibliche Energien ins Gleichgewicht zu bringen, um eine harmonische Koexistenz zu verwirklichen.

Der KLANG ist der eines tiefen Gongs, der langsam in der Stille verklingt.

Die FARBE ist plejadisches Blau.

Eine Visualisierung: Die Kundalini heilen und ausgleichen

1. *Suchen Sie sich einen ruhigen Ort, an dem Sie nicht gestört werden können.*
2. *Zünden Sie – wenn möglich – eine Kerze an.*
3. *Entspannen Sie sich und schließen Sie die Augen.*
4. *Erden Sie sich, indem Sie sich vorstellen, dass aus Ihren Fußsohlen Wurzeln tief in die Erde dringen.*
5. *Hüllen Sie sich in Erzengel Michaels blauen Schutzmantel.*

6. *Stellen Sie sich vor, Sie wären eine Pflanze und würden Ihre Wurzeln tief in die Erde in Ihr Erdstern-Chakra strecken. Wie groß sind Sie? Wie sehen Ihre Blätter aus?*
7. *Da Sie nun in die Höhe streben wollen, müssen Ihre Wurzeln noch tiefer nach unten wachsen. Strecken Sie sie tief in die Hohlerde hinein.*
8. *Spüren Sie den warmen Sonnenschein und den erfrischenden Regen, und schauen Sie zu oder spüren Sie, wie Sie wachsen.*
9. *Ihre Wurzeln bekommen nun alles, was sie brauchen. Spüren Sie, wie Sie nun dem göttlichen Quell entgegenwachsen. Wie fühlt sich das an?*
10. *Lösen Sie wieder die Verbindung zur Pflanze, aber spüren Sie immer noch Ihre Wurzeln tief in der Erde und Ihren Kopf im Himmel.*
11. *Bitten Sie die plejadischen Heiler, Ihr altes Karma zu heilen und es auszugleichen. Vertrauen Sie darauf, dass dies jetzt geschieht. Danken Sie ihnen, wenn sie damit fertig sind.*
12. *Wenn Sie so weit sind, öffnen Sie die Augen in der Gewissheit, dass Sie Ihre Kundalini ins Gleichgewicht gebracht und dem Planeten geholfen haben, auch seine Kundalini ins Gleichgewicht zu bringen.*

Eine Übung: Ein friedvoller Krieger sein

1. Gleich ob Sie nun ein Mann oder eine Frau sind, sollten Sie heute üben, ein friedvoller Krieger zu sein, und allen Wesen helfen, in Harmonie und Koexistenz zu leben. Wenn sich zum Beispiel Ihre Kinder streiten, oder Sie mit Menschen zu tun haben, die sich streiten, dann bleiben Sie stark, geerdet und friedvoll, statt herumzuschreien, damit die anderen Ihre Energie spüren und sich beruhigen können.
2. Wenn Sie unter Menschen sind, die chaotisch oder unruhig sind, halten Sie ruhig an Ihrer Vision des Friedens und des höchsten Wohles aller Wesen fest, und beobachten Sie, wie sich das auf die Stimmung der anderen auswirkt.

Schlüssel 23

Die kosmische Pyramide in Griechenland

Nach dem Untergang von Atlantis wurde in Griechenland eine kosmische Pyramide gebaut, die zwar später durch ein Erdbeben zerstört wurde, deren Energie aber immer noch aktiv ist. Lange nach ihrer Zerstörung wurde das Parthenon, welches das Portal darstellt, an derselben Stelle errichtet. Die höhere Weisheit des Orion strömt von hier aus in die Hohlerde und in die Bibliothek des Porthologos in Catharia hinein, in der die gesamte Weisheit dieser alten Kultur gespeichert ist.

Alle Tiere, die vom Orion stammen und sich auf der Erde verkörpern – also Katzen, Ziegen, Eichhörnchen und Kaninchen –, tragen einen Teil dieser Weisheit in ihren Energiefeldern.

Die geistigen Gesetze

Es gibt 33 geistige und drei transzendente Gesetze. Schlüssel dazu ist die Weisheit des Orion, die sich mit den geistigen Gesetzen des Universums befasst. Die geistigen Gesetze sind große unwandelbare Energien, die dafür sorgen, dass alles im Rahmen der vollkommenen göttlichen Ordnung geschieht. Auf energetischer Ebene werden sie in der griechischen Pyramide unter dem Parthenon bewahrt. Die 33 geistigen Gesetze wurden in Atlantis vom Hohepriester Thot festgelegt. Auch Horus, der die Babylonier führte, lehrte sie. Die drei transzendenten Gesetze wurden vom göttlichen Quell erlassen, da in ihnen göttliche Eigenschaften zum

Ausdruck kommen, die Vorrang vor allen anderen Energien des göttlichen Planes haben.

Das geistige Gesetz der Anziehung

Einige der geistigen Gesetze kommen auch in der dritten Dimension zur Anwendung, haben aber karmische Konsequenzen. Nur in der fünften Dimension funktionieren sie energetisch im Einklang mit der Bestimmung der Seele. Eines der geistigen Gesetze ist das Gesetz der Anziehung, das in der heutigen Zeit so häufig erwähnt wird. Das Gesetz der Anziehung besagt: Wenn Sie sich vollkommen und ohne jeden Zweifel auf das konzentrieren, was Sie wollen, muss es sich manifestieren.

In der fünften Dimension können Sie sich nur noch das wünschen, was im Interesse des Wohles aller Wesen liegt. Sie sind bereit, die Erfüllung des Wunsches den Engeln zu überlassen und ihn aufzugeben, wenn er sich nicht in Übereinstimmung mit dem göttlichen Willen befindet. Dann wird das Gewünschte auf perfekte göttliche Weise zu ihnen kommen, ohne Karma zu kreieren. Die Atlanter wussten das und setzten das Gesetz dementsprechend ein.

Die transzendenten Gesetze

Es gibt drei transzendente Gesetze, die von Gott erlassen wurden und Vorrang vor allen anderen Gesetzen haben. Sie basieren auf besonders hochfrequenten göttlichen Energien, die alles auflösen und umwandeln, was nicht Liebe und Licht ist.

Das Gesetz des Glaubens

Wenn Sie in einem solchen Maß auf Gott vertrauen, dass Sie vollkommen an ein bestimmtes Ergebnis glauben, dann muss es so geschehen. Der Glaube macht das Unmögliche möglich. Er macht den Weg frei für

Wunder. Hören Sie auf Ihre Intuition, und vertrauen Sie ihr, denn das ist die Grundlage des Glaubens.

Das Gesetz der Gnade

Bedingungslose Liebe, Mitgefühl, Barmherzigkeit, Vergebung, von Herzen kommende Großzügigkeit und Empathie sind göttliche Eigenschaften, die uns in den Zustand der Gnade versetzen. Wenn Sie anderen Menschen diese Eigenschaften vermitteln, erfahren Sie die Gnade des Göttlichen.

Das Gesetz der Einheit

Die Dualität ist das Werkzeug, das uns dazu bringen soll, nach dem Licht zu streben. In der fünften und den höheren Dimensionen wissen wir, dass wir alle Teile Gottes und gleichzeitig verschieden sind. Wir akzeptieren und ehren das Göttliche in uns selbst und anderen.

Der SCHLÜSSEL zur kosmischen Pyramide in Griechenland besteht darin, die geistigen Gesetze zu verstehen und sie zu befolgen.

Der KLANG ist der eines lauter werdenden Gongs, der uns auf die geistigen Gesetze einstimmt.

Die FARBE ist ein schimmerndes Perlmutt.

Eine Visualisierung: Die Weisheit des Orion empfangen

1. *Suchen Sie sich einen ruhigen Ort, an dem Sie nicht gestört werden können.*
2. *Zünden Sie – wenn möglich – eine Kerze an.*

3. *Entspannen Sie sich und schließen Sie die Augen.*
4. *Erden Sie sich, indem Sie sich vorstellen, dass aus Ihren Fußsohlen Wurzeln tief in die Erde dringen.*
5. *Hüllen Sie sich in Erzengel Michaels blauen Schutzmantel.*
6. *Stellen Sie sich vor, Sie würden an einem wunderschönen Ort in der Natur sitzen.*
7. *Dort nähert sich Ihnen eine Katze, eine Ziege, ein Eichhörnchen oder ein Kaninchen.*
8. *Jedes dieser Tiere kann Ihnen etwas von der Weisheit des Orion vermitteln. Hören Sie ihnen also gut zu.*
9. *Ehren Sie ihr Licht und bedanken Sie sich bei ihnen.*
10. *Kehren Sie in Ihr Wachbewusstsein zurück und öffnen Sie die Augen.*

Eine Übung: Die transzendenten Gesetze des Universums

1. Denken Sie über die drei transzendenten Gesetze nach.
   a) Wie können Sie den Glauben leben?
   b) Wo können Sie heute Gnade walten lassen?
   c) Können Sie das Göttliche in anderen sehen?

Schlüssel 24

Die große kosmische Pyramide in Tibet

Nach dem Untergang von Atlantis wurde eine der sechs großen kosmischen Pyramiden, welche die Weisheit von Atlantis enthalten, von Zeus in Tibet errichtet. Sie steht mit dem spirituellen Aspekt des Sirius – Lakumay – in Verbindung und bewahrt einen der Schlüssel zur höheren Welt.

Die Pyramide ist zwar vollständig zerstört worden, energetisch ist sie aber immer noch aktiv. Von hier aus führt ein Gang in die Hohlerde zu einer Bibliothek in der großen Pyramide der Hohlerde, wo alles Wissen über die Ursprünge der Tibeter in Atlantis aufbewahrt wird. Hier sind auch die Informationen über die Große Weiße Bruderschaft, die Geheimnisse des Friedens und des ewigen Lebens gespeichert. Die Energie fließt von der Hohlerde durch die tibetische Pyramide nach Lakumay, den aufgestiegenen Aspekt des Sirius.

Die Große Weiße Bruderschaft

Während des goldenen Zeitalters von Atlantis vereinigten viele große aufgestiegene Meister ihre Energie und begründeten die Große Weiße Bruderschaft in der Absicht, jene Wesen, die gegenwärtig verkörpert, aber rein genug sind, um das weiße Licht des Aufstiegs zu tragen, einzuweihen. (Weiß bezieht sich hier auf den Grad der Reinheit, den sie dazu erlangen müssen.)

Maitreya, der Herr der Welt, der für das gesamte Sonnensystem verantwortlich ist, ist der Führer der Weißen Bruderschaft und des Ordens des Melchisedech. Die Priesterschaft des Melchisedech, unter Führung von Melchisedech selbst, vermittelt der Menschheit die erleuchteten Mysterienlehren und ist ein Teil der Bruderschaft. Im höchsten Tempel von Heliopolis bereitete Jesus sich auf die Einweihung in die höheren Grade der Großen Weißen Bruderschaft vor, woraufhin er ein Hohepriester im Orden des Melchisedech wurde.

Serapis Bey war ein Priester-Avatar im Aufstiegstempel in Atlantis und Hüter der Weißen Flamme, der Aufstiegsflamme. In einer seiner Inkarnationen war er Echnaton, also jener Pharao, der während seiner Regentschaft die Große Weiße Bruderschaft beschützte und reorganisierte und das Wissen um den Einen Gott zurückbrachte.

El Morya, der dem Planeten bei seinem Aufstieg hilft, ist ebenfalls Mitglied der Großen Weißen Bruderschaft. Bald schon wird er zum Manu, dem vervollkommneten Menschen, werden, aus dem die neue Wurzelrasse der Menschheit, bei der alle zwölf DNA-Stränge verbunden und aktiviert sind, hervorgehen wird.

Meister Lanto, der Chohan des zweiten Strahls, ist der Meister des Konzils des Royal Teton Refugiums, wo sich die Große Weiße Bruderschaft in den inneren Welten trifft.

Die Essener, Katharer, Kreuzritter, Freimaurer und Rosenkreuzer haben die Lehren der Großen Weißen Bruderschaft im Westen verbreitet, im Osten taten dies die Sufis, die chinesischen Taoisten und die tibetischen Lamas.

Die Weiße Bruderschaft und die Große Weiße Bruderschaft sind eins und wirken gemeinsam zum höchsten Wohle aller Wesen.

Interdimensionale Zweiweg-Portale

Die Pyramide in Tibet ist eines der vier interdimensionalen Zweiweg-Portale auf dem Planeten. Die anderen sind Stonehenge in England, Machu Picchu in Peru und Groß-Zimbabwe in Afrika.

Die Aktivierung des Schlüssels

Um den Schlüssel zur Pyramide in Tibet zu aktivieren, ist es hilfreich, mit den Einhörnern und ihrer reinen und friedvollen Energie zu arbeiten. Einhörner sind aufgestiegene siebendimensionale Pferde, die zum Reich der Engel gehören. Sie sind als die Reinsten der Reinen bekannt; ihr Licht ist gewaltig und strahlend weiß. Ihre dritten Augen sind so hoch entwickelt, dass Licht aus ihrer Stirn dringt, das wie ein spiralförmiges Horn erscheint. Wenn Sie Kontakt zu den Einhörnern aufnehmen, kann sich jede Zelle Ihres Körpers entspannen. Darin liegt der Schlüssel zu vollkommener Gesundheit und ewigem Leben.

Babaji

Ein Beispiel für das ewige Leben ist der große Meister Babaji, der Tausende von Jahren in demselben physischen Körper lebte und immer dann erscheint, wenn er gebraucht wird. Er ist ein großer Yogi, der seine yogischen Kräfte (Siddhis) zur Heilung oder Fortentwicklung der Menschheit einsetzt. Babaji ist ein Mahavatar, was so viel wie großer Avatar bedeutet. Er wird auch der todlose Avatar genannt, weil er sich entschieden hat, auf der Erde zu bleiben, um der Menschheit zu dienen. Er erscheint als ewig junger Mann. Babaji trägt die Energie des göttlichen Quells in seinem Körper und hat seit jeher über unsere Entwicklung gewacht.

Ich war immer schon von der Geschichte einer Unterhaltung zwischen ihm und seiner fast gleich weit entwickelten Schwester fasziniert: Sie fragte ihn, ob er bleiben würde, um der Menschheit zu helfen, und er antwortete: »Das spielt keine Rolle.« Daraufhin sagte sie: »Wenn es keine Rolle spielt, kannst du ja auch bleiben.« Also blieb er.

Der SCHLÜSSEL der großen kosmischen Pyramide in Tibet besteht darin, sich vollkommen zu entspannen, wodurch ein tiefer innerer Friede möglich wird – ein göttlicher Friede, der über jedes Verstehen hinausgeht. Das Symbol dafür ist die schneeweiße Taube.

Der KLANG ist der des Flügelschlags einer Taube.

Die FARBE ist Strahlendweiß.

Eine Visualisierung: Das weiße Licht in sich tragen

1. *Suchen Sie sich einen ruhigen Ort, an dem Sie nicht gestört werden können.*
2. *Zünden Sie eine Kerze an, um die Schwingung anzuheben.*
3. *Entspannen Sie sich und schließen Sie die Augen.*
4. *Erden Sie sich, indem Sie sich vorstellen, dass aus Ihren Fußsohlen Wurzeln tief in die Erde dringen.*
5. *Hüllen Sie sich in Erzengel Michaels blauen Schutzmantel.*
6. *Bitten Sie die Einhörner, das Licht der Erleuchtung in Ihr Drittes Auge strömen zu lassen. Spüren Sie, wie es einströmt.*
7. *Bitten Sie Maitreya, die reine Weiße Flamme über Ihnen zu platzieren, und spüren Sie, wie er dieser Bitte nachkommt.*
8. *Atmen Sie das weiße Licht in jede Zelle Ihres Körpers ein und entspannen Sie sich to tief wie möglich.*
9. *Während sich das weiße Licht in Ihrem Körper ausbreitet, fühlen Sie, wie Sie von einem tiefen inneren Frieden erfüllt werden.*
10. *Wenn Sie ganz tief entspannt sind, sehen Sie vor Ihrem geistigen Auge eine weiße Taube aus Ihrem Körper aufsteigen und andere Menschen berühren.*
11. *Bedanken Sie sich bei den Einhörnern und bei Maitreya.*
12. *Bringen Sie Ihr Bewusstsein in das Zimmer zurück und öffnen Sie die Augen*

Eine Übung: Mit der Weißen Flamme arbeiten

1. Nehmen Sie Buntstifte und Papier zur Hand, und suchen Sie sich ein Plätzchen, an dem Sie nicht gestört werden können.
2. Konzentrieren Sie sich auf die Weiße Aufstiegsflamme.
3. Zeichnen Sie eine Pyramide.
4. Zeichnen Sie darüber die Umrisse der Weißen Flamme.
5. Zeichnen Sie eine weiße Taube, die sich aus der Pyramide in die Lüfte erhebt.
6. Nehmen Sie sich die Zeit, um Ihren Tagträumereien nachzuhängen.

Schlüssel 25

Die Pyramide unter Machu Picchu in Peru

Nach dem Untergang von Atlantis wurde eine der sechs kosmischen Pyramiden, welche die Weisheit von Atlantis bewahren, an dem Ort errichtet, an dem später Machu Picchu erbaut wurde. Diese Pyramide steht mit dem Saturn und dem Mond in Verbindung und enthält einen der Schlüssel zur höheren Welt.

Die Pyramide ist zwar inzwischen vollständig zerstört worden, energetisch ist sie aber immer noch aktiv. Sie stellt das Bindeglied zwischen der Hohlerde, dem Saturn und dem Mond dar.

Die Engel der Kommunikation kommen durch dieses Portal auf die Erde und bringen uns Symbole, die dort, wo sie gebraucht werden, um das Bewusstsein der Menschen zu erweitern, als Kornkreise erscheinen.

Der silberne Strahl, der das göttlich weibliche Licht in sich trägt, kommt ebenfalls hier auf die Erde und wird in die Hohlerde weitergeleitet. Dieses Portal hat mit der Macht des göttlich Weiblichen zu tun und damit, wie diese Macht richtig eingesetzt wird. Es geht darum, den größeren Zusammenhang zu verstehen und Dinge objektiv zu sehen.

Machu Picchu ist eines der vier interdimensionalen Zweiweg-Portale auf der Erde. Die anderen befinden sich in Tibet, in Stonehenge in England und in Groß-Zimbabwe in Afrika. Durch sie alle können Wesen aus dem Universum zur Erde kommen und von hier aus zurück ins Universum reisen.

Kommandant Aschtar, der die intergalaktische Raumschiffflotte befehligt, die im Orbit der Erde stationiert ist, ist der Hüter des Portals von

Machu Picchu. Er gehört der Hierarchie der Großen Zentralsonne an und seine große Raumflotte patrouilliert überall in diesem Universum. Sie ist besonders damit beschäftigt, unseren Planeten und uns zu beschützen.

Aschtar und seine Flotte benutzen dieses Portal, um zur Erde und in die Hohlerde zu gelangen. Dies ist das einzige Portal, durch das er sein Mutterschiff bringen kann, weil das Mutterschiff eine gewaltige Energieform ist, die fast so groß ist wie Gaia. Er hat nur ein Mutterschiff, und sobald dieses durch das Portal hindurchgeflogen ist, bewegt es sich an Orte, an denen seine gewaltige Energie aufgenommen werden kann. Diese Orte sind Neuseeland, Avebury im Westen Englands, Uluru in Australien, Guatemala, der Himalaja, Mount Shasta und das Hohlerde-Portal in den Vereinigten Staaten.

Das Mutterschiff besucht auch Avebury im Westen Englands, welches früher einmal das Eintrittsportal für Raumschiffe aus allen Universen war und heute wieder energetisiert wird, damit es diese Aufgabe wieder übernehmen kann. Einige der Kornkreise aus dieser Gegend sind verschlüsselte Botschaften, die uns daran erinnern sollen, uns mit der Weisheit der Außerirdischen zu verbinden.

Uluru in Australien ist ebenfalls ein Ort, an dem außerirdische Energie empfangen werden kann. Diese Gegend wird gegenwärtig darauf vorbereitet, in der nahen Zukunft Raumschiffe zu empfangen. Die Australier werden dann auf die Weisheit und technologischen Ratschläge anderer Sterne und Planeten hören, was letztendlich der ganzen Welt zugutekommen wird.

Guatemala, der Sitz des kosmischen Herzens, ist für die höhere Energie der Besucher aus dem All, die ihr Wissen mit uns teilen wollen, besonders offen. Nach dem Untergang von Atlantis siedelten sich die drei Stämme, die von der Venus, dem Planeten der Liebe, kamen, zunächst hier an. Dies waren die Inkas, die Azteken und die Mayas. Im Lauf der Zeit verbreitete sich ihr liebevoller Einfluss über den ganzen Kontinent. Guatemala wird die Weisheit und Liebe der Außerirdischen willkommen heißen, die diesem Land helfen werden, ein strahlendes Licht für den ganzen Planeten zu werden.

Der Himalaja ist ein besonders reiner, uralter Ort, der das Licht dieses großen Raumschiffes mit Leichtigkeit aufnehmen kann.

Mount Shasta in den nordkalifornischen Bergen ist ebenfalls ein sehr reines Portal, über dem häufig Raumschiffe zu sehen sind. Kommandant Aschtar bringt sein Mutterschiff häufig hierher, von wo es Licht in die umgebende Region ausstrahlt.

Hohlerde ist eines der kosmischen Portale in den Vereinigten Staaten, das sich 2012 öffnen wird. Es erstreckt sich über das Gebiet von Norddakota, Süddakota, Nebraska, Kansas und Oklahoma. Das Land hier bewahrt alte spirituelle Energien, weshalb die Energie des Mutterschiffes hier so leicht aufgenommen werden kann.

> *Neuseeland ist eine Raumschiffzone. Als ich einmal in den Ferien dort war, sah ich erst mehrere kleine Raumschiffe und hatte dann ein unvergessliches Erlebnis, als ich einen flüchtigen Blick auf das Mutterschiff von Kommandant Aschtar erhaschen konnte. Es erinnerte an einen gewaltigen Ozeanriesen, aus dessen Bullaugen helles Licht strahlte. Es war unbeschreiblich groß, und ich fühlte mich unglaublich geehrt, es sehen zu dürfen. Da ich mich damals leider nicht in der Gesellschaft Gleichgesinnter befand, konnte ich nicht darüber sprechen.*

Als die Energie auf der Erde noch schön und rein war, öffnete Kommandant Aschtar das Portal von Machu Picchu so weit, dass Engel und Wesen von anderen Planeten und aus anderen Universen uns dadurch beobachten konnten. Heute geschieht das nur noch selten, da Aschtar es meistens geschlossen hält. Er öffnet es nur, um Wesen hindurchzulassen, die dem Planeten helfen können.

> *Einmal besuchte ich in Irland einen Steinkreis. Ich setzte mich ein paar Minuten auf einen Stein und wurde mir plötzlich der Anwesenheit von Kommandant Aschtar bewusst, der in einem silbernen Raumanzug mitten im Kreis stand. Er streckte seine Hand aus und sagte: »Komm!« Und ich ging. Plötzlich war ich außerhalb meines Körpers und weit weg. Meine Freunde sahen, dass mein Geist weit weg war, und gingen ohne mich zurück zu ihren Autos! Als mich Kommandant Aschtar zurückbrachte, konnte ich mich nicht erinnern, wo ich gewesen war.*

Ein anderes Mal meditierte ich gerade, als Kommandant Aschtar erschien. Er legte seine Hand auf mein Kronen-Chakra und teleportierte mit mir zu einem Raumschiff, das er selbst steuerte. Er fragte mich, ob ich gern sein Mutterschiff sehen würde. Ich war natürlich begeistert. Das Mutterschiff war sogar noch größer, als ich es mir vorgestellt hatte. Es ähnelte einem riesigen Gebäudekomplex, in dem alles sehr geordnet und diszipliniert ablief, der aber gleichzeitig von goldenem Licht und einem Gefühl der Liebe erfüllt war. Er sagte, dass wir durch das Portal von Machu Picchu in das Universum hinausgehen würden, und mit einem plötzlichen Energieschub verließen wir auch schon den Planeten. Ich hatte nur ein Gefühl der Freiheit und des ungläubigen Staunens, dann war es schon wieder an der Zeit zurückzukehren.

Der SCHLÜSSEL der Pyramide unter Machu Picchu in Peru besteht darin, auf die eigene Intuition zu vertrauen und sie zum Wohle aller Wesen weise und kraftvoll einzusetzen.

Der KLANG ist der des Schreis des Kondors.

Die FARBE ist die des silbernen Mondsteins.

Das Symbol dieses Portals in Machu Picchu ist der sechszackige Stern in einem Kreis. Der sechszackige Stern besteht aus zwei Dreiecken, von denen eins nach oben und das andere nach unten zeigt. Dieses Symbol steht für die Vereinigung von Himmel und Erde und ist eines der bedeutungsvollsten und ältesten spirituellen Symbole.

Der Schlüssel zur Weisheit, die von Ra und dem ägyptischen Stamm bewahrt wird, ist der sechszackige Stern, der das Symbol von Machu Picchu ist.

Visualisierung: Mit Kommandant Aschtar reisen

1. *Suchen Sie sich einen ruhigen Ort, an dem Sie nicht gestört werden können.*
2. *Zünden Sie eine Kerze an, um die Energie anzuheben.*
3. *Entspannen Sie sich und schließen Sie die Augen.*
4. *Erden Sie sich, indem Sie sich vorstellen, dass aus Ihren Fußsohlen Wurzeln tief in die Erde dringen.*
5. *Hüllen Sie sich in Erzengel Michaels blauen Schutzmantel.*
6. *Platzieren Sie den sechszackigen Stern in einem Kreis der Reihenfolge nach über Ihre Chakras: Sternentor-, Seelenstern-, Kausal-, Kronen-, Dritte-Auge-, Hals-, Herz-, Solarplexus-, Nabel-, Sakral-, Basis- und Erdstern-Chakra.*
7. *Bitten Sie Kommandant Aschtar, Ihnen zu erscheinen, und spüren Sie, wenn seine Energie Sie berührt.*
8. *Folgen Sie ihm zu seinem Raumschiff und lassen Sie sich von ihm mit auf eine Reise durch das Portal von Machu Picchu in das Universum nehmen.*
9. *Wohin reisen Sie? Was erleben Sie dort? Wie dient Ihnen diese Reise?*
10. *Wie ist Ihre Beziehung zu Kommandant Aschtar?*
11. *Bitten Sie ihn hinsichtlich Ihrer spirituellen Entwicklung um Rat, und fragen Sie ihn, wie Sie am besten dienen können.*
12. *Lassen Sie sich von ihm an Ihren Ausgangspunkt zurückbringen, wenn Sie genug erfahren haben.*
13. *Bringen Sie Ihr Bewusstsein wieder in die gegenwärtige Realität zurück und öffnen Sie die Augen.*

Eine Übung: Auf das Bauchgefühl und die Intuition hören

1. Seien Sie sich heute Ihrer Bauchgefühle und Ihrer Intuition bewusst.
2. Hören Sie auf ihre Botschaften und vertrauen Sie darauf.
3. Hören Sie, was andere Menschen sagen, und finden Sie dann heraus, was davon für Sie wahr ist. Treffen Sie dann Ihre eigenen Entscheidungen.

4. Stimmen Sie sich auf die Nahrung ein, die Sie heute essen. Lassen Sie Ihre Intuition bestimmen, ob dies die richtige Nahrung für Sie ist. Entscheiden Sie sich dann.

Schlüssel 26

Das Hohlerde-Portal

Wie schon erwähnt ist Hohlerde ein siebendimensionales Paradies im Zentrum der Erde und stellt den wahren göttlichen Bauplan für die Erde dar.

Unser spirituelles Niveau auf Erden ist erst seit Kurzem so weit angestiegen, dass wir Zugang zum Licht der Hohlerde haben können. Das bedeutet, dass die Portale zum ersten Mal für uns von Bedeutung sind.

Das Hohlerde-Portal erstreckt sich über das Gebiet von Nord- und Süddakota, Nebraska, Kansas und Oklahoma und ist durch die Plejaden mit dem göttlichen Quell verbunden. Zudem steht es mit den höheren Aspekten des Sirius in Verbindung. Die Veränderungen der Erdachse, die dieses Portal wieder zu seiner richtigen Größe und Form erwecken werden, werden durch die außerordentlichen Energien abgemildert werden, die hier in der Vergangenheit für 2012 gespeichert wurden. So wird sich zum Beispiel ab 2012 von Nebraska aus eine dunkelrot bis rosafarbene Energie über die ganze Welt ausbreiten, welche die Menschen einlädt, ruhig, still und nett zueinander zu sein. Diese Energie wurde hier vor Äonen von Wesen der Venus als Vorbereitung für den Übergang zum neuen goldenen Zeitalter auf Erden eingepflanzt. Dieses wunderschöne Licht wird altes Karma auflösen und alte Einstellungen völlig verwandeln.

Außerdem kamen weise Wesen vor sehr langer Zeit nach Oklahoma. Sie brachten großes Wissen mit und waren voller Liebe, die im Land gespeichert wurde, um 2012 freigesetzt zu werden.

Wenn sich das Portal in Süddakota öffnet, werden Serafim mit ihrer außerordentlich hohen Schwingung die Herz-Chakras der Menschen berühren, woraufhin viele von uns Erleuchtung und Glückseligkeit erfahren werden.

Diese Energien werden den dort lebenden Menschen inneren Frieden bringen, sodass diese in der Lage sein werden, sich mit der Weisheit der amerikanischen Ureinwohner zu verbinden und die Erde wieder in vollem Umfang zu ehren. Die Menschen werden sich auf den göttlichen Bauplan des Planeten einstimmen, was in ihnen den Wunsch auslösen wird, dem göttlichen Willen zu folgen.

Portale zur Hohlerde

Wenn Engel und Meister die Hohlerde durch dieses Portal betreten, können sie genau fühlen, was die Erde fühlt, und erfahren auf diese Weise, was mit dem Planeten und seinen Bewohnern vor sich geht. Sie können dann hochfrequente Energie durch die Leylinien schicken, um diese zu reinigen, was im Falle von Blockaden zu Erdbeben führen kann.

Ein Beispiel dafür ist das Erdbeben auf Haiti, wo durch schwarze Magie und die Jahrhunderte währende Angst davor eine solche Blockade entstanden war. Das Ereignis hat die Menschen so sehr erschüttert, dass sie nun anders denken und handeln. Zudem hat es bei der ganzen Menschheit eine Öffnung des Herzens bewirkt. Aber diese Naturkatastrophe hätte verhindert werden können, wenn genug Menschen den goldenen Christus-Strahl in diese Region geschickt hätten, der die blockierte Energie aufgelöst hätte. Bitte senden Sie Heilung, Liebe, Weisheit und den Schutz des goldenen Christus-Strahls auch weiterhin in diese Region und in alle anderen, von denen Sie meinen, dass sie Hilfe brauchen (siehe dazu die Orbs von Erzengel Metatron, Erzengel Uriel und einem Engel der Liebe sowie den in Schlüssel 27 beschriebenen Orb von Erzengel Chamuel mit Mutter Maria und einem Engel der Liebe im Bildteil).

Der SCHLÜSSEL des Hohlerde-Portals besteht darin, inneren Frieden zu erlangen und dem göttlichen Willen zu folgen.

Der KLANG ist der des unschuldigen Lachens.

Die FARBE ist die des Regenbogens.

Eine Visualisierung: Die Region um das Hohlerde-Portal heilen

1. *Suchen Sie sich einen ruhigen Ort, an dem Sie nicht gestört werden können.*
2. *Zünden Sie eine Kerze an, um die Schwingung anzuheben.*
3. *Entspannen Sie sich und schließen Sie die Augen.*
4. *Erden Sie sich, indem Sie sich vorstellen, dass aus Ihren Fußsohlen Wurzeln tief in die Erde dringen.*
5. *Hüllen Sie sich in Erzengel Michaels blauen Schutzmantel.*
6. *Visualisieren Sie die Gold und Silber violette Flamme in einem sechszackigen Stern über dem Hohlerde-Portal.*
7. *Schauen Sie zu, wie die Flamme alle niederen Energien in wunderschönes Licht umwandelt.*
8. *Stellen Sie sich vor, dass alle Menschen und Tiere glücklich und Bäume und Gewässer strahlend rein sind.*
9. *Wenn Sie fertig sind, lösen Sie sich bewusst von allen niederen Energien, die Sie möglicherweise aufgenommen haben, und sehen Sie sich selbst als gereinigt und rein an.*
10. *Bringen Sie Ihre Aufmerksamkeit zurück in das Zimmer und öffnen Sie die Augen.*

Eine Übung: Einen Stern mit der Gold und Silber violetten Flamme zeichnen

1. Zeichnen Sie einen sechszackigen Gold und Silber violetten Stern und legen Sie ihn auf einer Landkarte auf das Gebiet von

Nord- und Süddakota, Nebraska, Kansas und Oklahoma, um dort alte Energien aufzulösen und die Frequenz der Region anzuheben.

2. Sie können ihn auch auf andere Orte legen, wenn Sie das Gefühl haben, diese müssten gereinigt werden.

Eine Visualisierung: Die Eigenschaften der goldenen Erde entwickeln

Diese Übung wird nützlich sein, wenn Sie beginnen, den Herzschlag des Planeten zu fühlen. Wenn Sie durch dieses Portal in die Hohlerde eintreten und Kontakt zum Bauplan des Planeten aufnehmen, werden Sie Ihre eigene Rolle bei den kommenden Veränderungen klarer erkennen können.

1. *Suchen Sie sich einen ruhigen Ort, an dem Sie nicht gestört werden können.*
2. *Zünden Sie eine Kerze an, um die Schwingung anzuheben.*
3. *Entspannen Sie sich und schließen Sie die Augen.*
4. *Erden Sie sich, indem Sie sich vorstellen, dass aus Ihren Fußsohlen Wurzeln tief in die Erde dringen.*
5. *Hüllen Sie sich in Erzengel Michaels blauen Schutzmantel.*
6. *Konzentrieren Sie sich in der fünften Dimension auf die Region dieses Portals. Senden Sie Liebe und Frieden dorthin, und stellen Sie sich vor, dass sie grün, fruchtbar und voller Vögel ist und alle Tiere dort gut behandelt werden und glücklich sind.*
7. *Erheben Sie sich über das Portal und schauen Sie es sich von oben an.*
8. *Atmen Sie das höhere Licht ein, das von dort aufsteigt.*
9. *Kehren Sie an Ihren Ausgangspunkt zurück und öffnen Sie die Augen.*

Schlüssel 27

Honolulu

Durch das Portal von Honolulu strömt höhere Liebe ein und Gaia leitet heute Agape von der Venus in die Hohlerde und den ganzen Planeten. Das kosmische Portal in Honolulu ist das Sakral-Chakra des Planeten und befindet sich in der Obhut von Erzengel Gabriel, der auch für das Nabel-Chakra in der Nähe der Fidschi-Inseln zuständig ist. Sein Refugium ist das Portal von Mount Shasta. Er bemüht sich, unser Verständnis von Sexualität zu läutern und diese auf eine transzendente Ebene zu heben. Je mehr sich Agape ausbreitet und je mehr die männlichen und weiblichen Energien auf dem Planeten ihr Gleichgewicht finden, desto mehr wird die höhere Frequenz wahre Liebe ermöglichen und höhere Formen der Sexualität zum Erblühen bringen.

Die Energie dieses Portals hilft Jugendlichen bereits, besser mit ihren Gefühlen umzugehen, damit sie klügere Entscheidungen in Bezug auf ihre Sexualität treffen können, statt nur aufgrund von Begierde oder rosa gefärbter Romantik zu handeln. Die Energie wird Ihnen helfen, sich ausgeglichener zu fühlen, und mehr über eine respektvolle Art der Liebe zu sich selbst und zu anderen zu erfahren. Dies wird sich sehr positiv auf die Kinder der Zukunft auswirken, die sich der Liebe ihrer Eltern sicherer sein können.

Die Liebe, die durch dieses Portal kommt, wird den Menschen auch helfen, durch bedingungslose Liebe Karma aus früheren Beziehungen aufzulösen. In dem Augenblick, in dem wir uns von den Fesseln der Vergangenheit befreien, laden wir qualitativ höher stehende Beziehungen in unser Leben ein. Wir öffnen neue Türen, die uns größere Möglichkeiten eröffnen werden. Wenn sich die emotionalen Blockaden auflösen und wir geheilt werden, können wir endlich das wahre Glück finden. Die Qualität all unserer Beziehungen wird sich vertiefen und weiterentwickeln.

Agape macht es den Individuen innerhalb einer Familie möglich, Bindung und Freiheit gleichzeitig zu erleben. Viele Familien ähneln Wollknäueln, die völlig verworren und emotional so miteinander verstrickt sind, dass die einzelnen Mitglieder weder ausbrechen noch sie selbst sein können. In anderen Fällen ziehen bestimmte Familienmitglieder so weit weg wie möglich, weil sie sich in der Nähe ihrer Familie eingeengt und gefangen fühlen. Wenn höhere Liebe durch dieses Portal einströmt, werden mehr Menschen authentisch sein und sich selbst ehrlich ausdrücken können. Sie werden ihren Herzen folgen und tun, was für sie richtig ist, und sich gleichzeitig ihrer Familie verbunden fühlen. Zum ersten Mal seit Tausenden von Jahren wird die Familiendynamik positiv und nährend sein, weil die Menschen durch die höhere Liebe verbunden sein werden.

(Stimmen Sie sich auf die wunderbare Schwingung des Orbs eines Liebesengels mit Mutter Maria und Erzengel Chamuel im Bildteil ein.)

Der SCHLÜSSEL von Honolulu besteht darin, Agape – oder höhere Liebe – zu entwickeln und zu leben.

Der KLANG ist der des Gesangs der Engel über Liebe.

Die FARBE ist Rosig-Pink.

Eine Visualisierung: Die Liebe zum Erblühen bringen

1. *Suchen Sie sich einen ruhigen Ort, an dem Sie nicht gestört werden können.*
2. *Zünden Sie eine Kerze an, um die Schwingung anzuheben.*
3. *Entspannen Sie sich und schließen Sie die Augen.*

4. *Erden Sie sich, indem Sie sich vorstellen, dass aus Ihren Fußsohlen Wurzeln tief in die Erde dringen.*
5. *Hüllen Sie sich in Erzengel Michaels blauen Schutzmantel.*
6. *Stellen Sie sich vor, Sie wären über dem Portal von Honolulu und würden höhere Liebe in Ihr Sakral-Chakra einatmen.*
7. *Stellen Sie sich Ihre erweiterte Familie vor, und schauen Sie zu, wie die höhere Liebe alle Schnüre und niederen Gefühle auflöst.*
8. *Sehen Sie sich selbst mit Ihren Freunden, Kollegen und Bekannten. Spüren Sie, wie die höhere Liebe wie eine sanfte Flutwelle durch Sie hindurchströmt und alle niederen Gefühle hinwegwäscht.*
9. *Sehen Sie, wie alle sexuellen Verbindungen, die Sie jemals eingegangen sind, durch Agape von der Venus geläutert werden.*
10. *Wenn Sie sich entspannt und voller Liebe fühlen, bitten Sie Erzengel Gabriel, Ihnen einen schneeweißen Mantel des Lichts und der höheren Liebe umzulegen. Absorbieren Sie dessen Energie, und seien Sie sich gewahr, dass Sie in Zukunft reine Liebe einatmen können, wann immer Sie dies brauchen.*
11. *Kehren Sie an Ihren Ausgangspunkt zurück, öffnen Sie die Augen und schauen Sie all Ihre Beziehungen mit den neuen Augen der Liebe an.*

Eine Übung: Reinigen Sie Ihr Sakral-Chakra

Für diese Übung benötigen Sie ein Stück Wolle oder Schnur, eine Schere, ein Klebepad oder ein Stück Knetgummi und eine rosafarbene Blüte (oder ein Bild davon).

1. Im Sakral-Chakra halten wir sexuelle und emotionale Blockaden. Entscheiden Sie sich, was Sie in Ihrem Sakral-Chakra auflösen wollen.
2. Kleben Sie das Klebepad oder das Knetgummi, das Ihr Sakral-Chakra repräsentiert, auf eine harte Oberfläche. Das kann zum Beispiel ein Stück dicke Pappe sein.
3. Für jede Person, von der Sie sich lösen möchten, schneiden Sie ein Stückchen Wolle oder Schnur ab und drücken es in das Knetgummi.

4. Schicken Sie den Menschen, von denen Sie sich jetzt lösen, Liebe.
5. Bitten Sie Erzengel Gabriel, Ihnen dabei zu helfen, die Schnüre in Liebe aus Ihrem Chakra zu ziehen, und ziehen Sie die wollenen Schnüre aus dem Knetgummi.
6. Wenn Sie dies getan haben, begraben Sie die Schnüre respektvoll in der Erde. Bitten Sie Gaia, diese in wunderschöne Blumen zu verwandeln. Am wichtigsten dabei ist, dass Sie Energie und Intention in diese Handlung einbringen.
7. Wenn Sie eine echte Blume mit einem Stiel haben, entfernen Sie das Knetgummi von der Pappe, drücken Sie den Stiel hindurch und stellen Sie sie in eine Vase. Wenn Sie nur das Bild einer Blume haben, drücken Sie dieses in das Knetgummi.
8. Bedanken Sie sich beim Universum dafür, dass Sie nun frei sind und Agape in Ihr Leben bringen können.

Schlüssel 28

Das Dogon-Portal in Mali

Nach dem Untergang von Atlantis kam der ägyptische Stamm unter Führung des Hohenpriesters Ra nach Nordostafrika. Ein Teil dieses Stammes, aus dem die Dogon hervorgingen, zog weiter in das heutige Mali. Die Dogon bewahren das höhere Wissen von Lakumay, also Sirius. Sie bewahren nicht nur die Erinnerungen an die Bewegungen vieler Sterne und Sternensysteme wie zum Beispiel Sirius, ihre Tänze offenbaren auch die heilige Geometrie, die wir heute brauchen, um die Welt zu heilen.

Wenn Sie sich durch dieses Portal mit der Hohlerde verbinden, können Sie den Rhythmus von Sirius und anderen Planeten, Sternen und Sternensystemen fühlen. Durch diese energetische Verbindung wird ihre Weisheit auf Sie übertragen. Auf diese Weise halten auch die Dogon die Verbindung aufrecht. Es mag für Sie hilfreich sein, mehr über die Dogon zu lesen und mehr von ihrer Weisheit zu entdecken.

Wenn Sie sich Sirius auf einer Himmelskarte oder am Nachthimmel anschauen, sollten Sie sich wirklich auf ihn einstimmen und ihm zuhören. Dann wird eine Verbindung zu seiner Weisheit möglich sein.

Sie können sich auch durch die heilige Geometrie mit der höheren Weisheit von Lakumay, also Sirius, verbinden: durch Dreiecke, Kreise, Quadrate, Ovale, Sterne, das Unendlichkeitssymbol, Pyramiden, Tetraeder, Kugeln oder Würfel.

Auch die Tiere, die vom Sirius, genauer gesagt von seinem aufgestiegenen Aspekt Lakumay stammen, der gegenwärtig für uns unsichtbar ist, tragen einen Teil der Weisheit dieses Sternensystems in sich. Kühe, die von Lakumay stammen, sind mütterlich, liebevoll, stabil und zuverlässig, während ihre männlichen Gegenstücke, die Bullen, Kraft und Beschützerinstinkt demonstrieren. Pferde stammen ebenfalls von dort. Sie sind voller Liebe, Würde und haben ein positives Selbstwertgefühl. Auch Hirsche kommen von Lakumay. In Schlüssel 31 erfahren Sie mehr darüber, welche Vögel vom Sirius und welche von Lakumay stammen. Die Delfine brachten von Lakumay ihre Weisheit und ihr kosmisches Wissen, auf das sich Menschen telepathisch einstimmen und es herunterladen können.

Hunde, die geliebten Freunde und Gefährten der Menschen, kommen aus dem Sternbild Canis Major, dessen hellster Stern der Sirius ist, der deshalb häufig auch als Hundsstern bezeichnet wird.

Viele der Wesen des Sirius haben einen hoch entwickelten Verstand und verfügen über fortgeschrittene technologische und wissenschaftliche Erkenntnisse, die sie uns zur Verfügung stellen wollen. In seiner Verkörperung als Pythagoras brachte Kuthumi, der Weltenlehrer, viele Informationen und großes Wissen von diesem Sternensystem mit. Meister Hilarion, der Chohan des fünften Strahls der Wissenschaft und Technologie, vermittelt Informationen über Technologie und heilige Geometrie. Jemand schickte uns einmal ein wunderbares Foto, in dem Hilarion in einem Orb zu sehen war, der Schüler brachte, damit diese beobachten konnten, wie eine Spinne basierend auf den Grundsätzen der heiligen Geometrie ihr Netz webt.

Der SCHLÜSSEL des Dogon-Portals in Mali besteht darin, die Weisheit des Sirius durch die heilige Geometrie einzubringen.

Der KLANG ist der des barfüßigen Tanzens auf weicher Erde.

Die FARBE ist Königsblau.

Eine Visualisierung: Zugang zum kosmischen Wissen erlangen

1. *Suchen Sie sich einen ruhigen Ort, an dem Sie nicht gestört werden können.*
2. *Zünden Sie – wenn möglich – eine Kerze an.*
3. *Entspannen Sie sich und schließen Sie die Augen.*
4. *Erden Sie sich, indem Sie sich vorstellen, dass aus Ihren Fußsohlen Wurzeln tief in die Erde dringen.*
5. *Hüllen Sie sich in Erzengel Michaels blauen Schutzmantel.*
6. *Visualisieren Sie, dass Meister Hilarion, der Meister des fünften Strahls der Wissenschaft und Technologie, umgeben von orangefarbenem Licht vor Ihnen erscheint.*
7. *Er stellt über silberne Dreiecke die Verbindung zu einem Delfin und zu Sirius her, dann zu den Dogon und Sirius, dann zur Hohlerde und Sirius.*
8. *Vielleicht spüren Sie ja die Schwingung der Linien der Dreiecke, durch die Energie auf Sie übertragen wird.*
9. *Entspannen Sie sich, und nehmen Sie auf, was für Sie richtig ist.*
10. *Bedanken Sie sich bei Meister Hilarion, dem Delfin, den Dogon, der Hohlerde und Sirius, und seien Sie sich bewusst, dass Sie nun viel offener sind.*
11. *Kehren Sie an Ihren Ausgangspunkt zurück, bringen Sie Ihr Bewusstsein zurück in das Zimmer und öffnen Sie die Augen.*

Eine Übung: Sich mit der Weisheit des Sirius verbinden

1. Schauen Sie sich eine Himmelskarte an oder gehen Sie nach draußen und suchen Sie den Sirius am Nachthimmel.
2. Entspannen Sie sich und denken Sie an das Dogon-Portal, das vom höheren Aspekt des Sirius zur Hohlerde führt.
3. Während Sie dies tun, zeichnen Sie geometrische Figuren wie Dreiecke, Kreise, Quadrate, Ovale, Sterne, das Unendlichkeitssymbol, Pyramiden, Tetraeder, Kugeln oder Würfel.
4. Öffnen Sie sich für etwaige Informationen, die Ihnen übermittelt werden, während Sie herumkritzeln.

Schlüssel 29

Das Bermudadreieck

Der Große Kristall von Atlantis wurde aus der reinen Energie des göttlichen Quells hergestellt und in ihn wurden die Weisheit jener Zivilisation und das Wissen um ihre Verbindung zu den Sternen einprogrammiert. Er wurde im Tempel des Poseidon aufbewahrt, der während des Untergangs von Atlantis zerstört wurde. So sank der Große Kristall zum Meeresboden in der Mitte des Bermudadreiecks hinunter. Weil der Kristall unter anderem ein Portal war, wirkt er vom Meeresgrund aus auch weiterhin als solches. Dieses interdimensionale Portal hat uns seit 10 000 Jahren zur Verfügung gestanden.

Die Informationen, die im Großen Kristall in verschlüsselter Form gespeichert sind, werden verfügbar sein, wenn sich das Portal öffnet. Früher tat es dies nur selten, zum Teil weil dies so dramatische Konsequenzen für jene Menschen hatte, die sich während der Öffnung im Bermudadreieck befanden. Mit Zustimmung ihrer Seelen machten diese einen rapiden Frequenzwechsel durch und stiegen auf eine andere Ebene auf.

Heute wird das Portal häufiger gebraucht, aber die Auswirkungen der Öffnung sind weniger dramatisch, weil sich die Frequenz des Planeten erhöht hat und die neuen Energien besser integriert werden können.

Wenn Sie schlafen, verlässt Ihr Geist seine physische Hülle – den Körper – und reist an verschiedene Orte in den inneren Welten. Wenn Sie auf das goldene Atlantis eingestimmt sind, wird Ihr Geist häufig durch dieses Portal gehen, ohne dass Sie sich dessen bewusst sind, um von der Weisheit jener Zeit zu lernen und sich seine früheren Begabungen und

Talente wieder anzueignen. Sie können Ihren Geist auch bewusst zu bestimmten Orten in den inneren Welten lenken. Immer mehr Menschen realisieren dies zurzeit und bitten darum, während des Schlafes den Großen Kristall im Bermudadreieck aufsuchen zu dürfen.

Das Bermudadreieck steht mit Neptun in Verbindung, einem der vier Aufstiegshimmelskörper, der auf symbiotische Weise mit der Erde zusammenarbeitet. Bis 2009 war uns die Weisheit von Lemuria und Atlantis, die vom Neptun bewahrt wird, verschlossen, aber heute steht sie uns zur Verfügung, sodass wir durch dieses Portal Zugang zur gesamten Weisheit des Großen Kristalls von Atlantis haben. Der Kristall bewahrt die gesamte spirituelle Technologie, die uns erwartet, wenn unsere Schwingungsfrequenz vollständig fünfdimensional geworden ist. Wir können mit Meister Hilarion zusammenarbeiten, dem Chohan des fünften Strahls der Wissenschaft und Technologie, um dieses Wissen jetzt abzurufen.

Der SCHLÜSSEL des Bermudadreiecks besteht darin, sich voller Hoffnung auf den Großen Kristall von Atlantis einzustimmen.

Der KLANG ist der des Murmelns einer sich kräuselnden Meeresoberfläche.

Die FARBE ist Meeresgrün.

Eine Visualisierung: Mit einem Delfin in Kontakt mit dem Großen Kristall von Atlantis treten

1. *Suchen Sie sich einen ruhigen Ort, an dem Sie nicht gestört werden können.*
2. *Zünden Sie eine Kerze an, um die Schwingung anzuheben.*
3. *Entspannen Sie sich und schließen Sie die Augen.*
4. *Erden Sie sich, indem Sie sich vorstellen, dass aus Ihren Fußsohlen Wurzeln tief in die Erde dringen.*
5. *Hüllen Sie sich in Erzengel Michaels blauen Schutzmantel.*

6. *Stellen Sie sich ein wunderschönes, angenehm warmes, einladendes, klares grünes Meer vor.*
7. *Ein Delfin nähert sich voller Freude und Weisheit.*
8. *Er versichert Ihnen, dass Sie bei ihm vollkommen sicher sind, und lädt Sie ein, auf seinen Rücken zu steigen und mit ihm durchs Meer zu schwimmen.*
9. *Sie wissen, dass Sie beschützt werden und sicher sind, und lassen sich von dem Delfin mit in die Tiefe nehmen. In den inneren Welten können Sie frei und ungehindert atmen.*
10. *Vor sich sehen Sie nun das hochfrequente Licht des Bermudadreiecks. Möglicherweise spüren Sie eine Veränderung der Energie, wenn Sie in das Licht eintreten.*
11. *Der Delfin schwimmt nun mit Ihnen zum Großen Kristall. Während Sie ihn berühren, verspüren Sie ein Gefühl freudiger Erwartung.*
12. *Nehmen Sie Kontakt zur Weisheit des Großen Kristalls auf. Lassen Sie sich Zeit, diese in allen Aspekten kennenzulernen, und lassen Sie zu, dass alles, was Sie wissen müssen, in Ihr Wesen eindringt.*
13. *Ihr Delfin stupst Sie an und bedeutet Ihnen, dass es an der Zeit ist zurückzukehren.*
14. *Seien Sie sich wieder des meeresgrünen Wassers bewusst, während Ihr Delfin Sie an Ihren Ausgangspunkt zurückbringt.*
15. *Öffnen Sie die Augen, und schreiben Sie auf, was Sie erlebt haben.*

Eine Übung: Suchen Sie das Portal des Bermudadreiecks und den Großen Kristall von Atlantis während des Schlafes auf

1. Lesen Sie während des Tages Bücher über das Bermudadreieck und den Großen Kristall von Atlantis oder denken Sie darüber nach.
2. Entspannen Sie Ihren Körper, bevor Sie einschlafen.
3. Erden Sie sich, indem Sie sich vorstellen, dass Wurzeln aus Ihrem Körper tief in die Erde dringen.
4. Hüllen Sie sich in Erzengel Michaels blauen Schutzmantel.
5. Rufen Sie die universelle Engelin Joules an, in deren Obhut sich die Meere befinden und deren ätherisches Refugium sich im Bermudadreieck befindet.

6. Wenn Sie ihre Gegenwart spüren, bitten Sie sie um Erlaubnis, ihr Refugium aufsuchen zu dürfen, um mehr über die Weisheit von Atlantis zu erfahren und sich Ihr altes Wissen wieder anzueignen.
7. Möglicherweise bekommen Sie eine direkte Einladung, oder Sie spüren einfach, dass Ihnen die Erlaubnis gewährt wird.
8. Lenken Sie Ihren Geist dorthin. Sie tun dies, indem Sie klar und deutlich affirmieren, dass Sie das Bermudadreieck aufsuchen werden.
9. Während Sie darauf warten, dass Sie einschlafen, atmen Sie ruhig und denken Sie an die Wunder des goldenen Atlantis.

Eine Übung: Stellen Sie den Kontakt zum Portal des Bermudadreiecks und zum Großen Kristall von Atlantis her

Für manche Menschen ist es einfacher, Energie oder Informationen aufzunehmen, wenn Sie zeichnen oder einfach so herumkritzeln. Lassen Sie Ihren Geist einfach schweifen, während Sie das tun.

1. Nehmen Sie Papier und Buntstifte zur Hand.
2. Zeichnen Sie zunächst das Bermudadreieck in einer realen oder symbolischen Form, die für Sie Bedeutung hat.
3. Zeichnen Sie einen Kristall, der den Großen Kristall repräsentiert.
4. Füllen Sie das Meer mit einem meergrünen Buntstift aus.
5. Vielleicht möchten Sie auch ein Meeresgeschöpf wie einen Delfin, eine Schatzkiste der Weisheit, die universelle Engelin Joules oder einen Engel oder ein Wesen zeichnen, von dem Sie intuitiv spüren, dass es wichtig für Sie wäre.
6. Wenn Sie fertig sind, spüren Sie möglicherweise, dass Ihnen ein Thema oder ein Problem klarer geworden ist oder dass Sie etwas wissen, was Sie vorher noch nicht wussten. Vielleicht verspüren Sie ja auch den Wunsch, das Portal im Schlaf aufzusuchen.

Schlüssel 30

Der Pazifische Ozean in der Nähe der Fidschi-Inseln

Alkione ist der hellste Stern im Sternhaufen der Plejaden. Die Plejaden sind eines der vier Sternensysteme, die mit dem Aufstieg der Erde in Verbindung stehen. Die Wesen von dort strahlen blaue Heilenergie aus. Von Alkione strömt hochfrequente Energie durch das Portal auf dem Meeresboden in der Nähe der Fidschi-Inseln zur Erde. Diese Energie trägt zur Reinigung und zum Wachstum unseres Planeten bei und ermöglicht es ihm, seine Schwingungsfrequenz zu erhöhen.

Das heilende Licht kommt durch Fidschi, das spirituelle Nabel-Zentrum der Erde, damit die Menschheit in Freundschaft, Warmherzigkeit, Gemeinsamkeit und Zusammenarbeit gedeihen kann. Erzengel Gabriel, der für dieses Portal zuständig ist, trägt dazu bei, die Energie von hier aus in andere Teile der Welt zu leiten, um damit die Menschen zu berühren, den Planeten zu reinigen und ihn auf eine fünfdimensionale Frequenzebene anzuheben. Wenn die heilende Energie durch das Portal von Fidschi zur Hohlerde strömt, wirken sich diese höheren Eigenschaften auf den Bauplan der Erde aus. Dann kann Gaia dem Planeten die Veränderungen übermitteln und alle Geschöpfe berühren.

Wenn wir Offenheit, Warmherzigkeit, Freundschaftlichkeit, Zusammenarbeit, Harmonie, Gastfreundschaft und Gemeinsamkeit praktizieren, öffnet sich unser fünfdimensionales Nabel-Chakra und unser Leben verwandelt sich. Ein echtes Gemeinschaftsgefühl wird automatisch aufblühen. Während dies geschieht, werden wir immer offener und heißen hochfrequente Wesen von anderen Planeten willkommen, die nur darauf warten, uns zu helfen.

Der SCHLÜSSEL des Portals auf dem Meeresboden in der Nähe der Fidschi-Inseln besteht darin, Freundschaftlichkeit, Warmherzigkeit, Gemeinsamkeit und Zusammenarbeit zu praktizieren, um so auf der fünfdimensionalen Ebene Harmonie herzustellen.

Der KLANG ist der des Feierns.

Die FARBE ist Orange.

Eine Visualisierung: Sich mit dem Nabel-Chakra verbinden

1. *Suchen Sie sich einen ruhigen Ort, an dem Sie nicht gestört werden können.*
2. *Zünden Sie – wenn möglich – eine Kerze an.*
3. *Entspannen Sie sich und schließen Sie die Augen.*
4. *Erden Sie sich, indem Sie sich vorstellen, dass aus Ihren Fußsohlen Wurzeln tief in die Erde dringen.*
5. *Hüllen Sie sich in Erzengel Michaels blauen Schutzmantel.*
6. *Atmen Sie schönes, warmes, einladendes orangefarbenes Licht in Ihr Nabel-Chakra hinein.*
7. *Stellen Sie sich vor, Sie würden an einen herrlich weißen Sandstrand der Fidschi-Inseln gebracht.*
8. *Werden Sie sich des Raschelns der Palmblätter und des Klatschens der Wellen bewusst.*
9. *Sie sehen viele Fremde, die lachen und sich unterhalten.*
10. *Sie fühlen sich von innen her erwärmt, entspannt, selbstsicher und offen und gehen zu ihnen hinüber und lachen mit ihnen.*
11. *Alle halten sich an den Händen, tanzen und stampfen.*
12. *Sie spüren, dass Sie von allen als einer der ihren akzeptiert werden, dass sie willkommen sind und dazugehören.*

13. *Stellen Sie sich selbst nun in einer schwierigen Situation vor und halten Sie das Chakra offen. Sie strahlen eine warmherzige, einladende Energie aus.*
14. *Nähern Sie sich den Menschen dieses Ortes offen und liebevoll. Verwandeln Sie die Energie, bis alle zusammenarbeiten und die Gesellschaft der anderen genießen können.*
15. *Wenn Sie spüren, welche Macht darin liegt, wenn sich dieses Chakra öffnet und auf fünfdimensionaler Ebene funktioniert, kehren Sie an Ihren Ausgangspunkt zurück.*
16. *Öffnen Sie die Augen und erinnern Sie sich immer an die machtvolle Schwingung dieses Chakras.*

Eine Übung: Verbinden Sie sich mit Fidschi

1. Suchen Sie sich eine Muschel.
2. Halten Sie diese ans Ohr, und stellen Sie sich vor, dass sie mit den Muscheln von Fidschi in Verbindung steht.
3. Hören Sie dem Klang des Meeres zu. Sie können sicher sein, dass dadurch die Verbindung zu diesem Portal hergestellt wird.

Eine Übung: Zusammenarbeiten und willkommen sein

1. Öffnen Sie heute Ihr Sakral-Chakra und arbeiten Sie dann mit jemandem zusammen.
2. Seien Sie Bekannten und Fremden gegenüber gleichermaßen freundlich und einladend. Achten Sie darauf, was geschieht und wie Sie sich fühlen.

Teil I – Der erste goldene kosmische Schlüssel: Hohlerde
Die universelle Engelin Gersisa. Sie erscheint als grauer Orb und schickt reines, weißes Licht in die Leylinien. Fotografiert von Marie Daly.

Schlüssel 17
Die Erzengel Raphael und Purlimiek. Dieser Orb hilft Ihnen, den Reichtum der Natur wertzuschätzen. Fotografiert von Tracy Fahey.

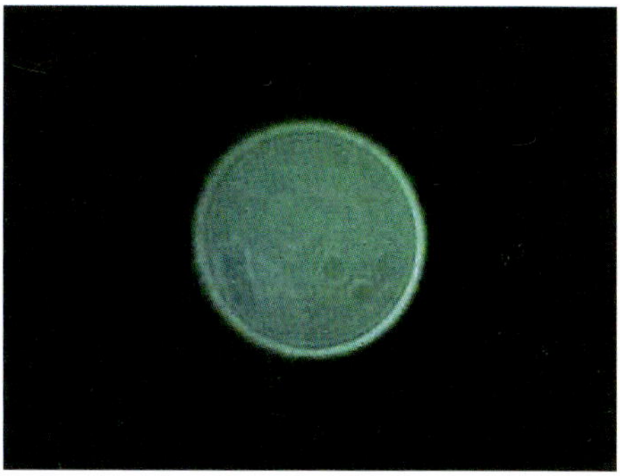

Schlüssel 20
Dieser Orb ist ein Wesen von den Plejaden, das dem Planeten Heilung bringt, um ihn für den Aufstieg vorzubereiten. Wenn Sie diesen Orb ansehen, wird er Ihre Energie in vollkommenes Gleichgewicht bringen. Fotografiert von Biljana Markovic.

Schlüssel 26
Erzengel Metatron, Erzengel Uriel und ein Engel der Liebe. Dieser Orb erhellt Ihnen den Weg, nach Höherem zu streben, indem Sie sich dem göttlichen Quell öffnen. Fotografiert von Jeff Archer.

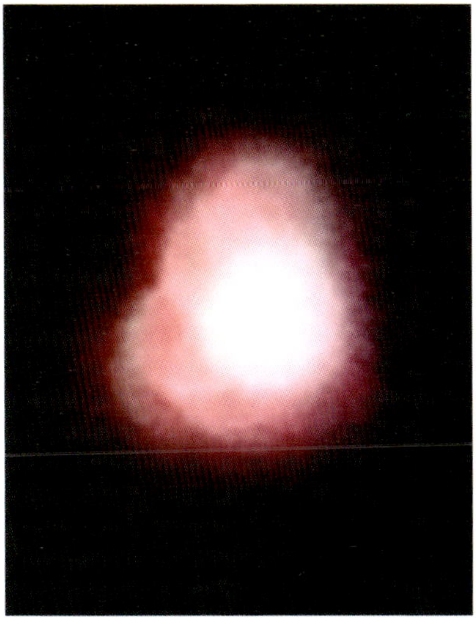

Schlüssel 27 und Schlüssel 34
Ein Liebesengel mit Mutter Maria und Erzengel Chamuel. Wenn Sie diesen Orb ansehen, bringt er Ihnen die tiefe Gewissheit, geliebt zu werden. Fotografiert von Diana Cooper.

Schlüssel 35
Erzengel Zadkiel mit einem Engel von Gabriel und einem Einhorn. Wenn Sie diesen Orb ansehen, empfangen Sie tiefe Läuterung. Fotografiert von Lynn Ogilvie.

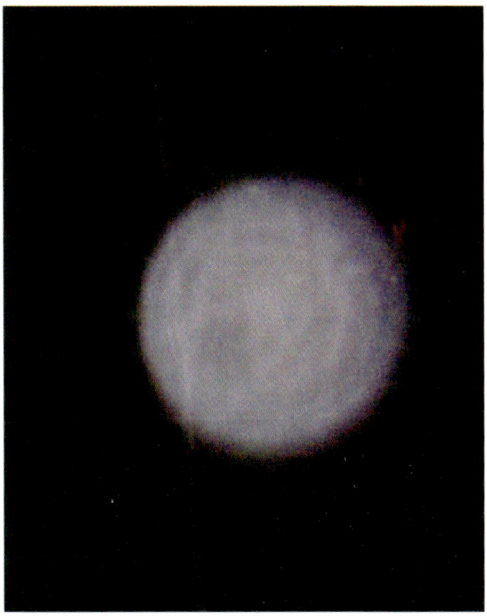

Schlüssel 41
Heilige geometrische Formen

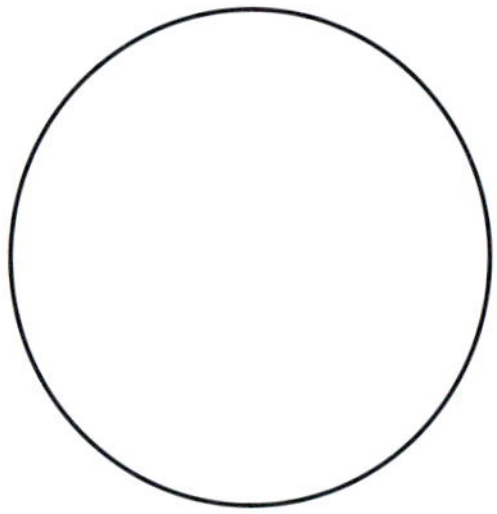

Erdstern-Chakra

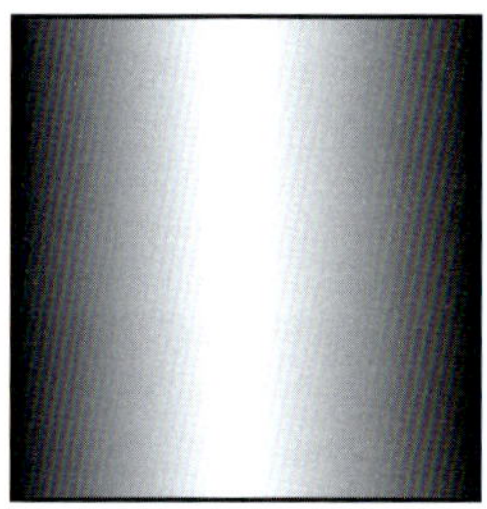

Basis-Chakra

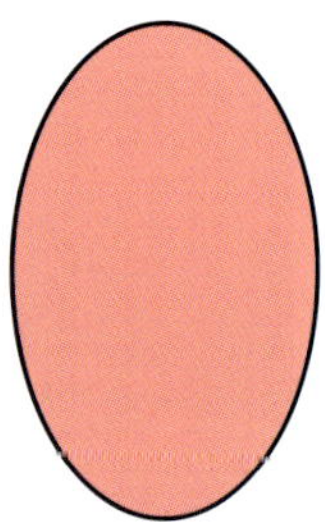

Sakral-Chakra

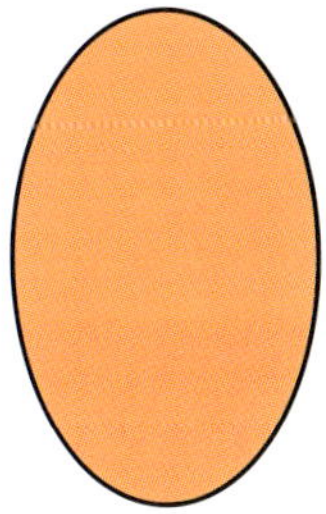

Nabel-Chakra

Solarplexus-
Chakra

Herz-Chakra

Hals-Chakra

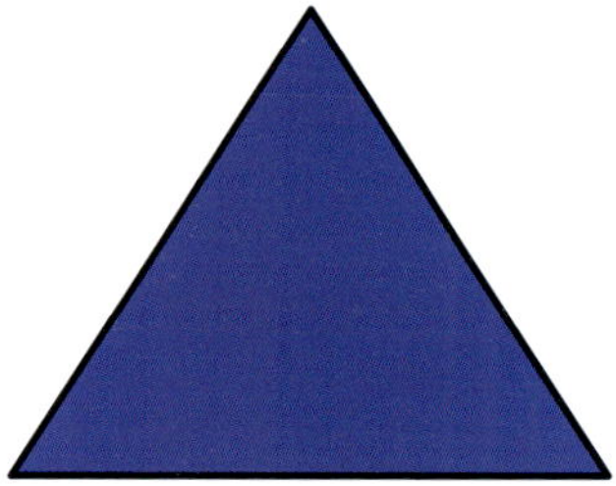

Drittes-Auge-
Chakra

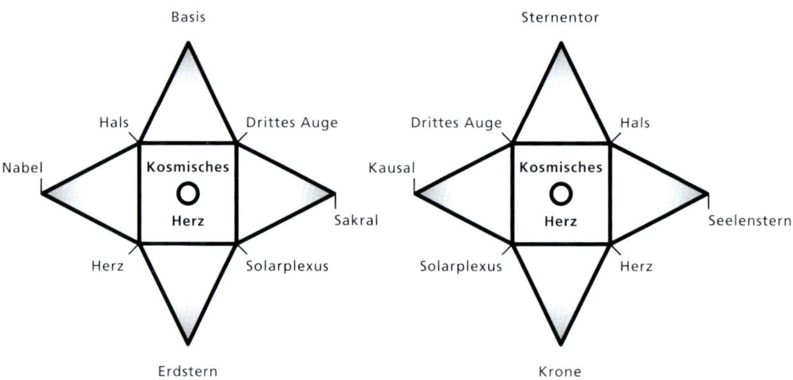

Kronen-Chakra

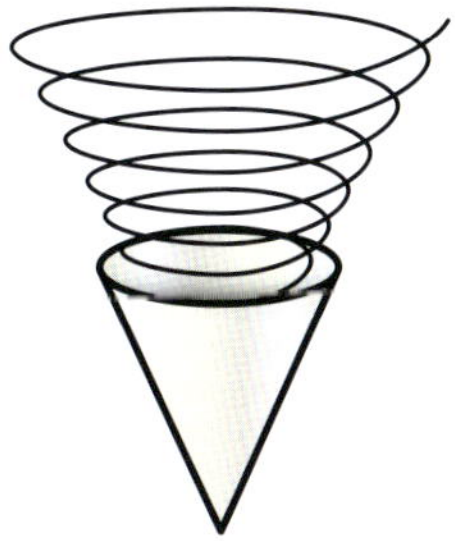

Kausal-Chakra

Seelenstern-
Chakra

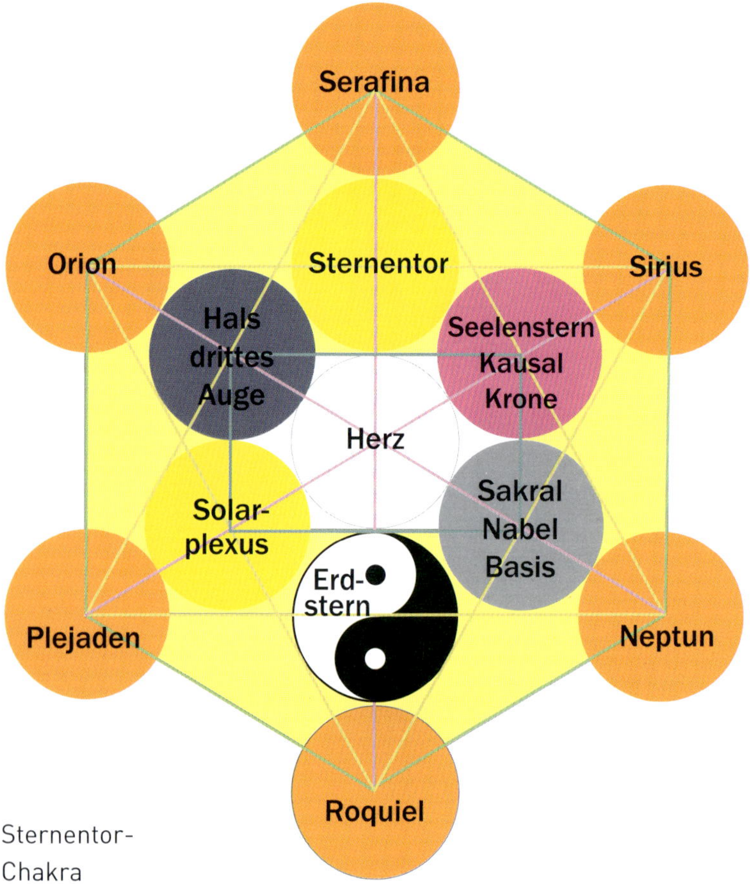

Sternentor-
Chakra

Die Reiche

Schlüssel 31

Das Reich der Vögel

Alle Vögel stammen vom Sirius. Manche von ihnen kommen von seinem aufgestiegenen Aspekt Lakumay und benutzten Sirius, um ihre Energie zu senken. Vögel gehören einer Gruppenseele an. Wenn eine Gruppe von etwa 100 Vögeln zum Lakumay aufsteigt, werden sie zu Individuen.

Die Vögel besitzen viele der Eigenschaften der Engel. Sie haben sich inkarniert, um zu zeigen, dass es möglich ist, mit offenem Herzen zu fliegen und dennoch einen physischen Körper zu haben. Wie die Engel zeigen uns auch die Vögel lichtvolle Eigenschaften wie Freude, Freiheit, Fürsorglichkeit und Leben im gegenwärtigen Augenblick. Singvögel singen ungeachtet der konkreten Umstände immer aus vollstem Herzen. Sie teilen uns durch ihre Lieder die reine Botschaft der Engel mit, aber wir haben noch nicht gelernt, diese auch zu hören. Wohl singen sie immer wieder dieselbe Melodie, aber diese übermittelt jedes Mal eine andere Botschaft. Der Schlüssel befindet sich im Lied, aber die Fülle der Eigenschaften, die sie uns vermitteln möchten, ist auch ein Teil davon.

Verschiedene Vogelarten sind gekommen, um uns unterschiedliche Dinge zu lehren. Daher kommen sie nicht auf die Erde, um hier etwas zu lernen.

Die meisten Vogelarten zeigen ihre unglaubliche Geduld, indem sie darauf warten, dass ihre Nahrung zu ihnen kommt. Sie fliegen sehr schnell und sehr eng nebeneinander, aber ihr fortgeschrittenes Sonar sorgt dafür, dass sie niemals zusammenstoßen.

Albatrosse

Der Albatros ist für das Vogelreich, was der Löwe für das Tierreich ist. Er beweist seine Majestät, indem er vollkommen in Frieden mit sich selbst ist. Seine Macht liegt in seiner heiteren Ruhe und seinem Verschmelzen mit den Elementen. Dies will er auch uns lehren. Albatrosse stammen von Lakumay.

Adler, Kondore, Habichte

Adler und Kondore stammen im Gegensatz zu den Habichten, die nicht so weit entwickelt und noch Teil einer Gruppenseele sind, von Lakumay. Adler und Kondore sind Meister der Lüfte, sie haben ihr Element gemeistert. Sie demonstrieren Weitsicht und Vision, während sie elegant auf den Luftströmungen kreisen. Sie lehren uns, dass das Leben leicht und natürlich sein kann, wenn man es gemeistert hat.

Zudem lehren sie uns den Übergang von einer Entwicklungsstufe auf die nächste. Ihr Klang ist ein Schrei, der das Herausschreien des Alten symbolisiert, damit das Neue auf höherer Ebene zu uns kommen kann.

Möwen

Wenn wir Möwen streiten, aufeinander einhacken oder kleineren Vögeln die Nahrung stehlen sehen, werden wir an unsere eigene Disharmonie erinnert. Dann erheben sie sich aber elegant in die Luft und schweben auf den Luftströmungen, wodurch sie uns einen höheren Aspekt ihrer selbst und unserer Seele zeigen.

Kolibris

Gleich, wie oft wir einen Kolibri sehen mögen, so staunen wir doch jedes Mal wieder über sein leuchtendes Farbkleid, seinen Gleichgewichtssinn und die Ruhe, die er ausstrahlt. Kolibris tragen die Weisheit von Lemuria in sich und leiten diese durch ihre Gegenwart weiter. Kolibris stammen von Lakumay.

Strauße, Emus, Kasuare

Diese zählen zu den fluglosen Vögeln, die sich aufgrund ihrer Flugunfähigkeit zu sehr schnellen Läufern weiterentwickelt haben. Sie zeigen uns: Wenn man etwas nicht auf eine Weise tun kann, tut man es eben auf eine andere. Sie demonstrieren Eigenschaften wie Geselligkeit, Beschützerinstinkt und Neugierde.

Papageien, Wellensittiche, Kakadus

Diese Familie leuchtend gefärbter Vögel ist sehr weit fortgeschritten, kann Werkzeuge benutzen und die Laute von Menschen und anderen Tieren nachahmen. Sie hat die Eigenschaft des Zuhörens zu höchster Vollendung gebracht. Die Vögel der Papageienfamilie stammen von Lakumay.

Pfauen

Pfauen demonstrieren die Unterschiedlichkeit der Geschlechter. Bei den Pfauen ist der männliche Pfau stolz auf seine Erscheinung. Er ist extravagant, deutlich sichtbar und egoistisch, sein schriller Schrei zeigt fehlende Harmonie an. Mit seinen Handlungen und seiner Einstellung beschützt er das stille, farblose Weibchen, das sich so ungestört auf seine Mutterrolle konzentrieren kann. Pfauen lehren uns, hinter die äußere Erscheinung zu schauen.

Pinguine, Papageientaucher

Pinguine zeigen uns etwas ganz Besonderes. Sie sind flugunfähig und schwarz und weiß gefärbt. Sie tragen die Farben des Erdstern-Chakras, weil sie so geerdet sind – obwohl andere schwarzweiß gefärbte Geschöpfe nicht notwendigerweise eine enge Verbindung zur Erde haben.

Erzengel Sandalphon, in dessen Obhut sich das Erdstern-Chakra befindet, erscheint uns als grau, was eine Mischung der Farben Schwarz und Weiß, männlich und weiblich darstellt. Auch Pinguine haben diese Gegensätze ins Gleichgewicht gebracht. Sowohl Männchen als auch Weibchen brüten die Eier aus und kümmern sich um den Nachwuchs. Sie zeigen großen Mut, Beschützerinstinkt, Disziplin und Hingabe. Pinguine sind durch das Erdstern-Chakra mit der Hohlerde verbunden.

Papageientaucher hingegen sind weicher und weiblicher. Sie besitzen trotz ihres Verantwortungsbewusstseins ein wunderbares Gefühl der Freiheit.

Beide Vogelarten lehren uns, dass man auch durch das Medium Wasser mit dem Planeten und der Erde verbunden sein kann, aber die Papageientaucher sind durch die universelle Engelin Joules, deren Refugium sich im Bermudadreieck befindet, mit der Hohlerde verbunden.

Sie lehren uns, dass man auf verschiedene Weise Verbindungen eingehen kann, solange man es mit Freude und einem Gefühl der Freiheit tut.

Beide Vogelarten stammen von Lakumay.

Geier

Diese Aasfresser zeigen uns, wie wichtig es ist, unsere Umwelt sauber zu halten. Alles hat in der Natur seinen Platz, nichts muss verschwendet werden.

Schwäne

Solange ein Schwan jung ist, ist er braun. Wenn er erwachsen wird, bekommt er ein weißes Federkleid, was darauf hinweist, dass Schwäne rein und majestätisch sind. Schwarze Schwäne sind Yin in Beziehung zum Weiß der anderen Vögel. Auch die Farbe Schwarz deutet auf majestätische Eigenschaften hin. Alle Schwäne verkörpern Eleganz, Akzeptanz und heitere Gelassenheit. Auch sie stammen von Lakumay.

Heckenvögel: Spatzen, Drosseln, Amseln, Meisen, Rotkehlchen, Kuckucks, Lerchen, Grasmücken

Diese viel geliebten kleinen Singvögel zeigen häusliche Liebe in all ihren Variationen. Jeden Tag singen sie uns die Melodien der Engel vor und tragen so dazu bei, dass wir auf die kosmischen Energien eingestimmt bleiben. Es ist an der Zeit, dafür zu sorgen, dass Hecken erhalten bleiben, damit sie auch weiterhin ihr wunderbares Werk verrichten können.

Zugvögel: Schwalben, Mauerschwalben, Hausschwalben, die meisten Gänsearten

Diese Vögel zeigen uns, dass man mehr erreicht, wenn man zusammenarbeitet, als wenn man es allein versucht. Sie wirken in vollkommener Harmonie zusammen, übernehmen abwechselnd die Führungsrolle, weil sie keinen festgelegten Führer haben. Dies ist eine Gabe, die sie zur Zeit von Lemuria entwickelt haben. Diese Vögel sind Heiler, die der gesamten Natur ihre Heilenergie schenken. Wenn sie übers Land fliegen, orientieren sie sich an den Leylinien und ihr Licht erhöht deren Schwingung.

Pelikane

Diese uralten Vögel inkarnierten sich bereits in Mu, der Zivilisation, die Lemuria voranging. Sie erinnern uns an die Vergangenheit und an die Tatsache, dass sich die Erde bereits seit sehr langer Zeit entwickelt.

Sie bewahren die kollektiven Erinnerungen von Mu, zu denen uns der Zugang gestattet ist, und sie zeigen uns, dass wir die Dinge so akzeptieren sollten, wie sie nun einmal sind.

Raufußhühner, Fasane, Sumpfhühner, Wasserhühner, Enten, Rebhühner, Tauben, Regenpfeifer

Diese Vögel picken auf dem Boden nach Nahrung und bereiten ihn so vor, damit Samen in ihm wachsen können. Die Wasservögel ziehen aus demselben Grund Unkraut aus. Sie alle tragen die Botschaft der Liebe und des Friedens der Engel in sich. Häufig versuchen sie, den Menschen nahe zu kommen, um ihnen Botschaften der Engel zu überbringen. Wenn wir Menschen unsere Schwingung anheben und mehr in Frieden mit uns selbst sind, werden wir diesen Vögeln Liebe zurückgeben können und sie in unserem Leben willkommen heißen.

Hühner

Hühner kommen von einem weit entfernten Asteroiden und senken ihre Frequenz auf dem Sirius. Sie sind gekommen, um uns Federn und Eier zu schenken und uns Menschen zu lehren, dass es gut ist zu dienen.

Eulen

Eulen beziehen ihre Energie von Lakumay. Von dort bringen sie Weisheit und visionäre Kraft mit. Sie arbeiten nachts mit den Elementarwesen zusammen, die sie unterweisen und beschützen. Sie lösen in den Gegenden, in denen sie leben, unerwünschte Energien auf. Sie bewahren die Vision eines fünfdimensionalen Planeten und versuchen, die Aufmerksamkeit der Menschen auf das zu lenken, was getan werden muss.

Eisvögel, Reiher, Kraniche, Ibisse

Diese Vögel zeigen uns, wie man geduldig und mit einer positiven Einstellung auf etwas wartet, sich ganz auf sein Ziel konzentriert und dann plötzlich alle Energien mobilisiert. Sie lehren uns die Macht des reinen Denkens.

Elstern, Krähen, Saatkrähen, Raben

Wie die Geier sind auch diese Vögel Aasfresser und tragen dazu bei, dass in der Natur alles verwendet wird. Wichtiger ist noch, dass sie mit Erzengel Azrael, dem Engel von Geburt und Tod, als Botschafter zusammenarbeiten und sowohl dem Tier- als auch dem Menschenreich seine Botschaften überbringen. Steht ein Tierbaby kurz vor der Geburt, tauchen diese Vögel auf, um die Mutter auf die kommende Geburt vorzubereiten.

Die Alten erkannten dies, bezeichneten es aber als Aberglauben. Sie sagten: Wenn man einen dieser Vögel allein sieht, wird bald darauf Trauer folgen. Tatsächlich sagen uns diese Vögel, dass wir unsere Schwingung anheben müssen, wenn wir vor einer karmischen Herausforderung stehen. Daher sind diese Vögel die Botschafter der Erleuchtung. Vielleicht haben Sie einfach nur einen niederen Gedanken gedacht und sollen durch das Auftauchen dieser Vögel ermahnt werden, anders zu reden und zu handeln.

Stelzvögel: Flamingos, Austernfischer

Wasser ist der Leim des Universums, der alle Dinge in Liebe verbindet. Weil sie ihr Leben im Wasser verbringen, bleiben diese Vögel so rein. Sie erinnern uns an die heilenden kosmischen Eigenschaften des Wassers und durchschauen das Äußere, weil sie direkt in die innere Essenz der Dinge sehen. Sie arbeiten harmonisch mit den Elementen zusammen und erlangen so Erfüllung. Ihre Botschaft lautet: Vereinfache dein Leben und schwimme mit dem Strom.

Der SCHLÜSSEL des Vogelreichs besteht darin, jene Eigenschaften aufzunehmen, welche die Vögel uns durch die Schwingung der von ihnen erzeugten Laute übermitteln.

Der KLANG ist der des Morgenkonzerts der Singvögel.

Die FARBE ist das Himmelblau eines wolkenlosen Himmels.

Eine Visualisierung: Der Botschaft eines Vogels lauschen

1. *Suchen Sie sich einen ruhigen Ort, an dem Sie nicht gestört werden können.*
2. *Zünden Sie eine Kerze an, um die Schwingung anzuheben.*
3. *Entspannen Sie sich und schließen Sie die Augen.*
4. *Erden Sie sich, indem Sie sich vorstellen, dass aus Ihren Fußsohlen Wurzeln tief in die Erde dringen.*
5. *Hüllen Sie sich in Erzengel Michaels blauen Schutzmantel.*
6. *Stellen Sie sich vor, Sie wären an einem wunderschönen Ort mitten in der Natur. Das kann irgendwo in Ihrer Heimat sein, aber auch in der Ferne.*
7. *Während Sie still dasitzen, sehen Sie einen Vogel vorbeifliegen. Dann nähert er sich Ihnen und lässt sich ganz in Ihrer Nähe nieder.*
8. *Der Vogel hat eine Botschaft für Sie. Hören Sie mit offenem Herzen zu.*

9. *Danken Sie dem Vogel dafür, dass er zu Ihnen gekommen ist, und schauen Sie ihm nach, während er davonfliegt.*
10. *Kehren Sie ins Wachbewusstsein zurück und öffnen Sie die Augen.*

Eine Übung: Sich mit dem Vogelreich verbinden

1. Gehen Sie in der Natur spazieren.
2. Hören Sie den Vögeln zu und beobachten Sie sie.
3. Achten Sie darauf, welche Vögel sich Ihnen nähern und welche Botschaft sie für Sie haben.

Schlüssel 32

Das Reich der Tiere

Jedes Tier hat eine Seele oder ist Teil einer Gruppenseele und befindet sich auf seinem eigenen Weg zum Aufstieg. Tiere kommen genauso wie wir auf die Erde, um hier Erfahrungen zu machen, zu lernen und zu lehren.

Die Tiere stammen aus allen Universen. Manche von ihnen sind hoch entwickelt und bewahren sich während ihres Aufenthalts auf der Erde ihre fünfdimensionale Energie. Andere sind dreidimensional. Die meisten nehmen ihre Erfahrungen mit zurück auf ihre Heimatplaneten, um diese damit zu bereichern.

Wie wir die Tiere behandeln, beeinflusst ihre Inkarnationen und ihr spirituelles Wachstum.

Alle Tiere arbeiten mit dem universellen Engel Fhelyai zusammen, um das Wissen des Tierreiches auf die Erde zu bringen und seine Botschaft jedem fühlenden Wesen auf dem Planeten zu übermitteln.

Die Plejaden

Der Sternhaufen der Plejaden wird häufig auch als Sieben Schwestern bezeichnet, weil er weibliches Licht und eine wunderbare blaue Heilenergie ausstrahlt. Das plejadische Heilen beruht auf einem tiefen Verständnis von Ganzheit und Wahrheit. Wesen von den Plejaden bringen den Menschen und der Erde Heilung.

Schweine

Als diese intelligenten Tiere zuerst auf der Erde ankamen, wurden sie respektiert und geliebt. Sie halten das ökologische Gleichgewicht aufrecht, indem sie Reste vertilgen, und strahlen heilende Energie, Weisheit und Friedfertigkeit aus. Wenn man ihnen in Freundschaft begegnet, nehmen sie diese gerne an und geben sie hundertfach zurück.

Pandas

Pandas heilen durch ihre bloße Anwesenheit, weil sie so liebenswert und so ausgeglichen sind. Sie senden aber auch aktiv heilende Energie aus und verbinden die Menschen mit den Plejaden und den Engeln der Plejaden. Sie haben sich dafür entschieden, ein schwarzweißes Fell zu haben, um den Menschen zu zeigen, dass nicht alles zu dem einen oder anderen Extrem gehören muss und dass man mit den Augen der Liebe sehen kann. Pandas tragen einen tiefen Frieden in ihrem Herzen, weil dieses so unschuldig und rein ist. Ihre Eigenschaften erzeugen beim Betrachter Mitgefühl, Empathie und Liebe und öffnen sein Herz. Aus diesem Grund lieben Kinder Pandas als Kuscheltiere.

Mutter Maria arbeitet mit den Pandas und hilft ihnen, sich mit dem kosmischen Herzen zu verbinden. Durch die Tiere hilft sie auch den Menschen, sich mit dem kosmischen Herzen zu verbinden.

Orion

Orion ist als der Stern der Erleuchtung bekannt, weil es in diesem Sternensystem viele Ausbildungsstätten für die Geister jener Menschen gibt, die bereit sind, die kosmische Weisheit zu akzeptieren. Die Wesen vom Orion haben eine sehr hochfrequente Energie in ihren Auras und öffnen andere Wesen für ihr besonderes Licht.

Bären

Diese herrlichen Tiere demonstrieren den richtigen Gebrauch von Macht und Autorität – solange sie sich in einer artgerechten Umgebung befinden.

Katzen

Alle Katzen – ganz gleich ob kleine Hauskatzen oder große Raubkatzen wie Löwen oder Tiger – bringen Aspekte der Erleuchtung auf die Erde. Sie sind sehr freiheitsliebende Wesen, die sich vollkommen entspannen können, wenn es angebracht ist. Sie brauchen die Menschen nicht. Sie sind sehr übersinnlich veranlagt und wissen genau, was jederzeit geschieht. Hauskatzen haben die Verantwortung dafür übernommen, die Häuser ihrer »Besitzer« frei von niederen Energien zu halten. Die großen Katzen wachen über unseren Planeten und beschützen ihn vor unerwünschten Wesenheiten. Katzen sind außerdem Heiler.

Giraffen

Diese weisen Tiere verkörpern Eigenschaften wie Sanftmut, Würde und Eleganz. Obwohl sie mehr weibliche Eigenschaften zu haben scheinen, sind sie doch sehr ausgeglichen und können sich sehr wohl verteidigen, wenn dies nötig sein sollte. Sie helfen den Bäumen, indem sie die oberen Blätter und Zweige ausdünnen.

Ziegen

Ziegen bringen der Welt höhere Energie und Erleuchtung. Sie besitzen heilerische Fähigkeiten, Weisheit, Demut und sind sehr großzügig. Sie helfen, das ökologische Gleichgewicht zu erhalten, indem sie Abfälle vertilgen.

Igel

Alle Menschen lieben Igel, weil sie deren Harmlosigkeit und hochfrequente Energien spüren. Trotz ihrer Stacheln fördern sie doch die Weisheit, indem sie Menschen zum Lachen bringen und ihnen helfen, sich zu entspannen und sich an ihnen zu erfreuen.

Eichhörnchen

Diese entzückenden, hochfrequenten, erleuchteten Wesen verkörpern Freude, Vitalität, Freiheitssinn und Glück. Sie zeigen uns die Leichtigkeit des Lebens und wie man Spaß hat.

Kaninchen

Kaninchen verkörpern Eigenschaften wie Fürsorglichkeit, Nähren, Sanftheit und Lebensfreude. Sie sind Heiler des Herzens und gehen dieser Aufgabe mit Weisheit und Liebe nach. Sie arbeiten gemeinsam mit Erzengel Gabriel daran, Reinheit und Freude zu verbreiten.

Ein Teil der Weisheit, die sie bringen, besteht darin, uns daran zu erinnern, dass wir uns mit dem Lied der Erde verbinden sollten. Sie lauschen und hören, wenn sich ein Raubtier oder ein Mensch nähert, weil dessen Schwingung das Lied der Erde verändert. Diese Fähigkeit ist ihr größter Schutz.

Sirius und sein aufgestiegener Aspekt Lakumay

Sirius im Sternbild Canis Major (Großer Hund) ist der hellste Stern am Nachthimmel. Sirius ist auch als Stern der Isis bekannt. Die Dogon in Mali stammen von Lakumay. Sie bewahren die Weisheit des Sirius und tanzen dessen Bewegungen nach. Sirius bewahrt die spirituelle Technologie und die heilige Geometrie für das Universum und übermittelt dieses Wissen jenen, die bereit sind, seine Ausbildungsstätten in den inneren Welten aufzusuchen. Dort arbeitet dann der aufgestiegene Meister Hilarion mit ihnen.

In jene Kinder, die heute geboren werden und vom Sirius stammen oder über den Sirius zur Erde kommen, ist die neue höhere Technologie einprogrammiert, damit diese im neuen goldenen Zeitalter gebraucht werden kann.

Kühe

Kühe stammen von Lakumay. Ursprünglich kamen sie zur Erde, um uns ihre Milch zu schenken, die sich in den Zeiten des goldenen Atlantis in perfekter Übereinstimmung mit der menschlichen Schwingung befand. Sie sind sehr großzügig und gebefreudig, solide, verlässlich und stabil. Die Kuh ist liebevoll und nährend, der Bulle machtvoll und beschützend. Gemeinsam demonstrieren sie ein vollkommenes männlich-weibliches Gleichgewicht.

Obwohl die Überseele der Kühe erwogen hatte, sich von der Erde zurückzuziehen, um auf einem anderen Planeten Erfahrungen zu machen, hat sie schließlich doch beschlossen hierzubleiben, weil sich die Schwingung des Planeten erhöht hat. Die Kühe werden ihre Gaben weiterhin freizügig mit uns teilen und ihr Wachstum in der fünften Dimension fortsetzen.

Pferde

Wie die Kühe stammen auch die Pferde von Lakumay, dem aufgestiegenen Aspekt des Sirius. Anfangs wurden sie ohne Sattel geritten und erhielten ihre Befehle von den Reitern auf telepathischem Wege. Sie waren freie Geschöpfe, die uns großzügigerweise ihre Energie zur Verfügung stellten, um uns zu helfen. Sie sind hoch entwickelte Wesen, die gekommen sind, um zu lernen und uns Liebe, Würde und ein positives Selbstwertgefühl zu lehren. Zudem sind Pferde Heiler, welche durch ihre bloße Gegenwart die Schwingung derjenigen anheben, die dies benötigen.

Hirsche

Hirschkuh und Hirschbock demonstrieren das Gleichgewicht von männlichen und weiblichen Energien. Der Hirschbock ist würdevoll, stark, stolz und mutig, während die Hirschkuh sanftmütig, liebevoll und harmonisch ist. Hirsche lernen und lehren Vertrauen.

Kamele und Dromedare

Sowohl Kamele als auch Dromedare stammen von Lakumay und sind sehr weise, intelligente Geschöpfe. Sie lernen und lehren geduldig und ausdauernd zu dienen und lenken unsere Aufmerksamkeit darauf, wie wir weise mit unseren Ressourcen umgehen können. Sobald die Menschen in ihrem Teil der Erde ihre Schwingung angehoben haben, werden diese Tiere ihr Wissen auf telepathischem Wege mit ihnen teilen, damit sie leichter durch die Übergangsperiode von 2012 bis 2032 kommen.

Elefanten

Diese riesigen sanftmütigen Geschöpfe stammen von Lakumay und lernen und lehren auf der Erde alles über das Familienleben und die Familienstruktur. Sie sind würdevoll, stark, fürsorglich und intuitiv und demonstrieren gleichzeitig Präsenz und Majestät. Aber sie lieben auch harmlose, fröhliche Scherze.

Hunde

Sirius, auch als Hundsstern bekannt, ist einer der Sterne im Sternbild Canis Major. Hunde, Wölfe, Füchse, Kojoten und Hyänen stammen ursprünglich von dort.

Wölfe lehren uns etwas über gesellschaftliche Strukturen, Disziplin, Würde, Ausdauer und zeigen viele höhere Eigenschaften wie beispielsweise Liebe. Hunde zeigen uns reine, bedingungslose Liebe und wie man ein treuer Begleiter und Freund ist, aber sie bewahren noch immer ihre ursprüngliche Essenz, ihren ursprünglichen »Bauplan«.

Kathy hatte zwei Bauchhöhlenschwangerschaften, die zu Fehlgeburten führten. Sie wusste, dass sie in der geistigen Welt ein Mädchen und einen Jungen hatte, aber sie hatte nie Kontakt zu ihnen herstellen können. Eines Abends stellte sich ihr Hund Jake plötzlich auf die Hinterläufe und fing an, die Decke anzubellen. Er hatte sofort gemerkt, dass Kathys Kinder gekommen waren, um sie zu sehen, und wollte sie darauf aufmerksam machen. Sobald Kathy begriffen hatte, was los war, entspannte er sich und schlief weiter.

Mars und sein aufgestiegener Aspekt Nigellay

Mars wird wegen der Farbe seines Gesteins der rote Planet genannt. Auf der metaphysischen Ebene steht Rot für Energie, die in Aggressivität umschlagen kann. Daher ist der Mars immer als Planet des Krieges betrachtet worden, dessen Bewohner Krieger sind, die unser Universum verteidigen. Aber sein aufgestiegener Aspekt Nigellay verkörpert die Eigenschaften des friedvollen Kriegers, die in den Ausbildungsstätten in den inneren Welten des Mars jenen vermittelt werden, die hierherkommen.

Kängurus und Wallabys

Kängurus und Wallabys verkörpern die Eigenschaften des friedvollen Kriegers. Sie wandeln leichten Fußes auf dem Land. Sie sind sanftmütig und nähren ihre verletzlichen Jungen, aber sie stärken sie auch, indem sie ihnen die Freiheit geben, eigene Erfahrungen zu machen, während sie schützend über sie wachen.

Diese Tiere demonstrieren den richtigen Gebrauch der Kundalini und zeigen uns, wie man so wenig Spuren wie möglich auf dem Land hinterlässt.

Ursprünglich inkarnierten sie sich zur selben Zeit wie die Aborigines. Deshalb haben sie wohl auch eine starke telepathische Verbindung zu ihnen. Diese Tiere bringen die lemurische Energie auf die Erde. Wo auch immer sie hingehen, heilen sie das Land und schicken lemurische Heilenergie in die Leylinien.

Wenn sie sich in einer artgerechten Umgebung befinden und alles um sie herum in Harmonie ist, leben sie im Einklang mit dem Fluss der Natur, mit Wind, Erde und Pflanzen. Dann zeigen sie uns das wahre männlich-weibliche Gleichgewicht. Wenn aber die Menschen in ihrer Umgebung ihre Mitte verloren haben oder wenn niedere Schwingungen durch negative Umweltveränderungen überhandnehmen, geraten sie sehr leicht aus dem Gleichgewicht, weil sie so sensibel sind.

Es würde für uns von Nutzen sein, wenn wir uns auf die Kängurus einstimmen und fühlen würden, was sie fühlen und wie sie sich auf Wind, Erde und Bäume einstimmen.

Neptun

Der Planet Neptun repräsentiert eine höhere Form der Spiritualität. Er wird auch als Wasserplanet bezeichnet und ist nach dem Gott des Meeres, dem Elementarmeister des Wassers, Neptun benannt. Wasser ist das Medium, durch das kosmische Liebe übertragen wird. Ein Großteil des Wassers auf Neptun ist gefroren. Es bewahrt die Weisheit der alten Zivilisationen, die in letzter Zeit freigesetzt wurde. Die Farbe des Planeten ist das herrliche Blau der höheren Heilung und Wahrheit.

Ratten und Mäuse

Diese Tiere inkarnierten sich ursprünglich mit der sehr spirituellen Absicht, Reste zu vertilgen. Dabei wandelten sie gleichzeitig niedere Energien um und reinigten sie. Eine gut gehegte Maus oder Ratte ist ein intelligentes, liebenswertes Haustier.

Ratten verbreiten Krankheiten, weil sie die menschliche Negativität aufgenommen haben, die sich dann vollkommen natürlich als Krankheit in ihnen manifestiert. Unter normalen Umständen würden sie auch diese umwandeln, aber wir hinterlassen so gewaltige Müllberge, dass sie damit nicht mehr fertig werden. Zudem ekeln wir uns vor diesen Nagern, was bedeutet, dass sie ständig in Angst leben müssen und die niederen Energien nicht mehr in Liebe umwandeln können, was es ihnen ermöglichen würde, ihre göttliche Mission zu erfüllen. Es würde ihnen und allen Geschöpfen helfen, wenn wir ihnen Liebe schicken und ihre Arbeit schätzen würden.

Venus

Venus ist der Planet der Liebe. Sie ist das vollständig aufgestiegene kosmische Herz dieses Universums und erstrahlt in einem wunderschönen rosafarbenen Licht. Alle Wesen, die von der Venus stammen, tragen ihre Liebe in ihrem Herzen.

Meerschweinchen

Meerschweinchen haben sich dafür entschieden, sich wegen der Qualität der Liebe und der sanften Energie des Landes in Südamerika zu inkarnieren. Ihre Bestimmung war es, Liebe zu empfangen und Liebe zu schenken. Da sie die Verbindungslinien zur Venus offen halten, empfangen Sie einen Schub der Liebe dieses Planeten, wenn Sie ein Meerschweinchen streicheln. Kontakt zu Meerschweinchen ist für missbrauchte Kinder enorm hilfreich.

Die Meerschweinchen verbinden die Menschen über die Venus mit allen Planeten, Sternen und Galaxien dieses Universums und tragen ihren Teil dazu bei, dass sich das gesamte Universum in Liebe vereinigt.

Sie haben sich dafür entschieden, so scheue kleine Geschöpfe zu sein, damit die Menschen ihnen gegenüber Empathie verspüren können.

Die australischen Wombats und die südamerikanischen Wasserschweine und Agutis sind größere Verwandte der Meerschweinchen, aber sie haben nicht dieselben Eigenschaften wie diese.

Das Universum Schekina

Schekina ist ein zehndimensionales Universum der Liebe und Weisheit. Die strahlende Glückseligkeit, welche alle Wesen dort erleben, übersteigt unsere Vorstellungskraft bei Weitem. Viele dieser hochfrequenten Wesen sind durch den Schleier der Illusion gegangen und zurzeit in menschliche Körper eingesperrt, weil sie der Erde auf ihrem Weg in die fünfte Dimension helfen wollen.

Jedes der zwölf Universen operiert in einer anderen Dimension. Die Erde macht gerade den Übergang von der dritten zur fünften Dimension durch. Wenn dieser Vorgang abgeschlossen ist, werden alle Universen gleichzeitig auf eine höhere Frequenz gebracht werden, sodass Schekina dann elfdimensional sein wird. Das Universum mit der höchsten Schwingungsfrequenz wird dann wieder mit dem göttlichen Quell verschmelzen und ein neues wird geboren werden.

Affen

Alle Affenarten, also auch Galagos (Buschbabys) und Lemuren, stammen aus dem zehndimensionalen Universum Schekina und senken ihre Frequenz auf den Plejaden. Sie zeigen uns einen anderen Gebrauch der Kundalini. Indem sie sich von Ast zu Ast schwingen, zeigen sie uns, dass es nicht notwendig ist, den Boden zu betreten, um ein Teil dieses Planeten zu sein. Sie sind im höchsten Grad im Einklang mit der Weisheit der Bäume.

Affen sind hoch entwickelt, und wie die Delfine würden auch sie es nicht zulassen, gefangen genommen zu werden, es sei denn, es gäbe eine höhere Absicht für dieses Opfer – in diesem Fall, um Mitgefühl in den Herzen der Menschen zu wecken.

Mit ihrem Geschnatter übermitteln sie Informationen der Engel und Elementarwesen, die sich den Bäumen, anderen Tieren und Menschen mitteilen – wenn die Letzteren nur zuhören würden. Die Töne des Brüllaffen reinigen unsere Aura.

Wenn sich Affen in den Bäumen aufhalten, sind sie entspannt und ausgeglichen. Befinden sie sich aber nicht in ihrem wahren Element und werden zum Beispiel Feuer oder Wasser ausgesetzt, sind sie sehr verletzlich. Selbst auf dem Boden sind sie gefährdet. Aber sie sind auf diesen Planeten gekommen, um alle Elemente zu erfahren, weil es diese in ihrem Heimatuniversum nicht gibt. Sie inkarnieren sich hier, um Freude, Familienleben und Familienstruktur zu erleben. Sie sind hier, um etwas über das Leben auf der Erde zu lernen – nicht mit dem Intellekt wie die Menschen, sondern mit den Eigenschaften der rechten Gehirnhälfte wie bedingungslose Liebe, Akzeptanz, Loyalität und Vertrauen.

Der SCHLÜSSEL der Tiere besteht darin, das Tierreich zu ehren, zu respektieren und anzunehmen.

Der KLANG ist der des Geschnatters der Affen.

Die FARBE ist Gold, Gelb bis Weiß. (Dies sind die Farben des universellen Engel Fhelyai.)

Eine Visualisierung: Den Geist der Tiere verstehen lernen

1. *Suchen Sie sich einen ruhigen Ort, an dem Sie nicht gestört werden können.*
2. *Zünden Sie – wenn möglich – eine Kerze an.*

3. *Entspannen Sie sich und schließen Sie die Augen.*
4. *Erden Sie sich, indem Sie sich vorstellen, dass aus Ihren Fußsohlen Wurzeln tief in die Erde dringen.*
5. *Hüllen Sie sich in Erzengel Michaels blauen Schutzmantel.*
6. *Stellen Sie sich vor, Sie befänden sich an einem schönen Ort in der Natur.*
7. *Bitten Sie den universellen Engel Fhelyai, den Engel der Tiere, zu Ihnen zu kommen. Spüren Sie, wie sein gelblich weißes Licht Sie umhüllt.*
8. *Denken Sie an ein Tier, das Sie besser verstehen möchten. Bitten Sie darum, auf seinen Heimatplaneten, seinen Heimatstern oder in sein Heimatuniversum gebracht zu werden.*
9. *Sie werden sich wahrscheinlich an einem Ort wiederfinden, an dem Ihnen nichts vertraut ist. Sie können aber darauf vertrauen, dass Sie in der Obhut des universellen Engels Fhelyai immer sicher sind.*
10. *Vor Ihnen taucht nun der Geist oder das Höhere Selbst jenes Tieres auf, das Sie besser kennenlernen wollten.*
11. *Nehmen Sie sich genügend Zeit, um mit ihm zu kommunizieren, aber hören Sie ihm vor allem zu, was es Ihnen mitzuteilen hat.*
12. *Danken Sie ihm, dass es zu Ihnen gekommen ist.*
13. *Spüren Sie, wie der universelle Engel Fhelyai Sie segnet und Sie in Liebe verlässt.*
14. *Kehren Sie mit einem neuen Verständnis in Ihrem Herzen wieder an Ihren Ausgangspunkt zurück und öffnen Sie die Augen.*

Eine Übung: Sich auf Tiere einstimmen

1. Sofern es Ihnen möglich ist, begeben Sie sich an einen Ort, wo Sie Tiere sehen können.
2. Suchen Sie sich eines aus und nehmen Sie von Herz zu Herz Kontakt zu ihm auf.
3. Spüren Sie, wie groß sein Höheres Selbst ist, und nehmen Sie seine wahre Energie wahr.
4. Stimmen Sie sich auf die Weisheit und das Wissen ein, das es in sich trägt.
5. Ehren Sie seinen Mut, auf die Erde zu kommen.

6. Übermitteln Sie ihm Liebe, Respekt und Ihren Dank.
7. Sie können sich sicher sein, dass Sie eine wichtige Verbindung hergestellt haben, von der Sie beide profitieren werden.

Eine Übung: Den Tieren zuhören

1. Suchen Sie sich ein Tier aus und hören Sie ihm zu.
2. Hören Sie ihm zu, ohne etwas zu hinterfragen oder zu beurteilen. Seien Sie sich einfach bewusst, dass es versucht, Ihnen eine Botschaft zu übermitteln.
3. Danken Sie ihm dafür.

Schlüssel 33

Das Reich der Meereswesen

Fische sind drei- bis fünfdimensional, während Delfine, Wale und Schildkröten fünfdimensional sind. Die meisten Fische stammen aus dem Sternbild Fische. Kleine Fische sind Teil einer Gruppenseele, von denen Tausende zu einer Überseele gehören. Größere Fischarten wie zum Beispiel die Forellen bilden zu Hunderten eine Gruppenseele. Sie befinden sich ebenso wie die großen Meeressäuger – Delfine und Wale – und die großen Fische – wie Haie und Rochen – auf einem eigenen Aufstiegsweg.

Die Aufgabe der Fische besteht darin, die Meere sauber zu halten. Zudem dienen sie den Delfinen, indem sie die Schallwellen der Engel weiterleiten und das Wasser so auf einer höheren Schwingungsfrequenz halten.

Delfine stammen von Lakumay, dem aufgestiegenen Aspekt des Sirius. Wale stammen von einem Asteroiden im Universum Schekina. Schildkröten stammen von Jumbay, dem aufgestiegenen Aspekt des Jupiters. Haie stammen von Nigellay, dem höheren Aspekt des Mars.

Sie alle sind hoch entwickelte Geschöpfe und Menschen können ihnen nichts ohne ihre Zustimmung antun. Wale und Delfine stranden oder schwimmen flussaufwärts, um uns zu zeigen, wie schlecht wir die Meere behandeln. Schildkröten fressen Plastiktüten, um uns auf die Gefahren der Meeresverschmutzung hinzuweisen und um uns zu zeigen, wie gefährlich Plastikprodukte sein können.

Erzengelin Joules und das Bermudadreieck

Das gesamte Reich der Meereswesen befindet sich in der Obhut der universellen Engelin Joules, deren Refugium sich im Bermudadreieck in jenem wichtigen kosmischen Portal befindet, in das der Große Kristall von Atlantis gefallen ist. Das Bermudadreieck verbindet den göttlichen Quell und die Hohlerde und leitet siebendimensionale Energie vom göttlichen Quell herunter und aus der Hohlerde hinauf. Das ist in der gegenwärtigen Phase, in der sich die Frequenz des Planeten erhöht, besonders wichtig, weil der göttliche Bauplan für die Meere durch dieses Portal erreichbar ist. Durch freudiges Gelächter und Licht strahlt das Portal höhere Möglichkeiten in die Meere aus, um den Aufstieg aller Meeresbewohner zu beschleunigen. Aber auch Menschen, die sich auf oder in das Wasser wagen, werden davon berührt.

Botschaften

Wasser reinigt und läutert nicht nur den Planeten, sondern leitet auch Energie. Wasser empfängt die Botschaften von anderen Planeten, Sternen, Galaxien und von den Engeln. Delfine, Wale, Haie und Schildkröten nehmen diese Botschaften auf und leiten sie an alle Meeresbewohner weiter. In dieser Kommunikation mögen Begeisterung, Ermutigung, Inspiration oder Informationen enthalten sein. Steht beispielsweise ein Tsunami bevor, werden die Fische davor gewarnt – es sei denn, ihre Zeit wäre ohnehin gekommen.

Korallenriffe

In der geistigen Welt bezeichnen die Engel die Korallen als »lebenden Fels«, da Korallen die Weisheit und das Wissen der Alten bewahren, das aus der Hohlerde aufsteigt. Korallen ziehen zudem Nährstoffe aus der Erde und dem Meeresboden und wandeln diese in die Leben spendenden Eigenschaften des Wassers um.

Wo immer es lebende Korallenriffe gibt, herrschen auch sehr hohe Frequenzen vor. Fische, die in den Korallenriffen leben, sind fünfdimensional.

Korallen haben einen wechselseitigen Kommunikationsfluss mit der Hohlerde. Sie empfangen nicht nur Informationen, sondern senden auch Informationen über den Zustand der Meere aus. Teil der Aufgabe eines Korallenriffs ist es, dafür zu sorgen, das Gleichgewicht von zwei Teilen Wasserstoff und einem Teil Sauerstoff im Wasser aufrechtzuerhalten.

Neptun

Neptun ist das Bindeglied des Wassers mit dem Universum. Bis vor kurzer Zeit war diese Verbindung blockiert, weil das Eis auf Neptun die Angst gespeichert hatte, die beim Untergang von Atlantis entstanden war. Dank der hingebungsvollen spirituellen Anstrengungen vieler Lichtarbeiter und im Besonderen der Lehrer der Diana Cooper School ist dieses Eis mittlerweile geschmolzen. Daher stehen uns nun wieder Informationen von Atlantis, Lemuria und Mu zur Verfügung. Zudem können wir nun die gesamte Weisheit der Universen abrufen.

Dieses Wissen war immer von den Delfinen und den Korallenriffen bewahrt worden, aber erst seit Neptun nicht mehr blockiert ist, können wir Menschen es direkt von den Delfinen empfangen. Wir müssen auch die wichtige Rolle anerkennen, die Wale, Haie und Schildkröten beim Schutz der Engel-Delfine gespielt haben, und würdigen, dass diese das alte Wissen über Tausende von Jahren bewahrt haben.

Die Weisheit von Atlantis, Lemuria, Mu und der Universen aufnehmen

Alle Gewässer der Welt sind miteinander verbunden. Wenn Sie ein Glas frisches Wasser trinken, können Sie sich sicher sein, dass es mit der Energie der Meere verbunden ist. Wenn Sie sich auf die fünfte Dimension eingestimmt haben und das Wasser vor dem Trinken segnen, können Sie das gewaltige Wissen aufnehmen, das uns heute zur Verfügung steht. Tee, heißes Wasser oder kaltes Wasser mit Zitrone haben diese Eigenschaft nicht.

Sie finden auch Zugang zu dieser Weisheit, wenn Sie ein Bad nehmen, duschen oder im Meer, einem sauberen Fluss oder See schwimmen und das Wasser segnen, während Ihre Schwingung fünfdimensional ist. Wenn Sie Kinder baden, sollten Sie das Wasser vorher segnen, damit auch sie Zugang zur göttlichen Weisheit finden. Wenn Sie Kinder oder Erwachsene in einer Badeanstalt sehen, wird ihnen Ihr Segen ebenfalls helfen.

Wenn Sie noch nicht fünfdimensional sind, versucht das Wasser Ihre Schwingungsfrequenz anzuheben, indem es niedere Frequenzen umwandelt und läutert – selbst wenn Sie es nicht gesegnet haben.

Wasser besteht aus zwei Wasserstoffatomen und einem Sauerstoffatom. Dies ist wissenschaftlich wie metaphorisch gemeint, denn die Engel sagen, H_2O bringt den Menschen zwei Teile Hoffnung und ein Teil Gelegenheit.

Namengebungszeremonien mit Wasser

Wenn Sie Ihre eigene Namengebungszeremonie in reiner Absicht und mit gesegnetem Wasser abhalten, wird dies dem Kind enorm helfen. Auch religiöse Zeremonien tun dies, sie sind aber nicht so effektiv, weil das Wasser die Begrenzungen des religiösen Dogmas speichert. Dies gilt für alle Zeremonien, in denen gesegnetes Wasser verwendet wird.

Schalentiere und Elementarwesen

Schalentiere wie Garnelen, Hummer, Krabben, Krevetten, Muscheln, Miesmuscheln, Meeresschnecken oder Austern reinigen das Wasser. Sie erweisen uns denselben Dienst wie Mäuse und Ratten im Tierreich und Esaks und Kyhils im Reich der Elementarwesen.

Meerjungfrauen helfen der Flora und Fauna.

Der Mond

Alle Fische haben ebenso wie die verlässlichen, sanftmütigen Schildkröten eine Verbindung zum Mond. Schildkröten verkörpern alle Eigenschaften des göttlich Weiblichen, obwohl sie Eier legen und keine lebenden Jungen zur Welt bringen. Sie leiten Energie vom Mond auf die Erde und setzen sie ein, um Menschen, Tiere und Fische zu unterweisen. Sie tragen dazu bei, den Planeten bis zum Jahr 2032, in dem ein neues goldenes Zeitalter beginnen wird, in ein perfektes männlich-weibliches Gleichgewicht zu bringen.

Selbst winzige Schildkröten leisten ihren Beitrag dazu. Auch die Landschildkröten lenken Energien vom Mond auf die Erde und verbreiten sie hier.

Alle Fische und Delfine, Wale und Schildkröten bewahren verschiedene Aspekte der höheren Spiritualität der Welt, die sie im Jahr 2032 zusammenbringen werden, sodass alle Menschen wieder Zugang zur ganzen höheren Spiritualität haben werden.

Der SCHLÜSSEL der Meereswesen besteht darin, reines Wasser zu segnen, es zu trinken und darin zu baden und sich dann der Weisheit des Wasserreiches zu öffnen.

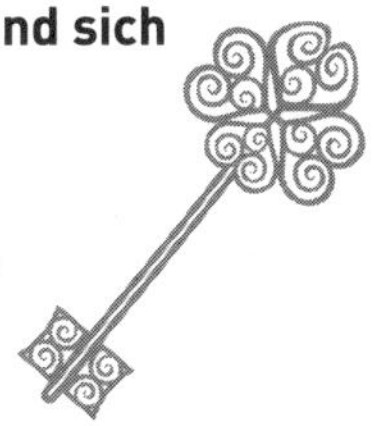

Der KLANG ist der der Rufe der Wale und Delfine.

Die FARBE ist Aquamarin.

Eine Visualisierung: Tauchen Sie in die Energie des Wassers ein

1. *Suchen Sie sich einen ruhigen Ort, an dem Sie nicht gestört werden können.*
2. *Zünden Sie eine Kerze an, um die Schwingung anzuheben.*
3. *Entspannen Sie sich und schließen Sie die Augen.*
4. *Erden Sie sich, indem Sie sich vorstellen, dass aus Ihren Fußsohlen Wurzeln tief in die Erde dringen.*

5. *Hüllen Sie sich in Erzengel Michaels blauen Schutzmantel.*
6. *Stellen Sie sich vor, Sie wären an einem herrlichen Strand und schauten auf ein glasklares, aquamarinblaues Meer hinaus.*
7. *Rufen Sie die universelle Engelin Joules an und bitten Sie sie, Sie einzuhüllen und Sie zu beschützen. Spüren Sie, wie Sie von ihrer Energie eingehüllt werden.*
8. *Gehen Sie nun ins Wasser hinein. Ob Sie in der Realität schwimmen können oder nicht, spielt keine Rolle, denn in diesem Meer sind Sie in der Obhut von Joules vollkommen sicher.*
9. *Lassen Sie sich von ihr zu einem Korallenriff führen. Lassen Sie sich mit Joules auf dem Wasser treiben und erfreuen Sie sich an den Wundern, die Sie hier sehen.*
10. *Sie empfangen Energie und Weisheit von den Korallen.*
11. *Ein Meereswesen nähert sich Ihnen voller Liebe und in friedlicher Absicht.*
12. *Tauschen Sie Liebe und Frieden mit ihm aus, und hören Sie zu, was es zu sagen hat.*
13. *Wenn Sie genug gehört haben, bedanken Sie sich bei dem Meereswesen.*
14. *Joules bringt Sie nun zurück an den Strand, wo Sie noch etwas in der warmen Sonne sitzen und über Ihre Erlebnisse nachdenken können.*
15. *Bedanken Sie sich bei Joules, bringen Sie Ihr Bewusstsein zurück in die Gegenwart und öffnen Sie die Augen.*

Eine Übung: Eine Wasserzeremonie kreieren

Bedenken Sie, dass die Mondphasen wichtig sind. Der Neumond ist gut, wenn Sie einen Neuanfang segnen wollen. Der Vollmond übermittelt die Weisheit des göttlich Weiblichen und große Energie.

1. Holen Sie sich ein paar Gleichgesinnte, um eine Wasserzeremonie durchzuführen, die das Bewusstseinsniveau anheben soll.
2. Entscheiden Sie sich, welchem Zweck die Zeremonie dienen soll. Soll mit ihr ein Baby gesegnet werden oder ein Haus, ein Projekt, ein Job oder ein neues Büro? Oder soll damit eine

Verlobung gesegnet werden oder ein Baum, ein Fluss oder ein Garten?

3. Gehen Sie ernsthaft an die Zeremonie heran und bereiten Sie einen Altar oder ein heiliges Feuer vor. Blumen, Kerzen, Räucherstäbchen, passende Musik, Kunstgegenstände oder Objekte, die große persönliche Bedeutung für Sie haben, tragen dazu bei, die Schwingung anzuheben.
4. Duschen und waschen Sie sich wenn möglich die Haare. Waschen Sie sich zumindest vorher die Hände.
5. Ziehen Sie sich möglichst spezielle Kleider an. Wenn Sie nichts Spezielles anzuziehen haben, achten Sie darauf, dass Ihre Kleidung sauber und frisch ist.
6. Formulieren Sie Ihre Absicht.
7. Nun segnen alle das Wasser, das Sie benutzen wollen. Sie können dies mit Gebeten, Gesängen, Summen, Hymnen oder Bhajans oder auf jede andere Weise tun, die für Sie passend zu sein scheint.
8. Bespritzen Sie die Person oder den Ort, den Sie segnen wollen, mit Wasser. Wenn es Ihnen passend erscheint, können Sie die betreffende Person auch vollkommen untertauchen.
9. Sprechen Sie die Segenswünsche aus, die Sie übermitteln möchten.
10. Bedanken Sie sich.

Eine Übung: Wasser achtsam trinken

1. Füllen Sie ein Glas mit kaltem, klarem Wasser.
2. Segnen Sie es.
3. Stellen Sie sich vor, dass dieses Wasser Sie mit den Meeren, Flüssen, Seen und Wasserfällen der Welt verbindet. Trinken Sie es in der Gewissheit, dass Sie eins mit dem kosmischen Fluss des Universums sind.

Schlüssel 34

Das Reich der Elementarwesen

Die Elementarwesen sind für das Funktionieren des Planeten unerlässlich. Daher ist es wichtig, dass wir ihre Existenz anerkennen. Einige Elementarwesen bestehen nur aus einem einzigen Element, während andere eine Kombination verschiedener Elemente sind, aber keines besteht wie wir Menschen aus alle Elementen – Erde, Luft, Feuer und Wasser. Außerdem gibt es noch Holz-Elementarwesen. Im Folgenden führe ich die Elementarwesen der verschiedenen Elemente auf:

- Feen und Sylphen sind Elementarwesen der Luft.
- Kobolde, Elfen und Gnome sind Elementarwesen der Erde.
- Salamander sind Elementarwesen des Feuers.
- Warburtons sind fünfdimensionale Elementarwesen des Holzes.
- Faune, Wichtel und Drachen sind Elementarwesen, die mehrere Elemente kombinieren.

Vor vielen Jahren sah ich im schottischen Findhorn eine Fee in all ihrer strahlenden Pracht. Die Schleier zwischen den Welten sind dort besonders dünn. Danach hatte ich viele Jahre lang keinen Kontakt mehr mit Elementarwesen, obwohl ich ständig in Kontakt mit Engeln und Einhörnern bin. Dann legte ich ein Gemüsebeet in meinem Garten an. Während ich Stunden damit zubrachte, den Boden umzugraben, die Schösslinge zu setzen und die kleinen Pflanzen zu wässern, wurde ich mir nach und nach dieser kleinen Wesen bewusst. Aufgrund göttlicher Synchronizität fingen viele Menschen an, uns Orb-Fotos vieler Elementarwesen zu schicken, was für mich völlig magisch war. Dies lenkte unsere Aufmerksamkeit auf die Myriaden ätherischer Wesen, die dem Planeten helfen.

Waldmännchen

Meine erste Begegnung hatte ich mit Gobolino, einem fünfdimensionalen Goblin-Kobold mit einem hoch entwickelten Herzzentrum, der seine Liebe und seine Weisheit mit mir in einem Wäldchen teilte. Ich beschrieb diese Begegnung in meinem Buch 2012 and Beyond.[8] *Seither sind wir Freunde geworden, und Gobolino erscheint mir gelegentlich an verschiedenen Orten, die ich besuche.*

Einmal befand ich mich mit meiner Freundin Rosemary Stephenson im Urlaub in der Arktis. Wir gingen abends bei großer Kälte hinaus, um einen Spaziergang im Wald zu machen und um herauszufinden, ob wir Kontakt zu den Elementarwesen aufnehmen könnten. Plötzlich sah ich Gobolino in einem flackernden Licht erscheinen und wieder verschwinden. Interessanterweise konnte Rosemary ihn nicht sehen. Sie erzählte mir von Elfen, welche die Energie des dortigen Portals aktivierten. Anscheinend kommen Seelen dorthin, um durch das Sternentor-Chakra des Planeten aufzusteigen. Unsere Orb-Fotos bestätigten, dass sich dort tatsächlich ein riesiges Portal befand, vor dem viele Seelen darauf warteten, hindurchgelassen zu werden. Eine der Aufgaben der Elfen besteht darin, die Energie dort am Fließen zu halten.

Feen

Feen sind Wesen zwischen der vierten und fünften Dimension, die vielerlei Aufgaben haben. Eine davon besteht darin, sich um das Wachstum

8 Deutsch: *2012. Die Welt nimmt Kurs auf das neue Goldene Zeitalter*. Ansata Verlag, München 2009

der Pflanzen zu kümmern. Häufig verankern sie aber auch das Wirken der Einhörner und universellen Engel auf der Erde.

Ich begegnete Marigold (Ringelblume), einer meiner Feen-Bekannten, zum ersten Mal in einem nahe gelegenen Wäldchen. Wie ihr Name schon andeutet, leuchtet sie in einem hellen Orangeton. Häufig steckt Marigold ihre kleine Hand in meine, während ich im Wald spazieren gehe. In den unerwartetsten Augenblicken werde ich mir ihrer Gegenwart bewusst und manchmal hüpfen wir gemeinsam den Weg entlang. Sie erzählte mir, dass sie sich um die Ringelblumen in meinem Garten kümmert.

Marigold nahm zum ersten Mal gegen Ende des Herbstes Kontakt auf, nachdem ich am Tag zuvor die letzten dieser Blumen herausgezogen und auf den Kompost getan hatte. Sie erzählte mir, dass sie auch nach Hohlerde ins Zentrum der Erde hätte gehen können, um sich dort zu erholen, dass sie sich aber stattdessen dafür entschieden hatte, mit mir in Kontakt zu treten. Ich bin mir wirklich nicht sicher, ob dies eine gute Entscheidung für sie war!

Sie ist leicht, fröhlich und glücklich und lacht ständig, aber sie kann auch sehr hartnäckig sein. Eines Tages ging ich mit einer Freundin im Wald spazieren, die gerade angefangen hatte, eine Geschichte zu erzählen, als ich Marigolds Hand in meiner spürte. Ich war ziemlich überrascht, da ich nur sehr selten die Gegenwart von Elementarwesen spüre, wenn ich mit anderen Menschen zusammen bin.

Sie zog an meiner Hand, aber ich ignorierte sie, da es die Höflichkeit verlangte, dass ich meiner Freundin zuhörte. Wieder zog sie, aber dieses Mal deutlich stärker. Also sagte ich zu meiner Freundin: »Es tut mir leid, wenn ich dich unterbrechen muss, aber eine Fee hat eine Botschaft für mich.«

Marigold wünschte, dass wir stehen bleiben sollten, da die Engel und Elementarwesen eine neue Energie in diesem Wäldchen verankern wollten. Also standen wir einige Augenblicke still da, bis Marigold mir bedeutete, dass wir weitergehen könnten.

Ich fragte sie, ob es wichtig wäre, dass meine Freundin mich begleitete, und Marigold antwortete: »Ja, denn sie braucht die Energie, die hier einströmt.« Es stellte sich heraus, dass die violette Flamme hier verankert wurde, sodass die negative Energie der Menschen und Tiere, die hier durchkamen, umgewandelt werden konnte. Die Engel und Elementarwesen wollten sie in Form eines sechszackigen Sterns dort verankern.

Marigold bat mich, den Stern in den Waldboden zu zeichnen und dann den Umriss abzuschreiten und dabei die Gold und Silber violette Energie anzurufen. Am nächsten Tag tat ich dies im eiskalten strömenden Regen. Interessanterweise bekam ich den Schock meines Lebens, als ich das Ende des Wäldchens erreichte. Ich spürte, dass ein sehr großer Mann in einem weiten Mantel mit der Absicht in mich hineinrannte, mich umzuwerfen. Ich sprang vor Schreck einen Schritt zurück und spürte mein Herz wie wild klopfen, denn es war niemand da! Da erkannte ich, wie wichtig die Arbeit sein musste, wenn diese Wesen versuchten, mich zu erschrecken. Schnell rief ich den Schutz des goldenen Christus-Strahls an und wusste, dass es nun sicher war, mit der Arbeit fortzufahren.

Metatron, eine Fee und der Gesang der Elementarwesen

Ich möchte an dieser Stelle eine besondere Geschichte einfügen, welche die vielfältigen Aufgaben der Elementarwesen beleuchtet. Bevor ich anfange, möchte ich vorausschicken, dass der universelle Engel Metatron mit mir immer durch mein rechtes Ohr kommuniziert. Kein anderes Wesen tut das. Kumeka, mein Schutzengel und andere Wesen nehmen telepathisch durch mein linkes Ohr Kontakt mit mir auf und das ist schon immer so gewesen.

Es war an einem dieser regnerischen trüben Novembertage, aber im Wald war es dennoch wunderschön. Am anderen Ende des Wäldchens, wo es immer sehr still ist, kam eine sehr große Fee auf mich zu. Sie war etwa 75 Zentimeter groß, und ich fragte mich, warum sie wohl so groß sei. »Die Blumenfeen sind kleiner«, erklärte sie mir,

»aber ich bin eine Baumfee.« Ich war überrascht, da ich nicht gewusst hatte, dass es überhaupt Baumfeen gab. Sie schnappte meinen Gedanken sofort auf und erläuterte: »Ich arbeite mit dem Flieder, der ja eigentlich ein Busch ist.« Tatsächlich war sie fliederfarben.

Plötzlich wurde mir bewusst, dass sie in mein rechtes Ohr gesprochen hatte, was sonst nur Metatron tut. »Stehst du mit Metatron in Verbindung?«, fragte ich sie. »Ich hab mich schon gefragt, ob du es merken würdest. Ich arbeite mit ihm, weil er die Schwingung der Blumen anhebt, um zum Aufstieg des Planeten beizutragen.«

»Ich dachte immer, Feen arbeiten unter den Meistern der Elementarwesen und dem universellen Engel Purlimiek.« Sie war geduldig. »Ja, aber es ist ein sehr menschliches Konzept, von einer solchen rigiden Struktur auszugehen. Auf unserer Dimension arbeiten wir alle für das höchste Wohl aller Wesen. Deshalb arbeite ich mit Metatron und Purlimiek zusammen, um das Beste für die Welt zu erreichen.«

»Ich verstehe.« Ich nickte, denn es ergab Sinn. »Aber du bist fliederfarben und Metatron hat doch eine orangefarbene und goldene Schwingung.«

In Sekundenbruchteilen lief die Fee vor mir den Weg entlang und verwandelte ihre Farbe in ein leuchtendes helles Orange – was mich ziemlich überraschte. Dann verwandelte sie ihre Farbe in Gold. Wieder lachte sie und sagte, dass Metatron jede Farbe benutzen könnte, um seine Zwecke zu erreichen und seine Absichten zu verwirklichen. Weiter sagte sie, dass er dafür das Sonnenlicht nutzen würde.

Nun stand Metatron selbst in einer orangefarbenen Lichtsäule neben mir. Er übermittelte mir auf telepathischem Wege seinen Dank für etwas, das ich in Amerika getan hatte, und ermutigte mich, mit meiner Arbeit fortzufahren – was mich enorm glücklich machte. Er blieb nur einen kurzen Augenblick.

Plötzlich öffnete sich mein Herz. Es war ein ganz außergewöhnliches Gefühl, so als ob mein Herzzentrum physisch geöffnet worden wäre, damit es alles umfassen konnte. Mein Herz umschloss die Vögel, die Bäume, alle Menschen der Welt. Wir waren eins. Ich ging langsam weiter und fühlte mich als Teil dieser Einheit, bis das Gefühl langsam nachließ.

Dann fragte ich die Fee nach ihrem Namen. Sie antwortete, dass ich sie Flieder nennen sollte, da dies einfacher auszusprechen wäre als ihr richtiger Name. Dann sprang sie mir auf die linke Schulter und flüsterte in mein linkes Ohr. Sie ließ mich wissen, dass sie ihre Aufgabe erfüllt hätte, meine Aufmerksamkeit auf Metatrons Anwesenheit und ihre Verbindung zu ihm zu lenken, indem sie in mein rechtes Ohr geflüstert hatte. Nun würde sie über meine linke Seite mit mir kommunizieren. Es war offensichtlich, dass sie glücklich war, denn sie saß auf meiner Schulter und ließ die Beine entspannt baumeln.

Dann begann sie zu singen. Ihr Gesang war so bezaubernd, dass ich wie angewurzelt stehen blieb. Ich kann nicht behaupten, dass ich ihren Gesang mit meinen physischen Ohren gehört habe, aber er ertönte irgendwo in meinem Kopf und Körper. Dann stimmten Hunderte von Feen und anderen Elementarwesen ein und sangen gemeinsam mit ihr. Die Melodie hallte in mir wider. Sie ähnelte dem leisen Summen von Millionen weit entfernter Bienen, war aber deutlich höher. Mir kam die Eingebung, dass dieser Klang der Schlüssel zum Reich der Elementarwesen sein müsste. Dies war eines der außergewöhnlichsten Erlebnisse meines ganzen Lebens.

Die Engel arbeiten mit den Elementarwesen

Dies ist die Geschichte, wie Elementarwesen zu mir kamen und unglaubliche Heilung und spirituellen Fortschritt möglich machten, als ich einmal mit der Energie eines Orbs arbeitete.

Seit etwa zwei Wochen hatte meine spirituelle Praxis bereits darin bestanden, das Rosa der Liebe einzuatmen und es auf Bäume, Steine, Gewässer, Blumen, Menschen und alles in meiner Umgebung auszuatmen. Eines Abends trat ich in den dunklen Garten hinaus und schoss einige Fotos in der Hoffnung, Engel würden sich als Orbs auf diesen zeigen. Drei Fotos waren vollkommen dunkel, aber dann sah ich auf dem nächsten Bild ein leuchtendes Rosa, dann war wieder alles schwarz. Ich eilte aufgeregt ins Haus, weil ich sehen wollte, was ich da aufgenommen hatte. Es war der herrlichste Orb, den man sich überhaupt nur vorstellen kann. Es war Mutter Maria in ihrem magentafarbenen Aspekt, das intensivste Rosa von Erzengel Chamuel, das ich je gesehen hatte, und ein Engel der Liebe. Kumeka teilte mir mit, dies wäre die Belohnung für die Liebe, die ich ausgesendet hatte. Ich war überglücklich. Das Foto war so wunderschön, dass mir ganz warm ums Herz wurde. Dieses Foto war eine Botschaft der Liebe und des Trostes vom Universum für alle Menschen. Ich atmete sie ein.

Ein paar Tage später beschloss ich, so früh wie möglich in den Wald zu gehen. Ich visualisierte den Orb um mich herum, während ich zwischen den Bäumen hindurchging und sendete das rosafarbene Licht aus. Plötzlich sah ich am anderen Ende des Gehölzes, wo nur wenige Menschen spazieren gehen, einen Elf mit einem roten Hut, der auf mich zugelaufen kam. Er war von kleinen Kindern umgeben, die ich als Geistkinder erkannte – also verlorene Seelen, die noch nicht ins Licht gegangen waren. Es waren sechs und alle schienen nicht älter als fünf zu sein. Sie schienen mir ziemlich glücklich zu sein, und offensichtlich realisierten sie nicht, dass sie tot waren. Jedes Kind wurde von einem dünnen, durchsichtigen Elementarwesen begleitet, von dem ich annehme, dass es sich um einen Wuryl gehandelt hat, da diese sich um verlorene Seelen kümmern.

Der Elf lachte und schien sehr fröhlich zu sein. Sein roter Hut, der mich an die Mütze des Weihnachtsmannes erinnerte, hatte ein Glöckchen an der Spitze. Die Kinder kreischten vor Vergnügen, wenn er mit seinem Glöckchen klingelte. Als sie mich sahen, liefen alle Kinder auf mich zu, mit Ausnahme eines Kindes, das sich im Unterholz versteckte. Sie starrten das Licht von Mutter Maria und Erzengel Chamuel an. Ich stand ganz still. Mein ätherischer Körper kniete nieder und hob ein Kind nach dem anderen in die Lichtsäule, die von Mutter Maria und Erzengel Chamuel erzeugt worden war. Einer der kleinen Jungen war etwa zwei Jahre alt; er hatte helles lockiges Haar und trug einen altmodischen Matrosenanzug. Er streckte seine Arme aus und strahlte vor Glück, als ein Engel seine Mutter brachte und ihn ins Licht holte.

Als ich weiterging, musste ich an das Kind denken, das in den Wald gelaufen war, und innerhalb weniger Augenblicke erschien der Elf und hielt ihn fest am Arm. Gleichzeitig sprach er dem Jungen Mut zu, damit dieser sich nicht so fürchtete. Dann sah der kleine Junge das wunderschöne Licht Mutter Marias und lief auf mich zu, sodass ich auch ihn hochheben konnte. Auch er wurde von seiner Mutter und seinem Vater abgeholt.

Ich sah in den Himmel hinauf, und alle sechs kamen in Orbs auf mich zugeflogen, um sich zu bedanken. Ich konnte sehen, wie ihre kleinen Hände mir zuwinkten. Dann flog ein Flugzeug vorbei und hinterließ eine weite, unglaublich weiße Spur. Während ich zuschaute, wurde mir mitgeteilt, dass sich ein Engel der Liebe im Kondensstreifen befand und die Kinder heimwärts begleitete. Ich sah mich selbst lächeln.

Nun fragte ich den Elf, warum er denn einen roten Hut tragen würde, da ich bisher angenommen hatte, Elfen tragen grüne Hüte. Er antwortete schlicht: »Weil die Kinder rot so gern haben.« Er erzählte weiter, dass er sich das Recht erworben hatte, den Seelen verlorener Kinder zu helfen, und dass sein offizielles Abzeichen der rote Hut wäre. Außerdem sagte er mir noch, sein Name wäre Bagier.

(Sie können den wunderbaren herzförmigen Orb von Mutter Maria, Erzengel Chamuel und einem Liebesengel im Bildteil sehen.)

Kobolde

Kobolde ziehen in Gruppen umher, um die Bodenqualität aufrechtzuerhalten. Emily Crosswell, Kathys Tochter, die in einem Strandrestaurant in einem entzückenden Städtchen direkt neben einer alten Ruine und alten Wäldern arbeitet, erzählte mir die folgende Geschichte.

Eines Abends, kurz nachdem ich zur Arbeit gekommen war, stand ich hinter der Bar, als ich plötzlich einen Kobold sah, der mit baumelnden Beinen auf einigen Büchern saß, die auf einer Bank lagen. Er war etwa 75 Zentimeter groß, hatte zarte weiße Haut und große grüne Augen. Er trug dunkelgrüne Strumpfhosen, eine dunkelrote Jacke, rotbraune kurze Hosen und hatte einen spitzen grünen Hut auf. Er sah vergnügt und verschmitzt aus.

Er war zu mir gekommen, um mich an die Bedeutung der alten Wälder zu erinnern. Er sagte, dass auch diese gehegt und gepflegt werden müssen, und bat mich, ihnen mein Herz zu öffnen. Er meinte, es wäre wichtig, dass ich mein wahres Licht scheinen lasse, und dass dies viel leichter geschehen würde, wenn ich mich mit dem alten Land verbinden würde.

Er wies mich auch darauf hin, dass Kaffee nicht gut für die Menschen ist, und bat mich, ihn beim Servieren zumindest zu segnen.

Die Elementarwesen haben verschiedene Aufgaben im Reich der Natur wahrzunehmen, aber sie arbeiten auch auf vielen anderen Ebenen und sind immer froh, Menschen zu helfen, die dazu bereit sind, sich von ihnen helfen zu lassen. Während ich dies schreibe, teleportieren viele verschiedene Elementarwesen von überall her nach Island, um die Asche des Vulkans zu beseitigen.

Der SCHLÜSSEL der Elementarwesen besteht darin, die Bedeutung des Reiches der Elementarwesen anzuerkennen.

Der KLANG ist ein hohes melodisches Summen.

Die FARBE ist Grün.

Eine Visualisierung: Sich der Welt der Elementarwesen öffnen

1. *Suchen Sie sich einen ruhigen Ort, an dem Sie nicht gestört werden können.*
2. *Zünden Sie eine Kerze an, um die Schwingung anzuheben.*
3. *Entspannen Sie sich und schließen Sie die Augen.*

4. *Erden Sie sich, indem Sie sich vorstellen, dass aus Ihren Fußsohlen Wurzeln tief in die Erde dringen.*
5. *Hüllen Sie sich in Erzengel Michaels blauen Schutzmantel.*
6. *Stellen Sie sich vor, Sie wären irgendwo draußen in der Natur, in einem Wald, an einem Bach, in den Bergen, am Meer oder in einem Park oder Garten.*
7. *Öffnen Sie Ihr Herz und lassen Sie eines oder mehrere Elementarwesen zu sich kommen. Wer sind sie?*
8. *Spüren Sie ihre Energie und danken Sie ihnen, dass sie gekommen sind.*
9. *Hören Sie zu, was sie Ihnen zu sagen haben.*
10. *Vielleicht möchten sie Ihnen etwas zeigen oder Sie irgendwo mit hinnehmen. Seien Sie für alles offen.*
11. *Wenn Sie genug haben, kehren Sie an Ihren Ausgangspunkt zurück. Bedanken Sie sich bei den Elementarwesen.*
12. *Bringen Sie Ihr Bewusstsein zurück in die Gegenwart und öffnen Sie die Augen.*

Eine Übung: Verbindung zu den Elementarwesen herstellen

1. Gehen Sie hinaus in die Natur, und suchen Sie einen Ort auf, wo Sie ganz in der Energie des Ortes aufgehen können.
2. Wenn Sie vollkommen entspannt sind, inneren Frieden verspüren und eins mit Ihrer Umgebung geworden sind, strecken Sie Ihre geistigen Fühler aus, um herauszufinden, ob ein Elementarwesen in der Nähe ist.
3. Vielleicht sehen Sie eines, das sich hinter einem Baum, Busch oder Stein versteckt und Sie von dort aus beobachtet.
4. Bleiben Sie ganz still und offen für alles, was Sie möglicherweise sehen oder spüren werden.

Schlüssel 35

Das Reich der Engel

Die Serafim sind die Engel mit der höchsten Frequenz. Es gibt 144 dieser Ehrfurcht gebietenden weißgoldenen Wesen, welche die Gottheit umgeben und die Schwingung der Schöpfung auf der zwölfdimensionalen Ebene aufrechterhalten. In allen Universen singen sie die Gedanken des göttlichen Quells in die Schöpfung hinein – zum Beispiel bei der Geburt neuer Planeten. Sie singen das OM auf einer Frequenz, die wir nicht hören können. Wenn wir OM singen und dabei die Absicht haben, etwas zum Wohle aller Wesen zu manifestieren, nehmen die Serafim den Klang auf und sorgen dafür, dass er wirkt.

In vielen spirituellen Gesängen ist das OM ein aktiver Bestandteil. Als Australien besiedelt werden sollte, dachte Gott an Kängurus, und die Serafim sangen, damit ihre Energie von Nigellay, dem aufgestiegenen Aspekt des Mars, mit der spezifischen Gestalt und den spezifischen Eigenschaften der Kängurus auf die Erde kommen konnte.

Das Kristall-Chakra, das sich zwischen dem Sternentor und dem göttlichen Quell befindet, befindet sich in der Obhut des Serafims Serafina. Hier hält sie Ausbildungskurse für jene Seelen ab, die intergalaktisch arbeiten und Botschafter der Erde werden möchten. Wenn Ihre Monade, Ihr göttlicher Funke, dies wünscht, wird sie eine dieser Schulen aufsuchen. Ein Teil der Energie der Monade wird durch Ihre Chakras zu dem Teil von Ihnen heruntergefiltert, der sich auf Erden befindet. Dann werden Sie intuitiv darum bitten, während des Schlafes als intergalaktischer Botschafter dienen zu dürfen. Ihr Geist wird dann in die siebte Dimension reisen, um diese wichtige Aufgabe zu erfüllen.

Die Anzahl der Engel auf jedem Frequenzband

12 ist die heilige Zahl der spirituellen Gefolgschaft. Die Zahl 7 beeinflusst Sie dahingehend, dass Sie zwar logisch denken können, aber gleichzeitig gegenüber dem spirituellen Wissen des höheren Bewusstseins offenbleiben.

Die Engelreiche schwingen gemäß dieser speziellen Zahlen. Es gibt 12 mal 12 = 144 Serafim. Wenn die Engel ihre Frequenz senken, um verschiedene Aufgaben zu erfüllen, multipliziert sich ihre Zahl mit 7. Jene Engel, welche die niedrigste Schwingungsfrequenz haben und somit den Menschen am nächsten sind, leben in der siebten Dimension oder dem siebten Himmel.

Ich war ziemlich verwirrt, als ich die Information erhielt, dass es eine bestimmte Anzahl von Engeln auf jedem Frequenzband gibt, die alle verschiedene Aufgaben haben. Aber wir wurden daran erinnert, dass sich alles mit immer höher werdenden Frequenzen entwickelt. Wenn die Energie eines Serafims hoch genug ist, wird sie von der Gottheit absorbiert, und ein anderer erhöht seine Schwingungsfrequenz, um seinen Platz einzunehmen. Dieser Prozess findet überall in den Engelreichen statt, bis hinunter zu den Elementarwesen.

Cherubim

Die Cherubim haben eine elfdimensionale Schwingung. Es gibt 7 mal 144 von ihnen, also 1008. Sie halten die Energie der reinen Liebe zwischen den Planeten, Sternen und Galaxien und um sie herum aufrecht. Wir werden diese spezielle Form der Liebe in Schlüssel 46 beschreiben.

Sie helfen auch beim Wachstum der ganzen Sternenwelt und entwickeln die Eigenschaften der verschiedenen Planeten. Sie nehmen die harmonischen Frequenzen der Serafim auf und wandeln sie in eine niedrigere Schwingungsfrequenz um, sodass sie zu Materie werden können. Andere Engel senken die Energie noch weiter auf andere Frequenzbänder, bis sie sich materiell auf der Erde manifestieren und von Menschen berührt und gefühlt werden kann.

Mächte

Die Mächte haben eine zehndimensionale Schwingung. Es gibt 7 mal 7 mal 144 von ihnen, also 7056.

Zu den Mächten gehören die Herren des Karmas ebenso wie alle Engel von Geburt und Tod im gesamten Universum. Sie sorgen für den richtigen Zeitpunkt für Geburt und Tod, damit die Seelen in die kosmischen Ströme eintauchen können und Zeit haben, sich wieder zu integrieren, wenn sie in die geistige Welt zurückkehren. Die Mächte beaufsichtigen auch die Heilung der Seele.

Der Zeitpunkt der Geburt ist besonders wichtig und wird daher von der einströmenden Seele, seinen Engeln und Führern sorgfältig ausgesucht, denn mit ihm beginnt der Weg, der zu ihrer Bestimmung führt.

> *Ich erinnere mich an einen Vorfall, als ein Baby überfällig war und mich etwas dazu inspirierte, für seine sichere Ankunft zu singen. Die Mutter, der Vater und ich sangen also etwa eine Stunde lang Om namo bhagavate vasudevaya. Dann ging die werdende Mutter zu Bett und der Vater und ich sangen noch etwa eine Stunde weiter. Er sagte, er könne spüren, wie die Seele des Babys auf unseren Gesang reagierte, und kurz darauf kam es tatsächlich.*
>
> *Kumeka sagte mir, dass sich die einströmende Seele tatsächlich verspätet hatte und dass die Engel mir eingeflüstert hatten zu singen, um es auf diese Weise zu rufen. Mein Führer sagte weiter, das Baby wäre zwar auch gesund geboren worden, wenn wir nicht gesungen hätten, dass aber die planetarische Konstellation, die es sich ausgesucht hatte, und damit seine Bestimmung anders gewesen wären. OM, der Ton der Schöpfung ist sehr, sehr machtvoll.*

Die Mächte koordinieren auch die Universen. So treffen diese hoch entwickelten Engel zum Beispiel die Entscheidung, wenn sich eine Seele unsicher ist, ob sie sich auf der Erde oder auf dem Saturn verkörpern möchte. Bei gewissen Seelen fällt das Intergalaktische Konzil die letzte Entscheidung.

Kathys Führer Wywyvsil ist eine Macht, der Schulen auf den inneren Welten betreibt, um Wesen und Engel aus allen Universen bei ihrer Entwicklung zu unterstützen. In einigen der dort angebotenen Klassen lernen diese Wesen, sich auf die kommenden Erfahrungen auf den verschiedenen Planeten, Sternen und Galaxien, aber auch in den Engelreichen vorzubereiten.

Die Mächte führen und lenken auch einige der hochfrequenten Menschen, die universelle Wesen sind.

Die Mächte wachen über die Akascha-Chronik, in der alles aufgezeichnet ist, was jemals geschehen ist, und die in der Großen Pyramide von Hohlerde aufbewahrt wird. Die karmischen Aufzeichnungen über alle individuellen Wesen, die in diesem Universum leben oder es besuchen, befinden sich in der Goldenen Kugel im siebten Himmel, die Sanat Kumara beaufsichtigt. Der universelle Computer für alle Universen befindet sich in einer variablen Goldenen Kugel im göttlichen Quell.

Throne

Die Throne haben eine neundimensionale Schwingung. Es gibt stets 7 mal 7 mal 7 mal 144 von ihnen, also 49 392.

Die Throne beseelen die Sterne und Planeten. Sie bewahren den göttlichen Bauplan eines Sternes oder Planeten auf und ihr Herz wird zu dessen hohlem Zentrum. Wenn sich ein Universum so weit entwickelt hat, dass es in die fünfte Dimension aufsteigen kann, singen die Throne die Harmonien, die es geschehen lassen. Dann halten sie während des Übergangs die Note auf einer höheren Schwingung. Sie singen ununterbrochen die Note des Aufstiegs. Dies ist der Klang des kosmischen Herzens, das wie ein Harfenorchester klingt. Diese Wesen verrichten das wichtige Werk, einen Aspekt der Schöpfung mit der größtmöglichen Freude zu bewahren. So können sie auf ihre Schöpfung Einfluss nehmen.

Da zum Beispiel Gaia Wesen aus allen Universen mit offenen Armen willkommen geheißen und dem Experiment des freien Willens zugestimmt hat, muss sie sehr schwer arbeiten, um die männlichen und weiblichen Energien im Gleichgewicht zu halten. Da die Erde der spirituelle Solarplexus des Universums ist und die Angst aller Sterne und Planeten hier gespeichert ist, muss Gaia alles umwandeln, was sie empfängt. Zudem muss sie darauf achten, dass sie im Gleichgewicht mit allen anderen Planeten bleibt.

Die Harmonische Konvergenz von 1987 war für die Erde in höchstem Maße nützlich, da aufgrund der vielen Gebete und Meditationen der Menschheit der göttliche Quell gestattete, dass die violette Flamme der Transmutation zum allgemeinen Gebrauch auf die Erde zurückkehren durfte. Mithilfe der violetten Flamme kann negative Energie in positive und Finsternis in Licht umgewandelt und Karma aufgelöst werden.

Auch die anderen Planeten, Sterne und Galaxien bemühen sich, im Gleichgewicht zu bleiben. Dazu müssen sie Energie vom göttlichen Quell aufnehmen und weiterleiten.

Die Throne bewahren das Gleichgewicht zwischen Geben und Empfangen im Universum.

Die Menschen haben nicht nur zwölf spirituelle Chakras, sondern auch viele kleinere Chakras, zum Beispiel in den Händen, Füßen, Ellenbogen und an anderen Stellen. Wenn sich die zwölf Haupt-Chakras im Gleichgewicht befinden und harmonisch zusammenarbeiten, gilt dies automatisch auch für die kleineren.

Dasselbe gilt auch im Universum. Wenn sich die speziellen Planeten, Sterne und Galaxien, welche die zwölf spirituellen Chakras des Universum darstellen, in Harmonie befinden, hilft dies den anderen Sternensystemen, da sie alle kleinere universelle Chakras sind.

Die Engelfürsten

Die Engelfürsten sind sieben- bis neundimensionale Engel. Es gibt von ihnen stets 7 mal 7 mal 7 mal 7 mal 144, also 345 744. Sie sind für Großprojekte wie Schulen und Konzerne zuständig und wachen gegenwärtig über das Ende der völlig veralteten Wirtschafts- und Finanzinstitutionen. Sie fördern ein neues ökonomisches Denken, fünfdimensionale Gemeinschaften und goldene Städte im kommenden goldenen Zeitalter.

Zu diesem Zweck koordinieren sie die Arbeit von Elementarwesen, Engeln, Tieren und Menschen, damit diese alle zur rechten Zeit am rechten Ort sein werden. Zudem arbeiten sie mit den Thronen zusammen, um sicherzustellen, dass sich Zeit und Raum im Einklang mit dem höchsten Wohl des Planeten befinden.

Engelfürsten wachen zudem über die indigenen Völker und über Länder.

Einhörner

Einhörner gehören zum Reich der Engel. Sie haben wie die Engelfürsten eine sieben- bis neundimensionale Schwingung, obwohl wir nur in der siebten Dimension mit ihnen in Kontakt treten können. Das spiralförmige Horn, das aus ihrem Dritten Auge wächst, ist in Wirklichkeit reine Energie und zeigt ihren Grad der Erleuchtung an. Mit ihm öffnen die Einhörner Herzen und heilen und übertragen ihr Licht auf Menschen, Orte und Umstände. Sie sind als die Reinsten der Reinen bekannt, die Erleuchtung, Unschuld und Reinheit zurück auf die Erde bringen. Sie waren zuletzt während des goldenen Zeitalters von Atlantis auf der Erde, aber als die Frequenz sank, mussten sie sich zurückziehen. Nun, da wir die Schwingung des Planeten angehoben haben, konnten sie zurückkehren, um uns zu helfen.

Sie helfen uns auf der energetischen Ebene, die wahren Wünsche unserer Seele zu erfüllen. Ihre Energie ist gewaltig, sanft und doch mächtig, und sie nehmen häufig Kontakt zu Menschen auf, während diese schlafen, und helfen ihnen, ihr Potenzial zu verwirklichen.

Wenn Sie den Wunsch verspüren, anderen Menschen, dem Natur- oder Tierreich zu helfen, werden die Einhörner Sie dabei unterstützen.

Universelle Engel und Erzengel

Universelle Engel und Erzengel sind sieben- bis achtdimensionale Engel, aber sie haben unterschiedliche Aufgaben. Es gibt stets 7 mal 7 mal 7 mal 7 mal 7 mal 144 von ihnen, also 2 420 208.

Universelle Engel

Die Namen vieler universeller Engel sind uns vertraut. Sie erfüllen eine Vielzahl von Aufgaben.

Universelle Engel, die über die Jahreszeiten wachen

Der universelle Engel Gabriel wacht über den Frühling. Er schickt den Schnee, um das Land als Vorbereitung auf die kommende Jahreszeit zu reinigen. Die reinen weißen Schneeflocken reinigen uns, machen uns Freude und heben unsere Stimmung.

Der universelle Engel Mariel wacht über die Energien des Sommers. In der Wärme und Sonne des Sommers öffnen sich die Menschen einander und ihre Seelen dehnen sich aus.

Die universelle Engelin Aurora, die Zwillingsflamme von Uriel, wacht über den Herbst.

Der universelle Engel Sandalphon wacht über die Energien des Winters, wenn alles tief in der Erde schläft.

Universelle Engel, die über die Kontinente wachen

Kontinent	Universeller Engel
Afrika	Uriel und Afra
Nordamerika	Michael
Mittel- und Südamerika	Chamuel
Australien	Roquiel

Europa	Raphael
Asien	Jophiel
Arktis und Antarktis	Gabriel
Die ganze Welt	Metatron und Sandalphon
Die Meere	Joules

Universelle Engel, die sich um andere Aspekte der Welt kümmern

Aspekt	Universeller Engel
Tiere	Fhelyai
Musik	Sandalphon
Bäume und Natur	Purlimiek
Sterne und Kosmos	Butyalil
Hohlerde	Gersisa
Das Wesen Erde	Gaia
Mitgefühl und Liebe in den Universen verbreiten	Mutter Maria
Alle Sterne und Planeten miteinander verbinden	Metatron

Die Erzengel

Die Erzengel leiten die Arbeit der Engel und halten deren höhere Eigenschaften für sie aufrecht. Wenn die Menschheit beispielsweise inbrünstig um Frieden in einer bestimmten Region betet, schicken die Erzengel die Friedensengel dorthin und halten die göttliche Vision der Harmonie aufrecht.

Ich habe häufig gesehen, dass Erzengel einen Seminarraum betreten. Sie bleiben während des Seminars, halten die Vision für den Tag aufrecht, während manchmal Tausende Engel mit den Teilnehmern arbeiten.

Die Engel

Die Engel haben eine siebendimensionale Schwingung, die normalerweise außerhalb des für uns sicht- und hörbaren Spektrums liegt. Es gibt stets 7 mal 7 mal 7 mal 7 mal 7 mal 7 mal 144 von ihnen, also 16 941 456. Sie haben verschiedene Aufgaben, darunter auch die, sich um die Menschen zu kümmern. Es gibt unter anderem Liebesengel, Friedensengel und Engel der Barmherzigkeit, die alle ihre besonderen Aufgaben haben und uns dabei helfen, unser Leben möglichst reibungslos zu gestalten. Natürlich gibt es auch noch Schutzengel.

Die Schutzengel

Die Schutzengel haben die niedrigste siebendimensionale Schwingung und sind deshalb zu Beschützern der Menschen ernannt worden, weil sie unserem Energieniveau am nächsten kommen und so am leichtesten mit uns in Kontakt treten können. Ihr Schutzengel wird während all Ihrer Inkarnationen auf Erden an Ihrer Seite sein und Sie hingebungsvoll lieben. Schutzengel sind androgyn wie alle Wesen der Engelreiche und ihre männlichen und weiblichen Energien befinden sich vollkommen im Gleichgewicht.

Sie helfen uns, den göttlichen Plan für unser Leben zu erfüllen, indem sie »Zufälle« und Begegnungen arrangieren und Umstände kreieren, in denen Sie den für Sie richtigen Weg entdecken können. Wenn Sie Ihren freien Willen nicht weise nutzen, flüstern sie Ihnen höhere Möglichkeiten ins Ohr. Wenn Ihre Zeit zu sterben noch nicht gekommen ist, wird Ihr Schutzengel Sie retten.

Ihr Schutzengel wird Ihnen auf jede Weise helfen, solange es in Ihrem besten Interesse ist, aber Sie müssen ihn darum bitten.

Meine Freundin Rosemary war auf einem kleinen Flugplatz gelandet und musste mit zwei verschiedenen Bussen fahren, um an ihren Bestimmungsort zu gelangen. Sie unterhielt sich mit dem Fahrer des ersten Busses, und er half ihr mit ihrem Koffer, als es an der Zeit war, irgendwo am Ende der Welt umzusteigen. Als sie dem Bus nachsah, wie er über einen Hügel fuhr, merkte sie plötzlich, dass sie ihre Handtasche vergessen hatte, in der sich ihr Geld, ihre Papiere, ihr Handy, ihre Fahrkarten – einfach alles – befand. Sie fühlte Panik aufsteigen, ihr wurden die Knie weich und ihr Herz klopfte bis zum Hals. Was sollte sie nur tun? Sie zwang sich, tief durchzuatmen. Dann rief sie Erzengel Michael an und bat ihn um Hilfe.

Ein paar Minuten später sah sie einen Bus über den Hügel kommen. Der Fahrer hatte plötzlich den Impuls verspürt, nach hinten zu gehen und hatte ihre Handtasche auf dem Sitz gesehen. Er musste sie ihr einfach zurückbringen! Offensichtlich hatte Erzengel Michael ihm keine Wahl gelassen.

Orbs

Orbs nennen wir die sechsdimensionalen Lichtkörper der Engel. Sie haben ihre Frequenz so weit gesenkt, dass ihre Energie mit Fotoapparaten aufgenommen werden kann. Ich finde es faszinierend, dass sie uns und dem Planeten so sehr helfen wollen, dass sie bereit sind, das zu tun, nur damit wir sie sehen und Zugang zu ihrer Energie finden können. Orb-Fotos anzuschauen ist eine weitere Möglichkeit, sich mit der Energie der Engel zu verbinden, da ihr Licht aus den Fotos strahlt. (Im Bildteil sehen Sie einen Orb mit der Schwingung der Erzengel Zadkiel und Gabriel.)

Der SCHLÜSSEL zu den Reichen der Engel besteht darin, um Hilfe zum Wohle aller Wesen zu bitten.

Der KLANG ist der eines Harfenorchesters.

Die FARBE ist Golden.

Eine Visualisierung: Nehmen Sie Kontakt zu Ihrem Schutzengel auf

1. *Suchen Sie sich einen ruhigen Ort, an dem Sie nicht gestört werden können.*
2. *Zünden Sie eine Kerze an, um die Schwingung anzuheben.*
3. *Entspannen Sie sich und schließen Sie die Augen.*
4. *Erden Sie sich, indem Sie sich vorstellen, dass aus Ihren Fußsohlen Wurzeln tief in die Erde dringen.*
5. *Hüllen Sie sich in Erzengel Michaels blauen Schutzmantel.*
6. *Atmen Sie die Farbe Gold in Ihre Aura ein, bis Sie das Gefühl haben, sich in einem goldenen Ei zu befinden.*
7. *Bitten Sie Ihren Schutzengel oder einen anderen Engel, Sie zu berühren.*
8. *Vielleicht spüren Sie, dass Sie in Liebe und Frieden eingehüllt sind, spüren eine Berührung oder riechen einen Duft. Vielleicht nehmen Sie auch gar nichts wahr. Sie können sich aber sicher sein, dass ein Engel bei Ihnen ist. Entspannen Sie sich in seine Energie hinein.*
9. *Der Engel mag Ihnen eine Botschaft überbringen. Seien Sie offen dafür.*
10. *Wenn Sie bereit sind, wieder ins Wachbewusstsein zurückzukehren, bedanken Sie sich bei Ihrem Engel und öffnen Sie die Augen.*

Eine Übung: Sich mit den Engeln durch Orbs verbinden

Schauen Sie sich ein Orb-Foto an. Sie finden Aufstiegs- und andere Orbs in unseren Büchern *Ascencion Through Orbs*[9] und *Enlightenment Through Orbs*[10]. Auf den *Orbs Cards*[11] sehen Sie ebenso wie auf unseren Websites www.dianacooper.com und www.kathycrosswell.com zahlreiche weitere Orbs.

Im Folgenden beschreibe ich einige Möglichkeiten, wie Sie mit Orbs arbeiten können.

9 Deutsch: *Orbs. Wegbereiter für den Aufstieg ins Licht*. Ansata Verlag, München 2010
10 Deutsch: *Orbs. Boten der Liebe, Heilung und Weisheit*. Ansata Verlag, München 2009
11 Deutsch: *Orbs-Karten*. Ansata Verlag, München 2009

1. Atmen Sie die Energie eines Orbs ein.
2. Drücken Sie das Orb-Foto an die Brust und achten Sie auf etwaige Empfindungen.
3. Halten Sie das Orb-Foto vor Ihr Drittes Auge und meditieren Sie darüber.
4. Stellen Sie sich vor, Sie würden sich in dem Orb befinden. Gehen Sie darin umher, und spüren Sie, wie Sie sein Licht umgibt.
5. Wenn Sie das Foto einer Person auf ein Orb-Foto legen oder ihren Namen daraufschreiben, wird sie die Energie des Engels empfangen.
   * Für Schutz legen Sie das Foto oder schreiben Sie den Namen auf einen Orb von Erzengel Michael.
   * Für Erleuchtung oder jene Seelen, die sich zurückgezogen haben – zum Beispiel autistische Kinder – legen Sie das Foto oder schreiben Sie den Namen auf einen Orb der Einhörner.
   * Für Heilung legen Sie das Foto oder schreiben Sie den Namen auf einen Orb von Erzengel Raphael.
   * Für Kinder, die nicht geerdet sind und keinen Zugang zur Weisheit ihres Höheren Selbst finden, legen Sie das Foto oder schreiben Sie den Namen auf einen Orb der universellen Engel Jophiel und Sandalphon.
   * Für Aufstieg legen Sie das Foto oder schreiben Sie den Namen auf einen Orb des universellen Engels Metatron.

Schlüssel 36

Das Reich der Devas und Reptilien

Devas sind sieben-, acht- oder neundimensionale Wesen, die mit dem Bauplan der Schöpfung arbeiten.

Neundimensionale Devas

Dies sind die Visionäre, die mit Pan und dem universellen Engel Butyalil am kosmischen Bauplan arbeiten. Sie sorgen dafür, dass sich jeder Stern und Planet am richtigen Ort befindet. Sie bewahren und verwalten die Weisheit des gesamten Kosmos und überprüfen, ob alles in vollkommener Harmonie und Synchronizität geschieht.

So erfüllt zum Beispiel eine Sternschnuppe viele Aufgaben: Sie verbrennt einen Stern, der nicht mehr gebraucht wird, sie erschafft einen Raum, in den hinein sich neue Sterne ausdehnen können, schickt eine Botschaft vom Ende und Neuanfang über den gesamten Himmel und erinnert uns daran, dass alles in vollkommener göttlicher Ordnung ist. Devas können die Baupläne auch abändern, falls dies nötig sein sollte.

Die Devas arbeiten mit der Erde, um den Planeten auf den Aufstieg vorzubereiten, damit das ganze Universum eine höhere Schwingung annehmen kann. Das wiederum wirkt sich auf andere Universen aus und hebt die Schwingung des gesamten Kosmos an. Diese Entwicklung wird sich ab 2012 am Ende eines 260 000 Jahre währenden kosmischen Zeitalters vollziehen.

Die Einatmung Gottes

Während der Einatmung nähert sich alles Gott an. Diese elfjährige Phase von 2012 bis 2023 ist eine Zeit des Aufrüttelns, während der alles verstärkt wird. Es ist an der Zeit, sich in die Startlöcher zu begeben. Daher ist es nun besonders wichtig, genau jene Eigenschaften zu leben, welche die goldene Erde auszeichnen. Wenn Sie das tun, wird alles leichter und klarer. Sie werden sich lebendiger und vitaler fühlen. Wenn Sie alles in Übereinstimmung mit den höheren Geboten tun, werden Sie in Harmonie und Freude leben. Und Sie sind aufgefordert, all jene zu akzeptieren und zu segnen, die im höchsten Licht gehalten werden müssen.

Achtdimensionale Devas

Dies ist eine Gruppe hochfrequenter Wesen, die voller Begeisterung die Vision vermitteln wollen. Sie geben ihre ganze Liebe in neue Konzepte, wenn diese dabei sind, verwirklicht zu werden. Wenn zum Beispiel ein neuer Stern Gestalt annimmt, halten sie die Vision aufrecht, er möge von göttlicher Liebe erfüllt sein. Wenn sich eine neue Tierart auf der Erde verkörpern will, halten sie das Bild aufrecht, dass diese neue Art auch in den Bauplan unseres Planeten passen möge.

Sie zeigen den Wesen der Engelreiche, die sich um das Konzept kümmern, Einzelheiten des Planes und wie man diesen mit Liebe erfüllt. Ist es eine Blume, bringen sie Dom, dem Elementarmeister der Luft, der ein siebendimensionales Wesen ist, alles darüber bei. Geht es um eine neue Art des Zusammenlebens, zum Beispiel nach dem Ende der Apartheid, werden sie einen universellen Engel unterweisen. Die Einhörner helfen den Menschen, die den Bauplan umsetzen wollen, diesen im reinsten Licht zu sehen.

Siebendimensionale Engel-Devas

Die Engel-Devas setzen die Vision praktisch um. Nach der Einatmung Gottes folgt eine neunjährige Phase, während der wir unsere Stärken entdecken und uns stabilisieren können. Während dieser Phase sind wir besonders aufgefordert, mit den siebendimensionalen Engel-Devas zusammenzuarbeiten, um das Neue zu erschaffen. Dies wird eine Zeit der Erneuerung sein, in der wir voller Vitalität und Begeisterung von Neuem beginnen.

Die Engel-Devas arbeiten mit Gott daran, neue und höhere Baupläne für die gesamte Schöpfung in allen Universen hervorzubringen. Der göttliche Quell hat eine Vision des neuen Plans für die Menschheit und die Devas setzen diesen um. Hat zum Beispiel jemand die Vision, eine Gemeinschaft zu gründen, helfen die Engel-Devas in allen praktischen Belangen, um dies möglich zu machen.

Auf dieser Ebene der Schöpfung müssen männliche und weibliche Energien im Gleichgewicht sein. Wenn sich zum Beispiel auf der achtdimensionalen Ebene ein Paar ein Baby wünscht, reden sie einfach voller Begeisterung darüber. Auf der siebendimensionalen Ebene braucht es dann einen Mann und eine Frau, um das Baby zu zeugen und es zu gebären.

Im Rahmen ihrer Suche nach Wissen haben die Menschen den Bauplan vieler Tiere und anderer Aspekte der Natur verändert. Da ihre Verbindung zum göttlichen Quell verloren gegangen ist, haben sie auch die größere Vision des Universums vergessen und übersehen, dass alles geschaffen wurde, um in Harmonie miteinander zu existieren. Hätten wir die Verbindung aufrechterhalten, hätten wir Zugang zu allem Wissen, das wir uns überhaupt nur wünschen können, ohne am göttlichen Bauplan herumexperimentieren zu müssen.

Das Reich der Reptilien

Schlangen, Alligatoren, Krokodile, Eidechsen, Warane, Land- und Wasserschildkröten

Die Reptilien haben sich ihren ursprünglichen göttlichen Bauplan bewahrt. Sie alle stammen aus anderen Universen und senken ihre Energiefrequenz auf dem Neptun, um die Weisheit von Lemuria und Atlantis wieder auf die Erde zu bringen.

Wir wurden gebeten, über sie in diesem Kapitel über Devas zu schreiben, weil sie die reine Energie des göttlichen Quells in sich tragen – die ursprüngliche göttliche Energie. Sie wissen, wer sie sind und warum sie hier sind. Sie handeln und sind in Übereinstimmung mit den ihnen innewohnenden Instinkten und weichen nicht davon ab, um sich anderen anzupassen. Sie sind, wie sie sind – und in Übereinstimmung mit ihrem Bauplan.

Die verschiedenen Elementarwesen arbeiten mit unterschiedlichen Reptilienarten zusammen.

Schlangen nähern sich den Menschen, um ihnen zu zeigen, dass sie hinter die Oberfläche schauen und erkennen sollen, dass die Wahrheit dahinter verborgen liegt. Dies mag in Form einer Warnung, eines Weckrufes oder einer plötzlichen Erinnerung geschehen. Schlangen sind ein potentes Schutzsymbol, denn ihre Energie beschützt sie vor allen menschlichen Schandtaten. Die Fähigkeit, ohne Furcht mit ihnen zusammen zu sein, stellt einen uralten sehr hohen Einweihungsgrad dar, da Schlangen Angst sofort spüren und darauf reagieren.

Reptilien haben keine Gefühle und kennen keine Bindungen, aber sie fühlen den Herzschlag der Erde. Weil sie so nahe am Boden leben, befinden sie sich ständig in Kontakt mit der Energie des Bodens und durch ihn mit der Hohlerde.

Schildkröten sind vollkommen eins mit dem Meer und dem Land und vertrauen ihre Eier dem Letzteren an. Sie befinden sich in Harmonie mit dem Mond, den Strömungen und der ganzen natürlichen Welt. Dieses Wissen strahlen sie aus, wo auch immer sie hinkommen.

Alle Reptilien beziehen das atlantische und lemurische Wissen aus der Hohlerde und aus der Weisheit vieler alter Stämme. Dann strahlen sie dieses aus, damit auch andere daran teilhaben können, ohne dass sich diese dessen aber bewusst sind. Sie ziehen auch die Weisheit ihrer Ursprungsplaneten und vom Neptun auf die Erde und leiten diese durch ihre Körper weiter in die Hohlerde. Dort wird sie in den riesigen Kristall gezogen, dann zum Kristall auf der Spitze der zentralen Pyramide weitergeleitet, der sie dann durch die zwölf Portale zu verschiedenen Sternen ausstrahlt.

Der SCHLÜSSEL der Devas und des Reptilien-Reiches besteht darin, den ursprünglichen göttlichen Bauplan für sich zu entdecken.

Der KLANG der Devas ist der Klang der Eigenschaften, die mit dem Atem auf eine höhere Stufe gehoben werden.

Die FARBE ist Golden.

Eine Visualisierung: Etwas Neues zum Wohle des Planeten erschaffen

1. *Suchen Sie sich einen ruhigen Ort, an dem Sie nicht gestört werden.*
2. *Zünden Sie – wenn möglich – eine Kerze an.*
3. *Entspannen Sie sich und schließen Sie die Augen.*
4. *Erden Sie sich, indem Sie sich vorstellen, dass aus Ihren Fußsohlen Wurzeln tief in die Erde dringen.*
5. *Hüllen Sie sich in Erzengel Michaels blauen Schutzmantel.*
6. *Bitten Sie darum, dass Ihnen etwas Neues gezeigt werden möge, von dem der ganze Planet profitieren kann.*
7. *Stellen Sie es sich genau vor, rufen Sie dann die siebendimensionalen Devas an, und bitten Sie diese, Ihre Vision zu manifestieren.*
8. *Bitten Sie die achtdimensionalen Devas, die Vision mit Liebe zu erfüllen.*

9. *Rufen Sie Pan und den universellen Engel Butyalil herbei, und bitten Sie die beiden, die Vision in die perfekte kosmische Ordnung einzufügen.*
10. *Halten Sie das Symbol des sechszackigen Sterns über Ihre Vision.*
11. *Bedanken Sie sich beim Universum für die Möglichkeit zu dienen.*
12. *Kehren Sie in Ihre normale Realität zurück und öffnen Sie die Augen.*

Eine Übung: Sich auf den Bauplan der Schöpfung einstimmen

1. Suchen Sie sich einen Aspekt der Schöpfung aus, den Sie näher erforschen möchten.
2. Stimmen Sie sich dann in Liebe und voller Respekt auf den göttlichen Bauplan ein, um zu spüren, worum es dabei eigentlich geht und welche Eigenschaften der Bauplan enthält.

Wenn Sie zum Beispiel an einen Baum denken, können Sie sich auf die folgenden Aspekte einstimmen:

- Höhe, Umfang, Lebensdauer und Tiefe seiner Wurzeln,
- seine Rinde und warum diese besondere Eigenschaften hat,
- seine Verbindung mit der Hohlerde und wie er diese aufrechterhält,
- auf welche Weise er seine Weisheit übermittelt,
- die Energie, die er auf Menschen und Tiere überträgt,
- wie er mit den Elementarwesen zusammenarbeitet und
- was er uns nach seinem Tod schenkt.

Eine Übung: Stimmen Sie sich auf die Reptilien ein

1. Zeichnen Sie ein Reptil.
2. Konzentrieren Sie sich auf dessen Energie und Botschaft.

Teil II

Der zweite goldene kosmische Schlüssel: Sirius

Das Sternensystem Sirius hilft der Erde bei ihrem Aufstieg. Ein Teil des Sirius namens Lakumay ist bereits aufgestiegen und operiert nun auf einer sehr hohen Frequenz. Die Wesen des Sirius haben ihren höheren Geist entwickelt. Jene von ihnen, die sich auf der Erde inkarnieren, entwickeln hier neue fortschrittliche Ideen. Zudem bewahrt Sirius das Wissen um spirituelle Technologien. Viele hoch entwickelte Seelen aus allen Universen lernen diese in den Ausbildungsstätten und Universitäten des Sirius kennen, bevor sie sich auf der Erde inkarnieren, um diese Technologien hier im Rahmen des neuen goldenen Zeitalters zu entwickeln.

Jeder der zwölf Aspekte in diesem Teil des Buches ist ein Teil der Weisheit des Sirius. Wenn Sie diese vollständig verstehen und sich zunutze machen, werden Sie zu einem Meister des Universums. Wenn Sie die Klänge der zwölf Schlüssel gemeinsam hören, öffnet sich Ihr Bewusstsein für das höhere Wissen und für fortschrittliche Ideen.

Der SCHLÜSSEL des Sirius besteht darin, den universellen Metatron-Würfel zu verstehen.

Der KLANG dieses goldenen kosmischen Schlüssels ist das kosmische Orchester aller Klänge.

Die FARBE ist Blaugrün.

Schlüssel 37

Zeit und Geschwindigkeit

Die Zeit verläuft nicht linear. Sie beschleunigt sich, wenn sich Ihr Bewusstseinsniveau erhöht. Dies ist eine Möglichkeit, um festzustellen, auf welchem Niveau sich Ihr Bewusstsein jeweils befindet.

Wenn Sie zum Beispiel im strömenden Regen warten müssen, weil der Bus Verspätung hat, und düstere Gedanken über Ihren Chef denken, weil Sie sich sicher sind, dass Sie keine Gehaltserhöhung bekommen werden, weil Sie ohnehin keine verdient haben, dann wird die Zeit tatsächlich sehr langsam vergehen. Vermutlich werden Sie jeden Wassertropfen spüren, der Ihnen in den Nacken tropft.

Wenn Sie sehr ungeduldig sind, weil Sie in Zeitnot sind und unbedingt ein Flugzeug erreichen müssen, aber im Stau stehen, wird die Zeit ebenso schleichen, als wenn Sie ungeduldig auf einen Brief warten. Wenn Sie aber andererseits vollkommen in dem aufgehen, was Sie gerade tun, vergeht die Zeit wie im Fluge. Wenn Sie verliebt sind, rast die Zeit, da Sie sich in einem erhöhten Bewusstseinszustand befinden, in dem Sie das Göttliche im anderen sehen können.

Da sich das Bewusstseinsniveau der Menschen auf dem Planeten in den letzten 50 Jahren erhöht hat, hat sich auch die Zeit beschleunigt.

Allerdings befinden sich einige der Erfindungen, die es uns ermöglichen sollen, mehr in kürzerer Zeit zu tun, nicht unbedingt im Einklang mit der ansteigenden Frequenz des Planeten. So erlauben uns zwar E-Mails augenblickliche Kommunikation und Düsenflugzeuge transportieren uns im Rekordtempo in jeden Teil der Welt, aber als Folge davon konzentrieren wir uns immer mehr auf die augenblickliche

Wunscherfüllung, was nicht mit dem Energiefluss des Universums in Einklang steht.

Wenn Menschen die geistige Welt über den richtigen Zeitpunkt für irgendetwas befragen, sind die Antworten häufig furchtbar ungenau. Wenn die geistige Welt sagt »bald«, gehen wir davon aus, dass damit morgen gemeint ist, während sie meint, dass etwas dann geschehen wird, wenn die energetischen Voraussetzungen dafür erfüllt sind.

Unsere Ungeduld und unsere Erwartungen setzen uns immer mehr unter Druck. Nur weil Sie gestresst sind, kommt der Bus aber keine Sekunde früher, löst sich der Stau nicht eher auf und kommt der Brief nicht eine Sekunde früher an, als es dem göttlichen Timing entspricht. Wenn Sie Stress haben, kämpfen Sie gegen einen vollkommen natürlichen Prozess. Nur die Anhebung Ihres Bewusstseinsniveaus kann Sie in den perfekten Fluss bringen.

Beobachten Sie die Natur und die Eleganz und Leichtigkeit, mit der alles erblüht und wieder verwelkt. Beobachten Sie die Schildkröten, die sich von den Meeresströmungen tragen lassen, statt gegen sie anzukämpfen. Sie entspannen sich und lassen los. Auf diese Weise gelangen sie zur richtigen Zeit an den richtigen Ort. Tauchen Sie daher ein in den strömenden Atem des Planeten.

Zeit in der dritten Dimension

In der dritten Dimension halten wir uns bewusst an den alten Kampf-oder-Flucht-Instinkten fest. Aber wenn wir uns gegen etwas wehren, bringt unsere niederfrequente Reaktion den Fluss des Geschehens zum Stillstand. Das bedeutet im übertragenen Sinne, dass wir das Meer unnötig aufwühlen, was zu einer anstrengenden Reise durch die Zeit führt. Wenn wir Menschen und Umstände segnen, können wir uns auf den Wassern eines stillen Meeres treiben lassen.

Wenn Sie beispielsweise mit einem Partner eine Geschäftsidee entwickelt haben und dieser Partner nun etwas Unehrliches tut, was die ganze Idee in Gefahr bringt, dann hält Ihr Zorn Sie in der dritten Dimension zurück und die Idee kann sich nicht entwickeln. In der fünften Dimension würden Sie Ihren Partner mit Integrität und Licht segnen und gleichzeitig an Ihrer Vision festhalten, die sich dann erfüllen wird.

Alle unerledigten Probleme halten die Zeit zurück. Erst wenn Sie diese loslassen, können Sie wieder in den natürlichen Fluss eintreten. Wenn Sie einen Groll gegen jemanden hegen, muss das Problem ohnehin früher oder später gelöst werden. Sie sollten sich also fragen, wie lange Sie sich und dieser Person Ihre Lebensfreude vorenthalten wollen. Ein Jahr? Ein Leben lang? Zehn Leben lang? Alle Gefühle und materiellen Besitztümer, an die wir uns klammern, wirken sich auf den physischen Körper aus und machen ihn krank. Wenn wir loslassen, kann sich unser Körper an den natürlichen Fluss der Zeit anpassen.

Zeit in der vierten Dimension

In der vierten Dimension wird die Zeit davon beeinflusst, ob man sich einer Situation bewusst ist, aber nicht dementsprechend handelt. Sie sehen ein Problem, gehen es aber nicht an.

Zeit in der fünften Dimension

In der fünften Dimension befinden Sie sich wahrhaft im Fluss mit dem Universum. Sie sind niemals ungeduldig oder in Eile, weil Sie wissen, dass Sie zum göttlich bestimmten Zeitpunkt ankommen werden. Wenn Sie durch etwas aufgehalten werden, sind Sie sich frohen Herzens bewusst, dass Sie daraus etwas lernen sollen oder dass sich alles genau so entwickelt, wie es sich entwickeln soll. Sie vertrauen darauf, dass das Universum immer nur Ihr Bestes will.

Zeit in der sechsten Dimension

1. Sie stehen mit den Füßen auf der Erde, aber Ihr Bewusstsein ist woanders, mit anderen Worten, Sie leben in zwei Realitäten gleichzeitig.

   Als ich eines Tages in einem nahe gelegenen Wäldchen spazieren ging, tauchte vor mir ein Einhorn auf und lud mich ein aufzusteigen. Ich stimmte augenblicklich zu und schon saß ich auf seinem Rücken. Gleichzeitig war ich mir aber bewusst, dass sich meine Füße auf dem Boden befanden. Ich war mir auch der Bäume, der Blumen und der gesamten Umgebung bewusst. Eine Frau mit einem Hund kam auf mich zu und das Einhorn lief tiefer in den Wald hinein. Ich sah ihm zu, wie es einen Teil von mir davontrug. Meine bewusste Aufmerksamkeit blieb in meinem Körper, während ich weiterging. Als die Frau vorbeigegangen war, kehrte das Einhorn zurück, und wieder stand ein Teil von mir auf dem Boden und ein anderer Teil saß auf seinem Rücken. Später wurde mir gesagt, dass der Hund das Einhorn gespürt hatte und durch dessen hohe Energie beunruhigt war, also war das mächtige Wesen vorübergehend verschwunden.

2. Sie sind in der sechsten Dimension, wenn Sie auf übersinnlichem Wege Ihre eigene Zukunft sehen können, erkennen, welche Auswirkungen diese auf den Planeten hat, und sie dann segnen.
3. Sie erfahren die sechste Dimension, wenn Sie mit den Engeln und Meistern wandeln und Ihre eigene Energie an ihre anpassen.

Es ist nur menschlich, sich auf den letzten Aspekt der sechsten Dimension konzentrieren zu wollen, aber wir wurden beauftragt darauf hinzuweisen, dass die ersten beiden Punkte sehr wichtig sind, wenn man auf der Frequenz dieser Dimension leben will.

Zeit in der siebten Dimension

Dies sind erleuchtete Erfahrungen, Augenblicke der Einheit. Wenn Sie vollkommenen Frieden verspüren und sich völlig im Einklang mit ihrer Umgebung befinden, dann befinden Sie sich in der siebten Dimension.

Mir wurde gesagt, dass die Ergriffenheit und Ehrfurcht, die ich verspürte, als ich zum ersten Mal meinem Führer Kumeka begegnete, diesen Augenblick siebendimensional machten. Als Kathy und ich gebeten wurden, die Orbs-Bücher zu schreiben, stand die Zeit für uns still. Wir befanden uns in einem Zustand göttlicher Glückseligkeit. Als Kathy eines Tages auf den Klippen saß, über das Meer schaute und alles losließ, befand sie sich augenblicklich erneut in dieser hohen Schwingung.

Der SCHLÜSSEL besteht darin, loszulassen und in den Fluss des Lebens einzutauchen.

Der KLANG ist der der Stille.

Die FARBE ist Kristallklar.

Eine Visualisierung: Mit der eigenen Vision fließen

1. *Suchen Sie sich einen ruhigen Ort, an dem Sie nicht gestört werden.*
2. *Zünden Sie – wenn möglich – eine Kerze an.*
3. *Entspannen Sie sich und schließen Sie die Augen.*
4. *Erden Sie sich, indem Sie sich vorstellen, dass aus Ihren Fußsohlen Wurzeln tief in die Erde dringen.*
5. *Hüllen Sie sich in Erzengel Michaels blauen Schutzmantel.*
6. *Stellen Sie sich Ihre Vision genau vor.*
7. *Sind Sie an Menschen oder an alte Gefühle gebunden, die Sie zurückhalten? Stellen Sie sich diese Bindungen als Ketten vor, und bitten Sie Erzengel Michael, sie zu durchtrennen.*
8. *Gibt es irgendetwas, das die Verwirklichung Ihres Traums verhindert? Stellen Sie sich vor, wie Sie es loslassen.*

9. *Spüren Sie Ihre Vision nun, als ob sie bereits verwirklicht wäre.*
10. *Achten Sie darauf, wie Sie sich fühlen. Sind Sie nun bereit, dieses Wunder, diese positive Aufregung und tiefe Befriedigung in Ihr Leben zu lassen?*
11. *Falls nicht, wiederholen Sie diese Übung, so oft es nötig ist. Wenn Sie bereit sind, dies alles zuzulassen, erfreuen Sie sich an Ihrer Vision.*
12. *Kehren Sie zu Ihrem Wachbewusstsein zurück und öffnen Sie die Augen.*

Eine Übung: Lassen Sie los, was Sie zurückhält und die Zeit verlangsamt

1. Schreiben Sie Ihre Vision auf.
2. Schreiben Sie alle Gefühle, Emotionen oder sonstigen Faktoren auf, die Sie zurückhalten.
3. Entscheiden Sie sich jetzt, diese loszulassen.

Eine Übung: OM singen, wenn Sie etwas zurückhält

1. Wenn Sie im Stau stecken oder von äußeren Kräften zurückgehalten werden, die Sie nicht beeinflussen können, entspannen Sie sich und singen Sie entweder laut oder leise OM.
2. Achten Sie darauf, was mit der Zeit geschieht.

Schlüssel 38

Andere Dimensionen: aufgestiegene Meister, das Höhere Selbst, die Monade

Mehrdimensionale Wesen

Wir alle sind mehrdimensionale Wesen. Während sich Teile von uns in der dritten, vierten oder fünften Dimension aufhalten, befinden sich gewisse Aspekte von uns in viel höheren Dimensionen. Das gilt für die meisten von uns. Sie mögen auf der Erde zwar drei-, vier- oder fünfdimensional sein, aber Ihr Höheres Selbst – Ihre Seele – ist immer siebendimensional oder noch höher. Ihre Monade – oder die ICH-BIN-Gegenwart, also Ihr ursprünglicher göttlicher Funken – ist immer zwölfdimensional, denn sie besteht aus der einst abgeschwächten Energie des göttlichen Quells, wie bei einem Kind das einen Schritt von der Energie seiner Eltern entfernt ist.

Babys und Kinder

Als unschuldige Babys und Kinder waren wir alle in einer höheren Dimension. Dann sinken die meisten von uns in niedere Dimensionen herab, wenn wir älter werden und uns den Herausforderungen des Lebens stellen müssen. Wenn wir erkennen, wer wir wirklich sind und spiritueller werden, erhöht sich unsere Schwingung wieder.

Die sechste Dimension

Um Momente wie ein aufgestiegener Meister zu erleben, muss man in der Lage sein, die sechsdimensionale Schwingung in den Körper zu bringen. Menschen können leicht zwischen den verschiedenen Dimensionen hin und her wechseln. Nur weil man einmal in der sechsten Dimension war und sich gleichzeitig in beiden Welten aufgehalten hat, heißt das noch lange nicht, dass man ein Meister ist. Viele Menschen mit dem Down-Syndrom oder mit Lernschwierigkeiten haben eine hohe Schwingung, da sie die Freude, das Lachen und die Schönheit in allen Dingen sehen können, aber sie sind keine aufgestiegenen Meister. Niemand hat bisher seine aufgestiegene Meisterschaft aufrechterhalten können, während er sich in einem Körper befand. Nicht einmal im goldenen Zeitalter von Atlantis war dies möglich. Die Hohepriester und Hohepriesterinnen kamen diesem Zustand sehr nahe, aber selbst sie hatten noch Zweifel, wodurch ihre Frequenz sank. Wenn Sie danach streben, diese Dimension so lange wie möglich aufrechtzuerhalten, werden Sie andere Menschen auf sehr positive und wirksame Weise beeinflussen.

Die siebte Dimension

Um ein vollständig aufgestiegener Meister zu werden, müssen Sie in der Lage sein, in der siebten Dimension zu leben, was nur geschehen kann, nachdem Sie Ihren Körper verlassen haben.

Um auf die Erde kommen zu können, muss sich Ihre Seele in der siebten oder einer höheren Dimension befinden. Wenn Sie aus einem anderen Universum stammen oder eine sehr hohe Schwingungsfrequenz haben, begeben Sie sich vor der Empfängnis von Ihrem Heimatplaneten zu einem der vier Aufstiegsgestirne Neptun, Orion, Sirius oder Plejaden. Dies ist notwendig, damit Sie sich auf die bevorstehenden Erfahrungen auf dem »schweren« Planeten Erde vorbereiten können. Ihre Schwingungsfrequenz sinkt, wenn Sie sich verkörpern.

Während ihres Aufenthaltes im Mutterleib haben unterschiedliche Seelen unterschiedliche Frequenzen. Wenn sie die Mutter vor der Empfängnis bereits kontaktiert haben, haben sie sich normalerweise bereits auf die fünfte Dimension begeben, damit die spirituelle Kommunikation überhaupt stattfinden kann.

Manche Seelen nehmen während der Empfängnis Kontakt mit der Mutter auf und begeben sich in die fünfte Dimension, um während der Schwangerschaft in ihrer Nähe zu sein. Kurz nach der Geburt sinken sie dann auf eine noch niedrigere Dimension herab.

Andere Seelen verbinden sich zu unterschiedlichen Zeiten während der Schwangerschaft mit der Mutter und begeben sich dann auch in die fünfte Dimension.

Während der Schwangerschaft ist die Energie der Mutter sehr wichtig. Sie muss physisch, emotional, mental und spirituell für das Baby bereit sein.

Wenn der Mutter übel wird, liegt das daran, dass zu dem Zeitpunkt die Schwingung der eintretenden Seele höher ist als ihre eigene. Sie muss also ihre Schwingung anheben, indem sie Spaziergänge in der Natur macht, um sich zu erden, gesegnetes Wasser trinkt, sich gesund ernährt, meditiert und gute spirituelle Praktiken betreibt.

Auf der emotionalen Ebene ist es wichtig, dass sich die werdende Mutter dankbar und geehrt fühlt, dass ihr die spirituelle Verantwortung übertragen wurde, sich um diese Seele zu kümmern. Sie sollte liebevoll, mitfühlend, geduldig, fröhlich und humorvoll und zufrieden mit dem sein, was sie ist. Beide Eltern müssen gemäß ihrer Wahrheit leben, um dem Kind das Beste geben zu können.

Mental sollte die Mutter positiv eingestellt sein und der Seele des Kindes gute Gedanken schicken und sie willkommen heißen. Sie sollte das Baby in all ihre Überlegungen mit einbeziehen und seine Weisheit anerkennen. So sollte sie zum Beispiel darauf hören, wenn das Baby bestimmte Nahrungsmittel nicht essen möchte.

Auf der spirituellen Ebene sollte die Mutter verstehen, dass das Kind ein selbstständiges Wesen ist. Da sie zurzeit aber alle Entscheidungen für den Fötus treffen muss, sollte sie dafür sorgen, dass das Essen, das Trinken und die Lebensumstände, in die das Baby hineingeboren wird, zu dessen höchstem Wohl sind. Sie sollte einfach glücklich sein!

Nach der Geburt

Nachdem das Baby geboren wurde, ist es besonders wichtig, die Schwingung so hoch wie möglich zu halten. Meistens geschieht dies auf dieselbe Weise wie während der Schwangerschaft. Aber jetzt wird es große Auswirkungen haben, wie die Mutter die körperlichen Bedürfnisse des Babys erfüllt, wie sie die Umgebung gestaltet und wie sie ihr eigenes Leben lebt.

Es obliegt der Verantwortung der Eltern, das Kind spirituell zu beschützen, es vor niederen Gedankenformen oder Wesenheiten zu schützen und auch über seinen Geist zu wachen, wenn dieser während des Schlafes zu seinem Heimatplaneten reist, um sich dort spirituell zu erfrischen.

Das Geburtstrauma lindern

Die materielle Umgebung sollte weich, warm und einladend sein. Die Mutter sollte ihre Seele bitten, sich bei der Geburt mit der Seele des Babys zu verbinden, sodass ein Informationsaustausch stattfinden kann, von dem das Baby profitieren wird.

Die Mutter kann auch ihren Schutzengel und den des Babys bitten zusammenzuarbeiten. Auch dies kann von großem Nutzen sein.

Die Monade oder ICH-BIN-Gegenwart

Dies ist der ursprüngliche göttliche Funke, durch den Sie mit Gott verbunden sind. Die Monade ist zwölfdimensional. Sie ist bedingungslose Liebe, reine Agape, kennt keinen Zweifel, ist androgyn und enthält die ultimative

Anleitung, wie man die Schönheit, Weisheit, Harmonie, Gnade und das Licht Gottes aufrechterhalten kann. Sie enthält alles, was wir brauchen. Sie können sich mit diesem Aspekt Ihres Selbst verbinden, wenn Sie das Sternentor-Chakra, das zwölfte und damit höchste Chakra, öffnen.

Alle Monaden sind gleich, sie sind die Energie des göttlichen Quells um den Faktor 1 reduziert. Wie Sie sich dieser Energie nähern und sie nutzen, macht Sie zu dem, was Sie sind.

So wie der göttliche Quell jeder Monade exakt dieselbe Menge seiner Energie gibt, sendet diese ihrerseits zwölf Aspekte aus, die zu Seelen werden, die Erfahrungen in den verschiedenen Dimensionen machen und schließlich das gesammelte Wissen und die daraus gewonnene Weisheit zur Monade zurückbringen.

Da unser Planet sich um den Aufstieg bemüht, werden hier keine neuen Monaden mehr erschaffen. Wenn die Erde jedoch leicht und erfolgreich aufsteigt, dann werden weitere Monaden erschaffen.

Die Seele oder das Höhere Selbst

Die Seele, ein Aspekt Ihrer Monade – der ICH-BIN-Gegenwart – wird ausgesandt, um das Leben in den verschiedenen Dimensionen kennenzulernen.

Was geschieht mit den dreidimensionalen Wesen in diesem Universum?

Ich hatte bisher angenommen, jene dreidimensionalen Wesen, die nicht fähig oder nicht willens sind, ihre Frequenz vor Anbruch des neuen goldenen Zeitalters anzuheben, würden auf einen anderen dreidimensionalen Planeten gebracht werden, wo sie ihren Weg zum Aufstieg fortsetzen könnten. Nun ist uns allerdings mitgeteilt worden, dass diejenigen von ihnen, die aus diesem Universum stammen, in die geistigen Welten zurückkehren werden, um dort ausgebildet und geheilt zu werden, bis sie bereit sind, auf einer höheren Frequenz zur Erde zurückzukehren.

Jene dreidimensionalen Wesen, die ihre Frequenz nicht anheben und nicht aus diesem Universum stammen, werden ihre Erfahrungen auf einem anderen dreidimensionalen Planeten in einem anderen Universum fortführen.

Die Energie der Menschen, welche die Schwingung der vierten Dimension nicht aufrechterhalten können, hätte negative Auswirkungen auf die ganze Erde.

Die geistigen Dimensionen

Verhalten und Strukturierung in der dritten Dimension

Da dieses Buch fünfdimensional ist, wurden wir gebeten, die folgenden Informationen im Rahmen einer Übung zu präsentieren.

Eine Übung: Dreidimensionale Energien auflösen

1. Entspannen Sie sich, und bitten Sie Erzengel Sandalphon, Sie in eine fünfdimensionale Blase zu hüllen.
2. Wesen, die in der dritten Dimension leben, sind egozentriert. Sie befähigen und unterstützen andere Wesen nicht, sondern sind gierig, ehrgeizig, ängstlich und voller Zweifel. Ihre Gedanken sind negativ und sie sehen in Menschen und Umständen immer nur das Schlechte.
3. Wenn Sie dies gelesen haben, reinigen Sie sich von allen dreidimensionalen Energien, die Sie unwissentlich aufgenommen haben, indem Sie die Gold und Silber violette Flamme anrufen und ihre Energie in jede Ihrer Zellen einatmen.

Dunkle Seelen

Wie im vorangegangenen Abschnitt bittet Erzengel Sandalphon Sie auch jetzt, sich in eine fünfdimensionale Blase zu hüllen, bevor Sie weiterlesen. Nachdem Sie diese Informationen gelesen haben, reinigen Sie sich bitte von allen niederen Energien, die Sie möglicherweise aufgenommen haben.

Wenn ein Mensch zu den Dunklen gehört, kehrt er am Ende seiner Inkarnation zu seiner Seele zurück, welche die dunkle Energie dann läutern muss. Dabei helfen ihr die Engel.

Ist die Dunkelheit aber zu groß und die Seele ist damit überfordert, geschieht etwas anderes. Hier ist eine Geschichte, die illustriert, was:

> *Eines Tages befand sich Kathy mit einer Freundin, die ebenfalls medial begabt war, in ihrer Garage. Sie sahen einen bösen Pharao, der in einer Pyramide eingeschlossen war. Er drückte seine Energie nach außen, als ob er versuchen würde, aus der ihn umgebenden Form auszubrechen. Sie konnten sein Gesicht sehen. Plötzlich wurde er wieder zurückgedrängt. Kathy und ihre Freundin erfuhren, dass es ihm nicht gestattet war, in die Nähe der Erde zu kommen, da er dort großes Unheil anrichten würde. Zwölf Jahre später, nachdem er auf den inneren Welten geheilt und erzogen worden war, wurde er freigelassen.*

Etwas Ähnliches geschah mit Hitler. Er ist in einer Pyramide eingeschlossen, und es ist ihm nicht gestattet, zu seiner Seele zurückzukehren. Wenn er zu seiner Seele zurückkehren würde, könnte er Menschen mit seiner Energie beeinflussen, selbst wenn er sich nicht wieder inkarnieren sollte. Seine Seele war sich aller Vorgänge bewusst und hatte beschlossen, dass sie mehr über Liebe lernen und ihre Frequenz anheben müsse. Daher hat sich ein weiterer Aspekt von Hitlers Seele in Südamerika inkarniert und wurde als Kind einer Frau geboren, die weiß, wie man liebt, damit er auch diese Erfahrung machen kann. Dann kann er seiner Seele Liebe zurückbringen, damit diese ihr Licht vergrößern kann.

Da dieser Planet und dieses Universum aufsteigen, kommen die dunklen Seelen in spezielle Schulen auf den inneren Welten, in denen sie geheilt und geschult werden.

Verhalten und Strukturierung in der vierten Dimension

Auf dieser Ebene öffnet sich das Herz, und man erkennt, dass sich die Seele auf einer ewigen Reise befindet und es nicht nur dieses eine Leben gibt. Man ist zwar noch nicht bereit, Verantwortung für das zu übernehmen, was damit impliziert ist, aber man beginnt es zu verstehen.

Verhalten und Strukturierung in der fünften Dimension

Man arbeitet mit offenem Herzen zum höchsten Wohle aller Wesen und des Planeten.

Verhalten und Strukturierung in der sechsten Dimension

Man hat die Füße in beiden Welten und konzentriert sich auf die Liebe zum Planeten und zu allen seinen Bewohnern.

Verhalten und Strukturierung in der siebten Dimension

Man wandelt mit den Engeln und Meistern. (Wesen von den Plejaden sind siebendimensional.)

Verhalten und Strukturierung in der achten Dimension

Man akzeptiert sich selbst als kosmisches Wesen. (Wesen von der Venus wie Jesus, Isis und Aphrodite sind neundimensional.)

Eine hochfrequente Person kann die zwölfte Dimension für einige Augenblicke aufrechterhalten, zum Beispiel wenn sie als Kanal für ein zwölfdimensionales Wesen dient. Die einzige Person aus der zwölften Dimension, die wir kennen, ist der große Meister Babaji.

Kathy und Dianas persönliche Erfahrungen

Als ich mich von meiner Seele trennte und mich inkarnierte, hatten alle Aspekte meiner Seele dieselbe Menge Energie. Drei Aspekte blieben bei meiner Seele, um mich zu unterstützen. Einer kam mit mir zur Erde, die anderen befinden sich in anderen Universen. Als sich mein Leben und meine Arbeit entwickelten, sagte ich zu, Verantwortung für die Leben aller anderen Aspekte und für ihren Aufstieg zu übernehmen. Im Austausch dafür gaben sie mir ihre Energie. Da ich meine Frequenz nun so weit angehoben habe, wurde mir gesagt, ich könne ihnen ihre Energie zurückgeben und dennoch meine Bestimmung erfüllen. Diesen Prozess habe ich mittlerweile begonnen. Letztendlich wird dies allen Aspekten meiner Seele und meiner Seele insgesamt helfen.

Kathy hat sieben Aspekte ihrer Seele, die ihren Lebensweg aktiv unterstützen. Einige sind in ihrer Seele geblieben, während sich der Rest nicht in diesem Universum befindet.

Unsere jeweiligen Monaden führen uns Energie zu.

Der SCHLÜSSEL besteht darin, die eigene Wahrheit zu leben.

Der KLANG ist der eines einmaligen Anschlagens einer Kristallschale.

Die FARBE ist durchsichtiges Weiß.

Eine Visualisierung: Die siebte Dimension kennenlernen

1. *Suchen Sie sich einen ruhigen Ort, an dem Sie nicht gestört werden.*
2. *Zünden Sie – wenn möglich – eine Kerze an.*
3. *Entspannen Sie sich und schließen Sie die Augen.*
4. *Erden Sie sich, indem Sie sich vorstellen, dass aus Ihren Fußsohlen Wurzeln tief in die Erde dringen.*
5. *Hüllen Sie sich in Erzengel Michaels blauen Schutzmantel.*
6. *Hüllen Sie sich in goldenes Licht, und spüren Sie, dass Sie von Engeln umgeben sind.*
7. *Rufen Sie den universellen Engel Gabriel an und spüren Sie seine herrlichen Schwingen warm und weich um sich.*
8. *Bitten Sie ihn, Sie mit in die siebte Dimension zu nehmen, in den siebten Himmel, und spüren Sie, wie Sie in seinen Armen emporsteigen.*
9. *Wenn Sie im siebten Himmel angekommen sind, geben Sie sich ganz der Liebe und Freude der Engel und Einhörner hin.*
10. *Es gibt nichts zu tun, Sie müssen nirgendwo hin. Lassen Sie einfach los und seien Sie.*
11. *Wenn es an der Zeit ist zurückzukehren, wird Erzengel Gabriel Sie an Ihren Ausgangspunkt zurückbringen.*
12. *Nachdem Sie die Augen wieder geöffnet haben, lassen Sie sich ausreichend Zeit, um sich wieder an Ihr Leben zu gewöhnen.*

Schlüssel 39

Andere Planeten, Sterne und Galaxien

Die fünfdimensionalen planetarischen Chakras überall auf der Welt sind so programmiert, dass sie im Jahr 2012 erwachen und erstrahlen werden.

Alle Planeten, Sterne und Galaxien sind kosmische Chakras. Einige von ihnen sind multidimensional und verbinden sich mit den Chakras der Erde und senden ihnen Licht. Diejenigen, über die wir in diesem Kapitel schreiben, haben alle einen aufgestiegenen Aspekt, der siebendimensional ist. Diese höheren Aspekte sind immer offen gewesen und haben das Licht und die Weisheit für dieses Universum aufrechterhalten. Sie bewahren die höchste Vision und den göttlichen Bauplan des Kosmos.

Das kosmische Erdstern-Chakra

Neptun ist der Wandler, durch den die Weisheit von Atlantis und Lemuria auf einem Niveau zu uns gelangt, das für uns annehmbar ist. Sein aufgestiegener Aspekt Toutillay bewahrt das kosmische Licht für dieses Universum.

Das kosmische Basis-Chakra

Quishy ist der aufgestiegene Aspekt des Saturns. Er strahlt die Energie der spirituellen Disziplin aus, die es uns ermöglicht, unser göttliches Potenzial zu verwirklichen und die Wunder des Lebens auf der Erde zu genießen, indem er uns mit unserer ursprünglichen göttlichen Essenz verbindet.

Das kosmische Sakral-Chakra

Lakumay ist der aufgestiegene Aspekt des Sirius. Er hat bereits begonnen, die Energie der transzendenten Liebe auf die Erde zu bringen. Bis ins Jahr 2032 wird sich diese höhere Form der Liebe über den größten Teil der Erde verbreitet haben, sodass die Menschen reine Liebe dann durch ihre Sexualität zum Ausdruck bringen können.

Das kosmische Nabel-Chakra

Die Sonne ist das Nabel-Chakra dieses Universums. Sie übermittelt uns die Fähigkeit, auf andere Menschen zuzugehen und aktiv dafür zu sorgen, dass sie sich in unserer Gegenwart wohlfühlen. Die nun einströmende Energie wird die Menschen für Wesen von anderen Planeten offener machen und es uns auf der Erde ermöglichen, deren Weisheit zu akzeptieren.

Das kosmische Solarplexus-Chakra

Pilchay ist der aufgestiegene Aspekt der Erde. Er bewahrt die kosmische Weisheit, die darauf wartet, zu uns zu kommen.

Das kosmische Herz-Chakra

Das kosmische Herz-Chakra ist die Venus, welche die Liebe direkt von Gott zu uns bringt.

Das kosmische Hals-Chakra

Telephony ist der aufgestiegene Aspekt des Merkurs. Dieses Chakra ermöglicht telepathische Kommunikation mit den Meistern und Engeln auf dem goldenen Strahl. Es ermöglicht außerdem eine fortgeschrittene Kommunikation mit Menschen, Tieren, Bäumen und allen Lebensformen. Es bringt die Eigenschaften des goldenen Atlantis wie Levitation, Teleportation, Telekinese und telepathische Übertragung von Heilenergie zu uns.

Das kosmische Dritte-Auge-Chakra

Jumbay heißt der aufgestiegene Aspekt des Jupiters. Er bringt gewaltige Mengen an Weisheit, Freude und Expansion zu uns. Er überschüttet Individuen und die ganze Erde mit kosmischem Reichtum. Wenn Sie kosmisch reich sind, dann ist auch Ihr physisches, mentales, emotionales und spirituelles Leben reich. Diese Energie ermöglicht es Ihnen, sich mit der Weisheit des goldenen Atlantis zu verbinden.

Das kosmische Kronen-Chakra

Curonay ist der aufgestiegene Aspekt des Uranus. Er hebt die Schwingung der göttlichen Transformation auf eine höhere Ebene und bringt uns Erleuchtung.

Das kosmische Kausal-Chakra

Der Mond ist ein vollständig aufgestiegenes Chakra, das alle höheren Eigenschaften des göttlich Weiblichen bewahrt. Dazu zählen Mitgefühl, Liebe, Gemeinschaftsgefühl, Fürsorglichkeit, Empathie, Nähren und Zusammenarbeit. Mit der Energie des Mondes erlangen wir die Fähigkeit, Situationen von einer höheren Warte aus zu betrachten und Menschengruppen dazu zu befähigen, als ein zusammenhängendes Ganzes zu arbeiten.

Das kosmische Seelenstern-Chakra

Orion ist bereits siebendimensional, daher hat er keinen höheren Aspekt. Er bewahrt die kosmische Weisheit.

Das kosmische Sternentor-Chakra

Der aufgestiegene Aspekt des Mars heißt Nigellay. Er setzt männliche Kraft ein, um Frieden zu stiften, und verkörpert die göttlich männlichen Eigenschaften des friedvollen Kriegers wie konstruktives Handeln, Stärke gepaart mit Sanftmut, inspiriertes Führen, Mut und die Fähigkeit, die Schwachen mit seiner Kraft zu beschützen.

Chakra	Planet, Stern oder Sternensystem	Aufgestiegener siebendimensionaler Aspekt
Erdstern	Neptun	Toutillay
Basis	Saturn	Quishy
Sakral	Sirius	Lakumay
Nabel	Sonne	Sonne
Solarplexus	Erde	Pilchay
Herz	Venus	Venus
Hals	Merkur	Telephony

Drittes Auge	Jupiter	Jumbay
Krone	Uranus	Curonay
Kausal	Mond	Mond
Seelenstern	Orion	Orion
Sternentor	Mars	Nigellay

Wenn Kathy und ich Informationen empfangen, kommen die Namen zu mir. Kumeka buchstabiert sie mir auf telepathischem Wege Buchstabe für Buchstabe. Ich spreche sie aus und schreibe sie auf, während er sie mir übermittelt. Deshalb kenne ich das ganze Wort erst, wenn es fertig buchstabiert ist. Ich war vollkommen fasziniert von den Namen der aufgestiegenen Aspekte der Planeten – besonders vom Namen des Mars, des Sternentors, der Nigellay lautet. Ich habe nämlich einen Bruder, der Nigel heißt. Ich fragte Kumeka, ob es eine Verbindung gäbe, und er antwortete, dass mein Bruder Nigel von Nigellay stammt und eine hoch entwickelte Seele ist.

Faszinierend fand ich auch den Namen Telephony, mit dem der höhere Aspekt des Merkurs bezeichnet wird, des Planeten der Kommunikation, des Hals-Chakras. Wer auch immer den Begriff Telefon erfunden hat, hatte ein gutes parapsychisches Gespür. Als wir nach Jumbay, dem höheren Aspekt des Jupiters, des dritten Auges, fragten, wurde uns gesagt, dass er mit der Schwingung von Größe und Ausdehnung zu tun hat. Sofort dachte ich an Jumbo, den Elefanten. Curonay, der aufgestiegene Aspekt des Uranus, ist sozusagen das Krönchen auf dem Kronen-Chakra.

Es war für mich außerordentlich interessant zu erfahren, dass alle aufgestiegenen Aspekte der Planeten, Sterne und Sternensysteme mit einem Y enden, das auch für die Schwingung der Engel steht. Hat jemand ein Y in seinem Namen, ist er dadurch mit den Reichen der Engel verbunden. Ich erhielt als zweiten Vornamen den Namen meiner Tante Gwendy, die eigentlich Gwendoline hieß. Da meine Eltern bei mir den Namen aber Gwendolyn buchstabierten, muss meine Mutter vor meiner Geburt telepathisch mit meiner Seele kommuni-

ziert haben. Dass meine Eltern meinen Namen mit einem Y schreiben ließen, half ohne Zweifel meiner Verbindung zu den Engeln.

Als ich vor einigen Jahren gemeinsam mit Shaaron Hutton Discover Atlantis[12] *schrieb, empfing ich den Namen Lakuma für den aufgestiegenen Aspekt des Sirius, also für jenen Stern, von dem Pferde und Einhörner stammen. Nun fragten wir mit dem neuen Verständnis, warum Lakuma nicht mit einem Y endete. Daraufhin wurde uns gesagt, dass er das sehr wohl täte. Der volle Name lautet Lakumay, aber die Menschen waren noch nicht bereit für diese Schwingung, als die früheren Bücher geschrieben wurden.*

Nun, da sich die Frequenz unseres Planeten erhöht hat, sind die Menschen in der Lage, mit Lakumay in Kontakt zu treten. Der Buchstabe A enthält das göttlich Weibliche. Wenn also ein Planet, Stern oder Sternensystem mit AY endet, weist das darauf hin, dass sich Yin und Yang im Gleichgewicht befinden.

Der SCHLÜSSEL besteht darin zu wissen, dass Sie mit allen Planeten, Sternen und Galaxien verbunden sind.

Der KLANG ist das Summen des göttlichen kosmischen Flusses.

Die FARBE ist Silber und Gold ineinander verschlungen.

12 Deutsch: *Entdecke Atlantis. Das Urwissen der Menschheit verstehen und heute nutzen.* Ansata Verlag, München 2006

Eine Visualisierung: Harmonie mit den siebendimensionalen Aspekten der kosmischen Chakras erlangen

Sie können diese Visualisierungsübung entweder ganz machen oder sich auf ein Chakra zur Zeit konzentrieren.

1. *Suchen Sie sich einen ruhigen Ort, an dem Sie nicht gestört werden.*
2. *Zünden Sie – wenn möglich – eine Kerze an.*
3. *Entspannen Sie sich und schließen Sie die Augen.*
4. *Erden Sie sich, indem Sie sich vorstellen, dass aus Ihren Fußsohlen Wurzeln tief in die Erde dringen.*
5. *Hüllen Sie sich in Erzengel Michaels blauen Schutzmantel.*
6. *Konzentrieren Sie sich auf Ihr Erdstern-Chakra und atmen Sie die Energie des universellen Engels Sandalphon ein. Rufen Sie dann das Licht des Neptuns herbei, und spüren Sie, wie es in Ihr Erdstern-Chakra eintritt. Wenn Sie damit fertig sind, erhöhen Sie die Frequenz und rufen Toutillay an. Entspannen Sie sich und nehmen Sie seine Weisheit auf.*
7. *Konzentrieren Sie sich nun auf das Basis-Chakra, wiederholen Sie diesen Vorgang, atmen Sie die Energie von Erzengel Gabriel ein und arbeiten Sie dann mit dem Licht von Saturn und Quishy.*
8. *Konzentrieren Sie sich auf das Sakral-Chakra und arbeiten Sie mit Erzengel Gabriel, Sirius und Lakumay.*
9. *Konzentrieren Sie sich auf das Nabel-Chakra und arbeiten Sie mit Erzengel Gabriel und der Sonne.*
10. *Konzentrieren Sie sich auf das Solarplexus-Chakra und arbeiten Sie mit Erzengel Uriel, der Erde und Pilchay.*
11. *Konzentrieren Sie sich auf das Herz-Chakra und arbeiten Sie mit Erzengel Chamuel und der Venus.*
12. *Konzentrieren Sie sich auf das Hals-Chakra und arbeiten Sie mit Erzengel Michael, Merkur und Telephony.*
13. *Konzentrieren Sie sich auf das Dritte-Auge-Chakra und arbeiten Sie mit Erzengel Raphael, Jupiter und Jumbay.*
14. *Konzentrieren Sie sich auf das Kronen-Chakra und arbeiten Sie mit Erzengel Jophiel, Uranus und Curonay.*
15. *Konzentrieren Sie sich auf das Kausal-Chakra und arbeiten Sie mit Erzengel Christiel und dem Mond.*

16. *Konzentrieren Sie sich auf das Seelenstern-Chakra und arbeiten Sie mit Erzengel Mariel und Orion.*
17. *Konzentrieren Sie sich auf das Sternentor-Chakra und arbeiten Sie mit Erzengel Metatron, Mars und Nigellay.*
18. *Wenn Sie die Energie dieser höheren Aspekte aufgenommen haben, entspannen Sie sich und fühlen Sie sich wie ein Wesen des Universums.*
19. *Kehren Sie nun an Ihren Ausgangspunkt zurück und öffnen Sie die Augen.*

Eine Übung: Dehnen Sie Ihre fünfdimensionalen Chakras aus

1. Nehmen Sie ein großes Blatt Papier und Buntstifte zur Hand.
2. Zeichnen Sie den Umriss Ihres Körpers.
3. Zeichnen Sie Ihre zwölf fünfdimensionalen Chakras farbig ein.
4. Schreiben Sie auf jedes den siebendimensionalen Namen der assoziierten kosmischen Chakras.
5. Während Sie dies tun, konzentrieren Sie sich auf die Schwingungsenergie der höheren Chakras.

Schlüssel 40

Das Reich der Natur: die Elemente

Alles besteht aus den vier Elementen Luft, Wasser, Erde und Feuer. Viele Menschen leben nur eines oder zwei dieser Elemente aus und müssen ihr Gleichgewicht wiederfinden. Wenn Sie sich vollkommen im Gleichgewicht befinden, sind Sie selbst einer der Schlüssel zur höheren Welt. Die Eigenschaften der Elemente stehen mit den Planeten, Sternen und Sternensystemen in Verbindung. Daher werden wir Ihnen in diesem Kapitel Informationen darüber geben, wie Sie sich diejenigen nutzbar machen können, die Sie benötigen. Es ist einfacher für Sie, die Eigenschaften Ihres Sternzeichens zu verkörpern, und wenn Sie mehrere Planeten in einem Zeichen haben, müssen Sie sich die Eigenschaften der anderen aneignen, um Ruhe und Ausgeglichenheit in Ihr Leben zu bringen.

Ich zum Beispiel bin Jungfrau, die dem Element Erde zugeordnet wird, und ich habe sieben Erdplaneten in meinem Geburtshoroskop, aber kein Luftelement. Tatsächlich bin ich sehr geerdet, muss aber darauf achten, Arbeit und Freizeit miteinander in Einklang zu bringen. Kathy ist Steinbock, also ebenfalls Erde. Sie hat drei Planeten im Erdelement, drei im Wasserelement, vier im Luftelement und zwei im Feuerelement, daher ist sie ziemlich ausgeglichen.

Luft: das Sternensystem und die Eigenschaften dieses Elements

Luft ist mit Lakumay assoziiert, dem aufgestiegenen Aspekt des Sirius. Dieses Sternensystem hat bestimmte Eigenschaften, die wir uns durch das Luftelement zunutze machen können. Dazu gehören Erleuchtung, Aufstieg, Begeisterung, Frieden, Reinheit, klare Vision, großes Vertrauen, die Fähigkeit, Zugang zu spirituellen Technologien zu entwickeln, Mut, die Fähigkeit, Dinge von einer höheren Warte aus zu betrachten, höhere geistige Eigenschaften wie die Fähigkeit, Lösungen zu finden, die göttliche Vision zu erkennen, Gnade, Würde, inspiriertes Denken, die Fähigkeit, andere Menschen zu befähigen, Freiheit, geistiges Heilen.

Atmen

Der Atem, der Hauch des Lebens, enthält die Essenz des göttlichen Quells. Wenn wir Luft einatmen, dringt Sauerstoff in unsere Zellen ein und mit ihm Licht. Die Qualität der Atmung ist wichtig. Je tiefer Sie atmen, desto mehr göttliches Licht nehmen Sie auf, das Sie ruhig und friedvoll sein lässt und Ängste auflöst.

Atmen in den Solarplexus

Wenn Sie gleichmäßig durch Ihren Solarplexus ein- und ausatmen, bringt Sie das in Kontakt mit einem tiefen inneren Frieden, was es Ihnen ermöglicht, Zugang zu Ihrer inneren Weisheit zu finden. Deshalb nennen wir diese Atmung »Friedensatmung«.

Legen Sie die Hände auf den Solarplexus und atmen Sie ganz natürlich auf Vier ein und auf Vier aus. Entspannen Sie sich, und spüren Sie, wie sich tiefer Friede in Ihnen ausbreitet.

Tiefe Bauchatmung

Wenn Sie tief in Ihren Bauch hineinatmen, können Sie auf diese Weise den Hauch des Lebens aufnehmen, der Sie mit der Natur, dem Reich der Engel, Einhörner, Elementarwesen und Meister und mit dem gesamten Kosmos verbindet.

Wenn Sie während der Ausatmung summen, weinen oder schreien, lösen Sie die Negativität in Ihrem Umfeld auf, da die Engel die Harmonien zu diesen Lauten machen und den Raum um Ihre Aura reinigen. Das geschieht aber nur, wenn Sie tief in den Bauch atmen. Aus diesem Grund können gewisse Seminare, in denen Sie Ihre Gefühle herausbrüllen sollen, so nützlich sein und manchmal große Veränderungen bewirken.

Schnappatmung

Die Schnappatmung bringt Sie in Kontakt mir Ihren verschütteten Emotionen und trägt dazu bei, diese an die Oberfläche zu bringen. Um die entsprechende Emotion aufzulösen, müssen Sie der Atmung mit der Aufmerksamkeit in den Bauch folgen und bei der Ausatmung den Klang des Gefühls machen. Dann werden die Engel das Alte umwandeln.

Als wir diese Informationen über die Schnappatmung erhielten, fiel plötzlich eine Jalousie in meinem Wintergarten herunter, sodass wir in den sonnigen Garten hinausschauen konnten. Kumeka meinte dazu: »Nun ist euch etwas klar geworden. Schaut nur, wie klar ihr jetzt sehen könnt.« Er wollte unbedingt, dass wir die Bedeutung der Verbindung von Schnapp- und Bauchatmung mit Klängen für die Auflösung blockierter Emotionen verstünden.

Schnarchen

Schnarchen wird von einer Blockierung verursacht. Diese Blockade kann emotionale Gründe haben, es ist aber auch möglich, dass der Betreffende sich einfach falsch ernährt. Schnarchen stellt den unbewussten Versuch eines Menschen dar, jene Töne zu erzeugen, welche die Engel herbeirufen, woraufhin diese dann heilende Schallwellen erzeugen. Auf irgendeiner Ebene streben wir eben alle danach, ganz zu werden.

Luft leitet Energie. Wenn Sie zum Beispiel an einem schönen klaren Tag in den Bergen sind, können Sie die hohe Frequenz der Luft fühlen. Das gilt auch für die Meere oder Wälder, in denen die Bäume die Energie gereinigt haben. Die Menschen fühlen sich automatisch zu diesen Orten mit hoher Schwingung hingezogen, weil sie anerkennen, dass die Natur die Luft reinigt.

Die Gedanken der Menschen wirken sich auf die Luftqualität aus. Sind Ihre Gedanken rein, ist die Luft um Sie herum ebenfalls rein. Auch harmonische Gesänge tragen dazu bei, die Luft zu reinigen.

Elementarwesen der Luft und ihre Rolle

Wenn sich die Luft auf Befehl von Dom, des Elementarmeisters der Luft, bewegt, reinigt sie die Energie all dessen, was sie berührt, und hebt ihr Niveau an.

Die Sylphen, die Elementarwesen der Luft, helfen dabei. Sie arbeiten mit Blumen und Pflanzen, halten die Luft um sie herum rein und ermöglichen es so dem Sonnenlicht, in die Blätter einzudringen. Da die Sylphen auf die Gedanken der Menschen reagieren, wird die Gründlichkeit der Reinigung dadurch beeinflusst. Wenn genügend Menschen ruhige und friedvolle Gedanken haben, können wir einen Hurrikan in eine sanfte Brise verwandeln.

Auch die Esaks sind Elementarwesen der Luft. Sie schlucken niedere Energien, besonders jene, die von Menschen hinterlassen wurden, und wandeln sie um.

Auch Feen, die sich um die Blumen kümmern, gehören dem Luftelement an. Diese reinen, unschuldigen, fröhlichen Wesen sind etwa 30 Zentimeter groß. Die Feen helfen den Engeln und Einhörnern.

Der Schlüssel zum Element Luft

Damit Sie mehr von den positiven Eigenschaften der Luft aufnehmen können, die wir oben beschrieben haben, tun Sie einfach Folgendes: Wenn Sie draußen in der Natur sind, stimmen Sie sich auf die Feen ein, verbinden sich mit Lakumay, Sirius, und atmen die Eigenschaften der Luft ein. Wenn Sie sich in einem Gebäude befinden, rufen Sie die Esaks an, verbinden sich mit Lakumay, Sirius, und atmen die höheren Eigenschaften ein. Wo immer Sie sind, aber besonders wenn Sie draußen sind und es windig ist, bitten Sie die Sylphen, auf telepathischem Weg zu Ihnen zu kommen und Ihre Aura zu reinigen.

Feuer: der Planet und die Eigenschaften, die mit diesem Element in Verbindung stehen

Dieses Element steht in Verbindung mit dem höheren Aspekt des Mars, Nigellay, der die folgenden Eigenschaften hat, die Sie im Interesse Ihres spirituellen Wachstums annehmen sollten: Führerschaft durch das Inspirieren anderer, weise Führung, die Fähigkeit, frei zu geben und dankbar anzunehmen, ein positives Selbstwertgefühl, Disziplin, kreativer Selbstausdruck, Umwandlung und Loslassen, Feiern, Zeremonien, Heilung durch die Umwandlung von Emotionen, Freude, Erregung, Abnabeln und Freisetzen, Vitalität, Energie, ansteckendes Lachen.

Das Element Feuer gebrauchen

Feuer reinigt, indem es niedere Energien aufbricht und sie in höhere Frequenzen umwandelt. Wird es korrekt gebraucht, ist es ein wunderbares inspirierendes Element. Das Sitzen um ein Lagerfeuer hebt die Stimmung, ein Feuerwerk entzückt uns und versetzt uns in eine festliche Stimmung. Eine Kerze, mit reiner Absicht angezündet, verbreitet Ausgeglichenheit und Harmonie. Das Kochen über einem offenen Feuer fügt der Nahrung oder dem Wasser dieselbe spirituelle Energie wie bei einer Segnung hinzu.

Wenn Sie ein Feuer machen, werden dadurch die Eigenschaften des Feuers auf Sie gezogen. Und wenn Sie in der Absicht ein Feuer machen, seine speziellen Eigenschaften anzuziehen, kommen diese noch stärker zu Ihnen.

Räuchern mit Salbei

Dies ist eine Methode, einen Menschen oder einen Ort mit den Elementen Feuer und Luft zu reinigen. Zünden Sie das Salbeistäbchen an und schwenken Sie es durch das Energiefeld einer Person. Dies bereitet die Aura auch darauf vor, die Weisheit des Salbeis zu akzeptieren. Wenn Sie eine andere Art Räucherstäbchen benutzen, wird die Energie des betreffenden Krautes in das Energiefeld der Person eindringen.

Elementarwesen des Feuers und ihre Rolle

Der Elementarmeister des Feuers ist Thor. Seine Elementarwesen sind Salamander und Feuerdrachen. Wenn Sie beim Feuermachen die Salamander anrufen, werden dadurch die höheren Eigenschaften von Nigellay, Mars, leichter übertragen, sodass Sie sie besser entwickeln können.

Drachen können aus den Elementen Luft, Erde oder Feuer bestehen, während Wasserdrachen in Wirklichkeit Wasserschlangen sind. Drachen sind vierdimensionale Elementarwesen. Mit Ausnahme der Wasserschlangen sind sie alle Feuerwesen, tragen dessen Eigenschaften in sich und setzen sie ein, um Altes umzuwandeln und die Schwingung anzuheben. Sie können die Drachen um Hilfe anrufen, wenn Sie meditieren, schlafen, Schutz brauchen oder etwas Altes umwandeln möchten. Wenn Sie jemand von der Astralebene aus angreift, werden sie sich aktiv einmischen. Drachen sind wunderbare, treue Gefährten und kümmern sich besonders um sensible Kinder.

Der Schlüssel zum Element Feuer

Der Schlüssel besteht darin, eine Kerze anzuzünden, sich mit Nigellay, Mars, zu verbinden und die Eigenschaften des Feuers herbeizurufen.

Wasser: der Planet und die Eigenschaften dieses Elements

Wasser steht mit dem Planeten Neptun in Verbindung und hat folgende Eigenschaften: fließend, reinigend, läuternd, Gnade gewährend, heilend, entspannend, Frieden bringend, erfüllend, belebend, das Alte auflösend, höhere Träume bringend, das Weibliche ins Gleichgewicht bringend, einer Vision Energie verleihend, nährend, erfrischend, Leben spendend, klärend, erleuchtend, befriedigend, alte Begrenzungen auflösend, ausdehnend, mit dem Strom schwimmend, dem Leben vertrauend, Verspieltheit auslebend, Weisheit lebend, kosmisches Wissen, heitere Gelassenheit, Intuition, Medialität, Hellsichtigkeit, Hellhörigkeit, Hellfühligkeit, Verbindung zu den Sternen.

Reines Wasser hat kosmische reinigende und heilende Eigenschaften. Wenn Sie alles Wasser segnen und dankbar dafür sind, bevor Sie es trinken oder darin baden, wird es Ihre Frequenz anheben und es Ihnen ermöglichen, seine göttliche Essenz zu absorbieren.

Elementarwesen des Wassers und ihre Rolle

Der Elementarmeister des Wassers ist Neptun, seine Elementarwesen sind Kyhils, Meerjungfrauen und Undinen.

Kyhils sind winzig kleine Wesen, welche das Wasser in Flüssen und Meeren reinigen. Meerjungfrauen arbeiten überwiegend mit der Flora und Fauna der Meere, während die Undinen dafür sorgen, dass das Wasser der Welt rein und klar bleibt.

Wenn Sie mit Wasser, in welcher Form auch immer, in Kontakt kommen, sei es als Regen oder Schnee, in der Badewanne oder im Meer, rufen Sie Neptun an und bitten Sie die Elementarwesen, Ihnen dabei zu helfen, seine Eigenschaften aufzunehmen. Rufen Sie bei Regen oder Schnee die Kyhils an, die Meerjungfrauen wenn Sie in einem See, Fluss oder Meer schwimmen, und die Undinen, wenn Sie baden oder duschen.

Der Schlüssel zum Element Wasser

Der Schlüssel besteht darin, sich im Wasser zu entspannen, sich mit Neptun zu verbinden und dann die Eigenschaften des Wassers herbeizurufen.

Erde: der Planet und die Eigenschaften dieses Elements

Das Element Erde steht mit unserem Planeten in Verbindung, was wohl kaum überraschen dürfte. Seine Eigenschaften sind: geerdet sein, gesunder Menschenverstand, fähig sein, physische Heilung, Verlässlichkeit, Empfindsamkeit, Fröhlichkeit, Verbundenheit, liebevoll, praktisch, hingebungsvoll, diszipliniert, inspiriert, Führerschaft, gutes Beispiel, die Eigenschaften von Pflanzen, Kristallen und des Bodens zum Wohle aller Wesen verstehen, die Fähigkeit, zu lehren und Konzepte zu verstehen, Ehrlichkeit, Glaubwürdigkeit, Selbstvertrauen, positives Selbstwertgefühl, Reichtum, Fruchtbarkeit, Akzeptanz, die Fähigkeit, sich größere Konzepte vorzustellen, Mütterlichkeit, nährend, Weisheit, Wissen, Geben und Nehmen im Gleichgewicht, die Fähigkeit, die alte Weisheit hervorzubringen, Entschlusskraft.

Elementarwesen der Erde und ihre Rolle

Der Elementarmeister der Erde ist Taia, seine Elementarwesen sind Kobolde, Warburtons und Elfen. Kobolde und Warburtons sind fünfdimensional und tragen die höchsten Aspekte der Erdeigenschaften in sich, die sie auf Orte und Menschen übertragen. Außerdem bringen sie fünfdimensionale Menschen und Orte zusammen.

> *Ich fand es interessant, als Kumeka uns das erzählte, denn als ich in Findhorn war, sah ich drei Kobolde, die in der Nähe meines Hauses leben. Sie waren mit drei Findhorn-Kobolden zusammen und schienen sehr beschäftigt. Später erzählte Gobolino mir, dass sie die Energie meines Hauses mit der von Findhorn verbunden hätten.*

Elfen sind vierdimensional und bringen die eben beschriebenen Eigenschaften auf vierdimensionaler Ebene zu jenen Menschen, die dafür offen sind.

Der Schlüssel zum Element Erde

Der Schlüssel besteht darin, in die Natur hinauszugehen, sich durch das Erdstern-Chakra mit der Hohlerde zu verbinden und die Eigenschaften des Erdelements aufzunehmen.

Der SCHLÜSSEL der Elemente besteht darin, sich mit Erde, Luft, Feuer und Wasser zu verbinden und ihre Eigenschaften in ein vollkommenes Gleichgewicht zu bringen.

Der KLANG ist der der Stille.

Die FARBE ist Weiß.

Eine Visualisierung: Die Elemente in sich ausgleichen

1. *Suchen Sie sich einen ruhigen Ort, an dem Sie nicht gestört werden.*
2. *Zünden Sie – wenn möglich – eine Kerze an, um die Schwingung anzuheben.*
3. *Schließen Sie die Augen und entspannen Sie sich.*
4. *Erden Sie sich, indem Sie sich vorstellen, dass aus Ihren Fußsohlen Wurzeln tief in die Erde dringen.*
5. *Hüllen Sie sich in Erzengel Michaels blauen Schutzmantel.*
6. *Stellen Sie sich vor, Sie stünden in einer leichten Brise auf einem Hügel. Sie können kilometerweit sehen. Entspannen Sie sich im Angesicht dieser Schönheit.*
7. *Die Luft ist rein und kühl, und Sie können spüren, wie das Alte in Ihnen fortgeweht wird.*
8. *Mit jeder Einatmung atmen Sie die Eigenschaften der Luft ein, die dann in Ihnen verankert und ins Gleichgewicht gebracht werden.*
9. *Sie können sehen, dass unter Ihnen in der Nähe eines Sees ein Feuer entzündet wird. Sie fühlen sich magisch davon angezogen.*
10. *Gehen Sie den Hügel hinunter und nähern Sie sich dem Feuer. Dort können Sie die hellen Funken von Salamandern sehen. Sie leuchten überall um sie herum auf und erfüllen Ihre Aura, bis Sie schließlich ganz in eine goldene Flamme gehüllt sind, die allen Ballast verbrennt.*
11. *Atmen Sie die Eigenschaften des Feuers ein, und spüren Sie, wie diese in Ihnen verankert und ausgeglichen werden.*

12. *Wandern Sie nun ans Ufer des wunderschönen klaren Sees. Sie erfreuen sich an den sanften Wellen und der Widerspiegelung des Lichtes auf der Wasseroberfläche.*
13. *Waten Sie in den See hinein, bis Sie schwimmen können. Oder lassen Sie sich einfach treiben oder legen Sie sich einfach hinein. Während Sie sich entspannen, segnen Sie das Wasser, damit es Sie reinigt und läutert.*
14. *Atmen Sie die herrlichen Eigenschaften des Elementes Wasser ein, und spüren Sie, wie diese in Ihnen verankert und ins Gleichgewicht gebracht werden.*
15. *In der Nähe des Sees befindet sich eine Wiese, zu der Sie gehen und sich dort ins Gras legen.*
16. *Spüren Sie, wie die Erde Sie unterstützt und wie Gifte und blockierte Energien aus Ihnen hinausgezogen werden.*
17. *Atmen Sie die Eigenschaften des Elementes Erde ein, und spüren Sie, wie diese in Ihnen verankert und ins Gleichgewicht gebracht werden.*
18. *Stehen Sie auf und gehen Sie am Ufer des Sees entlang. Spüren Sie, dass sich in diesem Augenblick die vier Elemente in Ihnen vollkommen im Gleichgewicht befinden?*
19. *Wie fühlen Sie sich? Nehmen Sie das Leben anders wahr? Welche Entscheidungen können Sie aus diesem ausgeglichenen Zustand heraus treffen? Schwelgen Sie einen Augenblick lang in diesem Gefühl.*
20. *Wenn Sie so weit sind, kehren Sie an Ihren Ausgangspunkt zurück und öffnen Sie die Augen.*

Eine Übung: Reinigen Sie sich mit Feuer

1. Nach der Meditation mit einer Kerze umschließen Sie sie mit den Händen und ziehen Sie die Energie in Ihre Aura, um diese zu reinigen.
2. Dies wird auch die höheren Eigenschaften der Meditation in Ihr elektromagnetisches Feld bringen.

Eine Übung: Bringen Sie Ihre Fähigkeiten des Gebens und Empfangens durch das Feuer ins Gleichgewicht

Bei vielen fortgeschrittenen Menschen muss dieser Aspekt ins Gleichgewicht gebracht werden. Diese einfache Übung wird Ihnen dabei helfen. Führen Sie sie konzentriert und mit voller Absicht aus, dann wird das Feuer seine Magie wirken können und Ihre Fähigkeit, zu geben und zu empfangen, ins Gleichgewicht bringen.

1. Zünden Sie eine Kerze an.
2. Schreiben Sie auf, wofür Sie dankbar sind.
3. Verbrennen Sie das Blatt Papier.
4. Dadurch wird das Ungleichgewicht von Geben und Empfangen aus Ihrer Aura entfernt.

Eine Übung: Die Elemente ausgleichen

1. Wenn Sie Ihr Geburtshoroskop zur Hand haben, zählen Sie, wie viele Planeten Sie in jedem der Elemente Erde, Luft, Feuer und Wasser haben.
2. Richten Sie Ihre Aufmerksamkeit besonders auf die Elemente, die Ihnen fehlen, und bringen Sie diese Eigenschaften in Ihr Leben und damit in Ihre Aura.

Schlüssel 41

Die heilige Geometrie

Formen kreieren einen Fluss. Bestimmte Formen verändern Schwingungen auf spezifische Weise und verstärken den Strom. Die alten Kulturen stellten die Ströme des Universums nicht infrage, sondern akzeptierten sie und machten sich die Wirkungen der Formen zunutze. Heute, wo unsere Wissenschaft einen bestimmten Stand erreicht hat, sind wir so programmiert, dass wir immer fragen »Warum?«. Dies ist wieder ein dreidimensionales Beispiel dafür, wie wir dem natürlichen Fluss Hindernisse in den Weg legen.

Als Kathy und ich in Guatemala waren, gingen wir auf dem Gelände einer alten Maya-Stadt spazieren. Plötzlich blieb unser Führer stehen und begann, über die Sterne und die Ausrichtung der Pyramiden an ihnen zu reden. Er nahm einen Stock und ritzte damit eine Form in den Boden, um uns etwas zu erklären. Man stelle sich unsere Aufregung und Begeisterung vor, als wir sahen, dass er den Metatron-Würfel gezeichnet hatte. Dies bestätigte uns, wie sehr die alten Maya die heilige Geometrie verstanden.

Der Fluss ist der natürliche Atem Gottes.

Der Einfluss von männlich und weiblich

Die männliche Kraft der linken Gehirnhälfte denkt logisch, untersucht alles, benutzt wissenschaftliche Definitionen und versucht, Gott und Gottes Energie nachzuweisen. Die weibliche Energie der rechten Gehirnhälfte verfügt über den natürlichen Fluss der göttlichen Eigenschaften Weisheit, Mitgefühl, Liebe, Freude, Zusammenarbeit und Frieden.

Die heilige Geometrie bringt das Männliche und das Weibliche in ein perfektes Gleichgewicht und Harmonie. So demonstriert beispielsweise das Symbol des Kreuzes in einem Kreis ideale Ausgewogenheit und Harmonie.

Gleich ob Sie sich eher zu einem Viereck oder einem Dreieck hingezogen fühlen: Es ist wichtig zu akzeptieren, was sich für Sie richtig anfühlt. Leider nutzen viele Menschen vor allem ihre logische linke Gehirnhälfte und stellen infrage, warum ein Dreieck im Moment richtig sein sollte.

Gebäude und Gärten

Alles ist von Gott erschaffen und hat eine exakte Balance von männlich und weiblich. Wenn in der Vergangenheit sakrale Gebäude gebaut wurden, waren Yin und Yang immer perfekt ausgeglichen, und die Menschen, die dort lebten oder arbeiten, wurden von dieser Harmonie beeinflusst.

Wir können das sogenannte Sick-Building-Syndrom (gebäudebezogene Krankheiten) in ein harmonisches Bausyndrom umwandeln, indem wir die Prinzipien der heiligen Geometrie anwenden.

Unser Körper

Jede Zelle des Körpers ist auf den Prinzipien der heiligen Geometrie aufgebaut und hat ausgewogene männliche und weibliche Anteile.

Die zwölf Chakras

Jede Form wird mit einer Farbe, einem Chakra und einem Erzengel assoziiert.

Chakra	Form	Farbe	Erzengel
Erdstern	Kreis	Schwarz und Weiß	Sandalphon
Basis	Quadrat	Platin	Gabriel
Sakral	Oval	Blassrosa	Gabriel
Nabel	Oval	Orange	Gabriel
Solarplexus	Sechszackiger Stern	Gold	Uriel
Herz	Yin-Yang-Symbol	Weiß	Chamuel
Hals	Dreieck (Spitze nach oben)	Königsblau	Michael
Drittes Auge	Acht (Unendlichkeitssymbol)	Durchsichtig	Raphael
Krone	Pyramide (offen oder geschlossen)	Durchsichtig	Jophiel
Kausal	Ein Kegel mit einer spiralförmigen Energie, die ins Universum hinausströmt und zurückkehrt	Weiß	Christiel
Seelenstern	Fünfzackiger Stern	Magenta	Mariel
Sternentor	Der kosmische Metatron-Würfel	Gold	Metatron

Heilige geometrische Formen

Bitte sehen Sie sich die heiligen geometrischen Figuren im Bildteil an.

Das kosmische Herz

Das kosmische Herz ist das Chakra der Venus, welches mit dem kosmischen Herzen unseres Planeten in Guatemala verbunden ist und Energie direkt in die Hohlerde leitet, von wo aus diese dann in die Leylinien eingespeist wird. Es ist der Herzschlag des Universums und seine Energie wird vom göttlichen Quell aufrechterhalten. Mutter Maria, die Einhörner, Serafina, Butyalil, Metatron und die Energie aller Planeten sind mit dem kosmischen Herzen verbunden.

Stellen Sie sich vor, Sie würden in der Mitte eines Tetraeders im kosmischen Herzen des Universums sitzen und Licht von allen Planeten, Sternen und Galaxien empfangen. Sie würden zu mehr werden als nur einem Wesen auf diesem Planeten. Sie würden Ihren Platz als kosmisches Wesen einnehmen. Ein Teil von Ihnen wäre dann mit der siebten Dimension verbunden. Das kosmische Herz ist golden, seine Blütenblätter sind die Bindeglieder zu allen Planeten, Sternen und Galaxien.

Wenn Sie im kosmischen Herzen sitzen, sind Sie mit Ihrem ursprünglichen göttlichen Funken, Ihrer Monade, der Essenz Ihres Wesens, verbunden. In diesem Augenblick sind Sie siebendimensional, weil sie mit dem kosmischen Fluss eins geworden sind. Die heilige Geometrie macht es möglich.

Der SCHLÜSSEL besteht darin, das Göttliche in allen Dingen zu erkennen und ihm zu vertrauen.

Der KLANG ist der des plätschernden Wassers.

Die FARBE ist Orange.

Eine Visualisierung: Die Planeten, Sterne und Galaxien durch die heilige Geometrie energetisieren

1. *Suchen Sie sich einen ruhigen Ort, an dem Sie nicht gestört werden.*
2. *Zünden Sie – wenn möglich – eine Kerze an.*
3. *Entspannen Sie sich und schließen Sie die Augen.*
4. *Erden Sie sich, indem Sie sich vorstellen, dass aus Ihren Fußsohlen Wurzeln tief in die Erde dringen.*
5. *Hüllen Sie sich in Erzengel Michaels blauen Schutzmantel.*
6. *Stellen Sie sich vor, dass Energie aus der Hohlerde durch jede der heiligen Formen nacheinander in jedes Ihrer Chakras dringt und den Fluss im jeweils nächsten anregt, bis die Energie das Sternentor erreicht.*
7. *Lassen Sie sie nun in das kosmische Herz fließen.*
8. *Ziehen Sie die Energie von dort heraus und leiten Sie sie an alle Planeten, Sterne und Galaxien weiter. Lassen Sie sich dafür ausreichend Zeit.*
9. *Wenn Sie damit fertig sind, kehren Sie in Ihre gegenwärtige Realität zurück und öffnen Sie die Augen.*

Eine Übung: Sich mit der heiligen Geometrie verbinden

1. Kreieren Sie mindestens zwei oder drei der heiligen geometrischen Formen mit Kreide, Steinen oder Schnur.
2. Setzen Sie sich eine Weile in jede von ihnen, und achten Sie darauf, was Sie spüren.

Eine Übung: Heilige geometrische Formen zeichnen

1. Zeichnen Sie die Formen einzeln oder überlappend und färben Sie sie ein.
2. Während Sie das tun, denken Sie über die heilige Geometrie des Universums nach.

Schlüssel 42

Licht

Es gibt viele verschiedene Lichtfrequenzen, die jeweils unterschiedliche Grade spiritueller Informationen und spirituellen Wissens enthalten. Hochfrequentes Licht enthält höhere Weisheit. Licht muss für uns nicht unbedingt sichtbar sein. Wir können es nur bis zu einer vierdimensionalen Frequenz sehen. Licht, das jenseits der vierten Dimension liegt, durchdringt unsere Zellen mit spirituellem Wissen, ohne dass wir uns dessen überhaupt bewusst sein müssen.

Sie können sich in einem dunklen Zimmer befinden und trotzdem alles »sehen«, wenn auch nicht mit Ihren physischen Augen. Sie können in einem lichtdurchfluteten Wintergarten sitzen und nichts »sehen«. Das Licht der spirituellen Erleuchtung hat mit Bewusstheit zu tun.

Ihr Licht ist die Energie Ihrer Seele, der göttliche Funke, der durch Sie hindurchscheint. Dann sind Sie voll des Lichtes der Freude, Klarheit, Liebe, Weisheit, des Wissens und anderer wunderbarer Eigenschaften und Gefühle. Licht ist eine Eigenschaft der Frequenz Ihrer Zellen.

Ihr Licht kann als Ihre Aura gesehen werden, als das elektromagnetische Licht, das Sie umgibt.

Die dreidimensionale Aura

Ein dreidimensionaler Mensch hält seine Zellen geschlossen, weil er alles nur für sich behalten will. Seine Aura hat nur einen geringen Abstand zum Körper und die Farben sind überwiegend trübe. Das mag zu

Krankheiten führen, wenn er nicht bereit ist, sein Bewusstsein zu erweitern.

Allerdings haben Krankheiten viele Ursachen, deshalb weist der Ausbruch einer Krankheit nicht unbedingt darauf hin, dass Sie ein dreidimensionaler Mensch sind. Da die heutige Zeit das Ende eines Zeitalters markiert, kommt alles, was niederer Natur ist, an die Oberfläche, damit es gereinigt werden kann. Das manifestiert sich oft in Form einer Krankheit. Vielleicht halten Sie sich an etwas aus Ihrer Vergangenheit in diesem oder einem früheren Leben fest. Manche Menschen werden krank, weil sie niedere Energien für andere auflösen. Wenn Sie daran arbeiten, das Karma Ihrer Vorfahren aufzulösen oder das kollektive Bewusstsein zu heilen, dann hat Ihre Seele diese Entscheidung getroffen. Ein anderer Grund für eine bestimmte Krankheit liegt darin, dass Ihre Seele dringend etwas aus einer Krankheit lernen möchte.

Viele Seelen, die in höheren Dimensionen leben, tragen zwar großes Licht in sich, befinden sich aber nicht im Gleichgewicht. Oft sind zum Beispiel ihre männlichen und weiblichen Anteile oder ihre emotionalen und mentalen Körper nicht im Einklang, was zu Problemen im physischen Körper führt.

Wir wurden gebeten, in diesem Kapitel auch etwas über Jugendliche zu schreiben, da unsere Gesellschaft gegenwärtig dreidimensionale Erwachsene hervorbringt, weil sie diese Menschen während ihrer Jugend eingeschränkt hat. Viele Jugendliche versuchen ihrem Herzen zu folgen, aber wir unterstützen sie nicht dabei, obwohl dies doch der einzige Weg ist, wie sie zu wunderbaren göttlichen Wesen werden können. Stattdessen schränken wir sie durch alle möglichen Regeln ein.

»Du wirst nicht Musik machen und kreativ sein, du wirst stattdessen Mathematik und Geschichte studieren.« »Mit Sport kann man kein Geld verdienen, du solltest dich mehr um deine Abschlussprüfung kümmern.« »Du musst jeden Tag in die Schule gehen, obwohl es deiner Persönlichkeit überhaupt nicht entspricht und dich nicht auf deine Zukunft vorbereitet.«

Statt zu versuchen, unsere Regeln zu verstehen und mit ihnen zu arbeiten, wehren sich Jugendliche aufgrund der physiologischen Veränderungen, die sie durchmachen, dagegen und blockieren sich so selbst.

Wir erwarten, dass sie sich wie junge Erwachsene benehmen, aber da sie nicht wissen, wer sie eigentlich sind, kommen sie häufig vom rechten Weg ab.

Die Jugend ist eine sehr kritische Zeit, da sich hier entscheidet, ob die jungen Menschen in der dritten Dimension stecken bleiben oder ob sie ihren eigenen Weg finden. Wir müssen für sie ein Umfeld schaffen, in dem sie ihre eigene Individualität finden und leben können.

Die vierdimensionale Aura

Ihre Aura dehnt sich aus, weil Sie sich sicher genug fühlen, Menschen hineinzulassen. Sie sind froh darüber, mehr von Ihrem Licht mit anderen zu teilen.

Die fünfdimensionale Aura

Da Sie auf dieser Ebene keine Geheimnisse mehr haben, müssen Sie auch nichts verstecken. Sie haben eine stark vergrößerte Aura, die auch andere mit einschließt. Sie verströmen Ihr Licht bewusst und freuen sich darüber, wenn Sie Licht von anderen empfangen.

Hellfühligkeit

Wenn Ihr Sakral- und Ihr Nabel-Chakra von Licht erfüllt sind, werden Sie hellfühlig. Mit anderen Worten: Sie fühlen die Gefühle anderer.

Hellhörigkeit

Wenn Ihr Hals-Chakra von Licht erfüllt ist, werden Sie hellhörig. Sie hören die Gedanken anderer Menschen, der geistigen Welt und der Engel oder Sie empfangen diese auf telepathischem Wege.

Hellsichtigkeit

Wenn Ihr Drittes Auge von Licht erfüllt ist, werden Sie hellsichtig. Sie blicken mit Ihrem inneren Auge durch die Schleier in andere Dimensionen hinein.

Das Seelenstern-Chakra

Dieses Chakra empfängt das siebendimensionale Licht. Gewaltig erweitertes Wissen und große Weisheit dringen durch dieses Chakra in Sie ein und lassen Ihre Aura noch heller erstrahlen.

Das Sternentor-Chakra

Dieses Chakra bewahrt die Frequenz Ihrer Monade. Reinste Erkenntnis und Weisheit von diesem Chakra erfüllt Ihre Aura und erfüllt sie mit göttlichem Licht.

Menschen, die blind oder taub sind, spüren häufig die Auras anderer Menschen, weil sie sozusagen deren Licht berühren. Wenn jemand eine Schwingung der Liebe, Freude, Heiterkeit, Weisheit, des Friedens und anderen höherer Eigenschaften hat, können Sie dies in seiner Aura spüren.

Der SCHLÜSSEL besteht darin, Ihre Aura ständig bewusst auszudehnen.

Der KLANG ist der der kosmischen Harmonie.

Die FARBE ist Weißblau.

Eine Visualisierung: Die fünfdimensionale Aura ausdehnen

1. *Suchen Sie sich einen ruhigen Ort, an dem Sie nicht gestört werden.*
2. *Zünden Sie – wenn möglich – eine Kerze an, um die Schwingung anzuheben.*
3. *Entspannen Sie sich und schließen Sie die Augen.*
4. *Erden Sie sich, indem Sie sich vorstellen, dass aus Ihren Fußsohlen Wurzeln tief in die Erde dringen.*
5. *Hüllen Sie sich in Erzengel Michaels blauen Schutzmantel.*
6. *Lassen Sie Liebe, Freude, Heilung, Weisheit, Glück und andere höhere Energien in Ihre Aura strömen.*
7. *Stellen Sie sich vor, dass wunderschöne Farben um Sie herumwirbeln.*
8. *Spüren Sie, wie sich Ihre Aura ausdehnt, während Sie sich immer mehr öffnen.*
9. *Erkennen Sie irgendwelche Geheimnisse als dunkle Flecken, die nun verblassen, da sie ans Tageslicht gebracht worden sind. Es gibt nichts zu verstecken, denn Sie befinden sich in vollkommener Sicherheit.*
10. *Stellen Sie sich vor, Sie wären mit weit geöffneter Aura auf der Arbeit, zu Hause, mit Freunden oder an irgendeinem anderen Ort.*
11. *Schließen Sie andere in Ihre herrliche fünfdimensionale Aura ein. Achten Sie darauf, wie Sie sich fühlen und wie sich die anderen fühlen.*
12. *Bitten Sie die Engel, Licht und Liebe in Sie einströmen zu lassen, sodass Sie noch heller strahlen.*
13. *Wenn Sie fertig sind, bedanken Sie sich bei den Engeln und öffnen Sie die Augen. Genießen Sie die voll ausgedehnte Aura und kehren Sie mit diesem Gefühl in Ihr Wachbewusstsein zurück.*

Je öfter Sie diese Visualisierung ausführen, desto größer und schöner wird Ihre Aura werden. Wenn Sie es möchten, können Sie Ihre Aura auch im Alltag jederzeit ausdehnen. Denken Sie aber immer daran, sich mit einem Schutz zu umgeben.

Eine Übung: Das Licht der Aura eines anderen Menschen fühlen
Finden Sie eine oder mehrere Personen, die bereit sind, das Licht ihrer Aura von Ihnen fühlen zu lassen. Bitten Sie die Person, sich seitwärts auf einen Stuhl zu setzen, damit Sie die Energie hinter ihrem Rücken spüren können. Sie kann sich aber auch auf den Boden legen.

1. Erden Sie sich, indem Sie sich auf das Gefühl des Bodens unter den Füßen konzentrieren.
2. Hüllen Sie sich und die andere Person in Erzengel Michaels blauen Schutzmantel.
3. Stimmen Sie sich auf die andere Person ein, indem Sie die Energie ihres Herzens in Ihr Herz einatmen oder indem Sie der Person die Hände auf die Schultern legen.
4. Bitten Sie die Engel, Ihnen zum Wohle aller Wesen, zu Ihrem höchsten Wohle und dem höchsten Wohle Ihres Partners zu helfen.
5. Reiben Sie Ihre Handflächen aneinander, um die Energie darin zu aktivieren.
6. Mit offenen Handflächen nähern sich Ihre Hände nun dem Partner, bis Sie ein Kribbeln oder einen Widerstand spüren. Dies zeigt die Ausdehnung der Aura an. Bewegen Sie die Hände nun um die Aura.
7. Vielleicht möchten Sie die Augen schließen und die Farbe, die Eigenschaften und die spirituellen Informationen in der Aura intuitiv spüren.
8. Wenn Sie fertig sind, trennen Sie bewusst Ihre Energie von der Ihres Partners.
9. Bedanken Sie sich bei den Engeln und bei Ihrem Partner.
10. Wenn es angebracht zu sein scheint, erzählen Sie Ihrem Partner, was Sie gefühlt haben. Dann finden Sie heraus, was er dabei gefühlt hat.

Eine Übung: Das Licht der Aura zeichnen

Dies ist eine intuitive Zeichenübung, daher werden Sie Papier und Bunt- oder Filzstifte benötigen. Sie brauchen zudem einen Partner, der bereit ist, seine Aura von Ihnen zeichnen zu lassen. Bitten Sie ihn, sich vor Sie zu setzen – am liebsten vor eine weiße Wand, aber das ist nicht unbedingt notwendig.

1. Erden Sie sich, indem Sie den Boden fest unter den Füßen spüren.
2. Hüllen Sie sich in Erzengel Michaels blauen Schutzmantel.
3. Stimmen Sie sich auf die andere Person ein, indem Sie die Energie ihres Herzens in Ihr Herz einatmen oder indem Sie der Person die Hände auf die Schultern legen.
4. Bitten Sie die Engel, Ihnen zum Wohle aller Wesen, zu Ihrem höchsten Wohle und dem höchsten Wohle Ihres Partners zu helfen.
5. Zeichnen Sie einen Kreis oder eine andere Form, die den Kopf der Person darstellen soll.
6. Denken Sie nicht nach, sondern suchen Sie intuitiv die Farben aus, die Sie in der Aura Ihres Freundes spüren.
7. Lassen Sie sich während des Malens von den Engeln leiten.
8. Wenn Sie fertig sind, ziehen Sie bewusst Ihre Energie von Ihrem Freund zurück.
9. Bedanken Sie sich bei den Engeln und bei Ihrem Freund.
10. Sprechen Sie miteinander über die Aura, die Sie gemalt haben, und darüber, welche Informationen Sie enthält und wie Sie beide sich nun fühlen.

Schlüssel 43

Der göttliche Schall

Klänge sind dreidimensional. Wenn die Engel einem Klang ihre Energie hinzufügen, wird er zu einer hochfrequenten Schallwelle, die zu einem bestimmten Zweck ausgesendet wird. Wir mögen nicht in der Lage sein, diese zu hören, weil sie jenseits des für uns hörbaren Spektrums liegt und unser Vorstellungsvermögen übersteigt, aber sie hat dennoch machtvolle Auswirkungen.

Der göttliche Schall offenbart sich in den Harmonien der Engel, die auf Liebe, heilige Geometrie, reine Absichten und Frieden reagieren, die sich im Einklang mit dem Atem Gottes befinden.

Donner

Der Donner bricht angestaute niedere Energien in der Atmosphäre auf. Er zerschmettert Negativität, die über einem Gebiet hängt, damit die darunter lebenden Geschöpfe ihr nicht länger ausgesetzt sind. Flächenblitze sind die physische Manifestation dieser Umwandlung. Linienblitze bringen die umgewandelte Energie in die Leylinien, damit sie sich über die Erde verbreiten kann.

Der Ton, der Glas zerspringen lässt

Dieser Ton zerbricht Gebilde, die nicht mehr dem Wohle aller Wesen dienen.

Das Sonar der Delfine

Das Sonar klärt den vor einem Delfin liegenden Weg von allen niederen Frequenzen, sodass sie mit reiner Absicht ihren Weg finden können. Wasser ist ein kosmisches Element, das die Weisheit des Universums enthält. Wenn die Frequenz des Wassers durch das Sonar angehoben wird, haben die Delfine leichteren Zugang zur Weisheit des goldenen Atlantis und können sie leichter aufrechterhalten.

Göttlicher Schall wurde eingesetzt, um Gebäude zu errichten

Bestimmte perfekte Noten verändern die Eigenschaften der Materie. In alter Zeit sangen spirituelle Menschen ganz bestimmte Noten, um Steine leichter zu machen. Dann konnten diese mit Geisteskraft an die vorgesehenen Bauorte gebracht werden. Sakrale Gebäude wurden mit dieser Methode erbaut. Während des goldenen Zeitalters von Atlantis wurden Gebäude auf diese Weise errichtet.

Levitation

Levitation ist auch ohne begleitende Klänge möglich, aber wenn Sie sich auf die Absicht konzentrieren, jemanden zu heben, machen die Engel genau die Töne, welche den betreffenden Menschen leichter machen. Dann kann er mit Leichtigkeit in die Höhe gehoben werden.

Unsichtbarkeit

Auch dafür braucht man eigentlich keinen begleitenden Klang. Wenn Sie Ihre Schwingung so weit anheben, dass Sie eins mit der Umgebung werden, passen die Engel Sie so an diese an, dass Sie nicht mehr sichtbar sind.

> *Vor vielen Jahren saß ich auf einer Bank im Garten einer ganz besonderen spirituellen Gemeinschaft. Ich fühlte mich von tiefen Frieden erfüllt. Als mich meine Gruppenmitglieder suchten, schauten sie mich zwar direkt an, konnten mich aber nicht sehen. Dann kehrte ich auf die Erde zurück und erschien ihnen zu ihrer großen Überraschung wieder.*

Teleportation

Damit Sie mit Ihrem physischen Körper teleportieren – also verschwinden und woanders wieder auftauchen – können, verändern die Engel die Schwingungsfrequenz Ihrer Zellen. Das war während des goldenen Zeitalters von Atlantis eine ziemlich normale Fähigkeit.

Pflanzenwachstum

Wenn Sie Ihr Herz öffnen und – äußerlich oder innerlich – mit Pflanzen und Bäumen sprechen, erzeugen die Engel Töne, die ihnen helfen zu wachsen.

Elementarwesen

Elementarwesen wie Feen und Elfen bewahren die Vision des Bauplans einer Pflanze, und die Engel erzeugen die Töne, die den Pflanzen helfen, ihr Potenzial zu erfüllen.

Summen oder stechende Schmerzen im Ohr

Wenn Sie ein Summen hören oder einen stechenden Schmerz im Ohr verspüren, versuchen die Engel und Ihre Führer, Ihren Widerstand zu brechen und Ihre Frequenz anzuheben.

Sowohl Kathy als auch ich haben dies häufig erlebt. Erzengel Metatron bringt mein rechtes Ohr zum Summen oder bereitet mir einen plötzlichen kurzen Schmerz, um meine Aufmerksamkeit auf etwas zu lenken. Dann weiß ich sofort, dass ich aufmerksam sein, mich erden oder positiver denken muss. Kumeka und gelegentlich auch andere Führer oder Engel machen dasselbe mit meinem linken Ohr. Kathy sagt, dass sie ein Summen in den Ohren hört, wenn alle anderen Versuche der Engel, ihre Aufmerksamkeit zu erregen, wie Druck oder Schmerz im Dritten Auge gescheitert sind.

Heilige Geometrie und göttlicher Schall

Wird ein Gebäude gemäß der heiligen Geometrie geplant, singen die Engel jene Töne, die dafür sorgen, dass es auch auf perfekte göttliche Weise errichtet wird. Beispiele dafür sind die Basilika Sacré-Cœur in Paris und die Salisbury Cathedral in England, die in einem Überschwemmungsgebiet gebaut wurde, damit das Wasser die Energie rein halten kann.

Engel erzeugen keine göttlichen Klänge, um schlecht konstruierte Gebäude zu unterstützen.

Eine Pyramide, die perfekt an den Aufstiegsgestirnen ausgerichtet ist, zieht erstaunliche Schallwellen an, welche von den Menschen beim Betreten gespürt werden.

Heilung

Die Engel reagieren mit göttlichen Klängen auf die Vision göttlicher Vollkommenheit, auf die sich Heiler und Patient konzentrieren.

Mutter und Kind

Wenn eine Mutter ihr Herz öffnet und ihrem Kind etwas vorsingt oder vorsummt, fügen die Engel ihre Energie hinzu, indem sie Töne erzeugen, welche die Bindung zwischen Mutter und Kind stärken.

Der Mond

Die Engel singen bei Vollmond über der Welt, und die Schallwellen treten in das Wasser ein, um es zu reinigen und seine Frequenz anzuheben. Sie wühlen das Wasser aber nicht auf.

Die Elemente

Über herrlichen Orten in der Natur, an denen die Elemente Feuer (Sonne), Luft (sanfte Brise), Erde (üppige Vegetation) und Wasser (Schnee, Flüsse, Seen oder Meere) vorhanden sind, singen die Engel Harmonien und erhöhen so die Frequenz noch mehr. Aus diesem Grund berühren uns solche natürlichen Kleinode so sehr.

Das Morgenkonzert der Vögel

Die Engel erzeugen durch den Gesang der Vögel Harmonien, durch welche die Frequenz von Menschen, Tieren und der Natur insgesamt angehoben wird.

Klangschalen

Klangschalen erzeugen perfekte Schwingungen für die Engel, die mit ihnen arbeiten, um blockierte Energien freizusetzen.

Rosemary Stephenson ist eine der Lehrerinnen an der Diana Cooper School und eine gute Freundin von mir. Sie hat immer ihre Kristallschalen dabei, wohin sie auch gehen mag. Ich war mit ihr schon an verschiedenen Orten wie der Krypta von Rosslyn Chapel in Schottland, dem Tempelkomplex von Angkor Wat in Kambodscha und einem Iglu in der Arktis. Überall hat sie ihre Schalen klingen lassen. Der Klang ist wahrlich engelhaft, und man kann hören, wie die Engel darauf reagieren und die Energie umwandeln. Man kann die Gegenwart der Engel deutlich spüren und hören.

Musik

Wann immer Musik in reiner Absicht zum Wohle aller Wesen gespielt wird, erzeugen die Engel die Harmonien dazu. Dabei ist es ganz gleichgültig, welches Instrument gespielt wird. Die Absicht der Zuhörer wirkt sich ebenfalls auf die Schwingung aus.

Meine Freundin Diane Egby-Edwards spielt alle möglichen Instrumente, darunter auch den Gong, das Didgeridoo, Flöten und Kristallschalen. Sie liebt die Akustik in meiner Küche, wenn sie Didgeridoo spielt, und die Engel lieben sie ebenso.

Kathy meint, es gäbe ein bestimmtes Lied, das ihr Herz besonders anrührt. Sie weiß, dass die Engel über ihr singen, um alten Schmerz in ihrem Herzen aufzulösen, wenn es gespielt wird.

Unser Planet

Auf unserem Planeten gibt es große Disharmonien, sodass er brüllt wie ein außer Kontrolle geratener Schnellzug. Wir alle sind aufgefordert, uns die Erde als perfekt vorzustellen und die Engel zu bitten, Harmonien über uns zu singen, bis der Planet ein zufriedenes Schnurren hören lässt.

Unschuldiges Lachen, das Spiel einer sanften Brise in den Bäumen, Windspiele, Wasserfälle, das Rollen der Wellen auf den Strand, wunderschöne Gesänge oder das Schlagen von Vogelflügeln sind göttliche Töne, die niedere Energien auflösen.

Der SCHLÜSSEL besteht darin, alles in vollkommen reiner Absicht zu tun.

Der KLANG ist der des Gesangs der Engel.

Die FARBE ist ein blasses Goldgelb.

Eine Visualisierung: Mit Harmonien heilen

1. *Suchen Sie sich einen ruhigen Ort, an dem Sie niemand stören wird.*
2. *Entzünden Sie eine Kerze, um die Schwingung anzuheben.*
3. *Schließen Sie die Augen und entspannen Sie sich.*
4. *Erden Sie sich, indem Sie sich vorstellen, dass aus Ihren Fußsohlen Wurzeln tief in die Erde dringen.*
5. *Hüllen Sie sich vollständig in Erzengel Michaels blauen Schutzmantel.*
6. *Konzentrieren Sie sich auf die Absicht, jemanden zum Wohle aller Wesen zu heilen.*
7. *Stellen Sie sich die Person als vollkommen gesund vor.*
8. *Summen Sie, während Sie die Engel bitten, über der betreffenden Person zu singen.*
9. *Stellen Sie sich einen Wasserfall aus wunderschönen Harmonien vor, die auf sie hinunterfallen.*

10. *Lassen Sie alle Erwartungen los. Sie können sich sicher sein, dass Sie Ihren Teil getan haben.*
11. *Danken Sie den Engeln, kehren Sie ins Hier und Jetzt zurück und öffnen Sie die Augen.*

Eine Visualisierung: Für die göttliche Vollkommenheit des Planeten

1. *Sie können diese Visualisierungsübung überall ausführen, drinnen oder draußen, im Liegen oder im Gehen.*
2. *Stellen Sie sich die Erde als wunderschön mit einer herrlich strahlenden Aura vor.*
3. *Stellen Sie sich vor, dass alle Tiere, Vögel, Bäume, Pflanzen und Menschen in perfekter Harmonie singen.*
4. *Bitten Sie die Engel, die Welt mit Harmonien zu überschütten.*
5. *Spüren Sie, wie die Erde schnurrt oder leise summt.*
6. *Wenn Sie fertig sind, öffnen Sie die Augen – falls diese geschlossen waren.*

Eine Übung: Zum Wohle aller Wesen in Klängen baden

1. Richten Sie Ihre Aufmerksamkeit auf das Wohl aller Wesen.
2. Hören Sie Musik oder schlagen Sie Klangschalen an.
3. Seien Sie sich bewusst, dass die Engel mit Ihnen singen.

Schlüssel 44

Eigenschaften der goldenen Erde

Es gibt viele Eigenschaften, welche die Tore zur Einheit aufstoßen können. Jede von ihnen hat dieselbe Schwingung wie eine Musiknote und ein heiliges geometrisches Symbol. Zusammen erzeugen sie eine Symphonie wahrhaft magischer Kräfte. Wenn diese Symphonie gespielt wird und Sie Ihr Herz dafür öffnen, erfahren Sie wahre Erleuchtung, weil Sie sich dann im Einklang mit dem Herzschlag der Erde befinden.

Es reicht nicht aus, rein intellektuell etwas über eine Eigenschaft zu wissen. Sie müssen Sie fühlen, erforschen und sie in Ihr Leben integrieren. Für diesen Schlüssel wurden uns 20 zu erforschende Energien gegeben, von denen jede eine heilige geometrische Form erzeugt.

1. *Unschuld, Reinheit und bedingungslose kosmische Liebe – das Unendlichkeitssymbol*

Klares Wasser ist ein Medium, das diese Eigenschaften bewahrt und durch das sich göttliche Liebe ausbreitet.

2. *Demut und Selbstheilung – der Kreis*

Um zu verstehen, was wahre Demut bedeutet, sollten wir an einen Wurm denken, der still und demütig im Boden arbeitet. Würmer sind Hermaphroditen, sie pflanzen sich also ohne Partner fort. Wird ein Stück abgetrennt, können sie dieses nachwachsen lassen. Dies kann für uns ein Symbol für Selbstheilung sein.

Einer der Schlüssel hat mit Selbstheilung zu tun, wozu auch gehört, dass man Verantwortung für sich selbst übernimmt und nicht anderen die Schuld für irgendetwas gibt. Um wirklich unabhängig und bewusst zu sein, muss man eigenständig sein und die Kontrolle über sich selbst haben. Würmer gehen vollkommen in ihrer Arbeit auf. Sie sind blind, sie müssen alles erspüren. So bieten sie uns eine Lektion in Demut, Eigenständigkeit und Hingabe.

3. *Gemeinschaftsgefühl – der Kreis*
Ohne Sterne gäbe es auch keine Erde. Die Gestirne sind alle Teil eines himmlischen Körpers, haben verschiedene Energien und jedes ist für alle anderen unerlässlich. Jedes Lebewesen auf diesem Planeten ist vom Licht der Sterne erfüllt, das uns spirituelle Informationen und Wissen übermittelt und uns zusammenhält.

Nehmen Sie sich Zeit, um sich die Sterne anzuschauen und die große Einheit zu spüren.

4. *Lernen – das Quadrat*
Wölfe jagen im Rudel. Jeder Wolf hat eine von allen anerkannte Rolle in der Gruppe, die bereits vor der Geburt festgelegt wurde und in der Reihenfolge der Geburten widergespiegelt wird. Die Jungen lernen von der Weisheit der Alten, um das zu tun, was für das Ganze von Nutzen ist.

Wenn Sie über diese Eigenschaft nachdenken, denken Sie an die Weisheit der alten Kulturen und daran, wie sie zusammengearbeitet haben, um die Erde und alle ihre Bewohner zu ehren.

5. *Freude am Freisein, göttlichen Botschaften lauschen, flexibel sein – die Acht*
Haben Sie jemals einem Vogel zugeschaut, wie er durch die Lüfte fliegt und mühelos auf den Luftströmungen schwebt? Die Vögel zeigen uns die Freude am Freisein. Sie haben gelernt, sich an die Elemente – in diesem Fall die Luft – anzupassen und ihre Strömungen zu nutzen. Haben Sie jemals einen Vogel gehört, der sich das Herz aus dem Leibe singt? Er erinnert uns daran, dass wir ungeachtet der Umstände glücklich sein und unser Glück der Welt mitteilen sollten. Vögel hören auf die Botschaften der Elemente und lehren uns, das Leben nicht so schwer zu

nehmen. Wenn Sie den Vögeln zuschauen, können Sie Lektionen von unschätzbarem Wert lernen.

6. *Intuition – die Acht*
Es gibt Zeiten, da muss man sich auf seine Vision konzentrieren und alles geben, um sie zu verwirklichen. Man muss seiner inneren Gewissheit entschlossen folgen. Bewundern Sie nicht auch den Mut und die Kraft des Lachses, der von seinem Instinkt und seiner Intuition angetrieben wird? Er weiß, er muss gegen die Strömung schwimmen, um das zu erreichen, was gut für ihn ist. Und dann tut er es. Viele Menschen würden angesichts solcher Hindernisse aufgeben, aber diese Fische vertrauen einfach und tun es.

7. *Erdung – das Quadrat*
Bäume sind die gütigsten aller fühlenden Wesen. Sie verwurzeln sich in der Energie der Erde, ziehen ihre Nahrung aus ihr und spüren die Liebe und Unterstützung der Erde. Sie folgen automatisch ihrem göttlichen Bauplan und wachsen auf dem Weg zum Licht ohne Selbstzweifel um Hindernisse herum oder durch sie hindurch. Zudem bewahren und verbreiten sie die Weisheit aller Zeiten.

Wenn Sie sich gegen einen großen Baum lehnen, können Sie die Liebe der Erde durch seinen Stamm pulsieren fühlen. Bäume sollen uns daran erinnern, dass wir unsere Füße fest in der Erde verankern und gleichzeitig dem Höchsten entgegenstreben müssen. Dann werden wir zu Mitgliedern des kosmischen Lichtnetzes.

8. *Opfer und Süße – offene und geschlossene Pyramide*
Wenn Sie Ihr Leben für einen anderen hingeben, zum Beispiel indem Sie bedingungslos für ihn sorgen, verschenken Sie göttliche Gnade und dadurch machen Sie sich selbst heilig. Wenn Sie gleichzeitig dem Universum dienen, indem Sie anderen freizügig den Nektar Ihrer Liebe schenken, sind Sie gesegnet.

Das beste Beispiel für diese Eigenschaften sind die Bienen, die ein strukturiertes Leben führen und sich zum Wohle des Ganzen aufopfern würden. Gleichzeitig schenken sie anderen Lebewesen ihre Süße und heilen sie dadurch. Wenn Sie sich auf diese Geschöpfe einstimmen und lernen sie zu verstehen, beginnen Sie diese Eigenschaften in Ihr Leben zu integrieren.

9. *Weisheit mit Freude – die Acht*
Delfine sind die Geschöpfe auf unserem Planeten, die ein freudvolles Leben führen und gleichzeitig die Weisheit des Universums bewahren. Sie sind die Hohepriester und Hohepriesterinnen der Meere, beschützen die Schwachen und Verletzlichen, heilen Mitglieder ihrer eigenen Art und anderer Arten zum Wohle aller Wesen. Sie besitzen die Fähigkeit, Schönheit in allem zu sehen, und andere wissen zu lassen, dass sie sie sehen.

Sie kommunizieren unterschwellig mit anderen, sodass diese sich angenommen fühlen. Durch ihr Verhalten bringen sie andere ihrer Art und Mitglieder anderer Arten – einschließlich der Menschen – dazu, sich ihnen gegenüber loyal zu verhalten.

Wenn Sie diese Eigenschaften einüben, werden Sie zu einem Hohepriester oder einer Hohepriesterin.

10. *Feuer – das Oval*
Feuer ist etwas ganz Besonderes. Es erzeugt Licht, reinigt und entspannt die Menschen und ermöglicht es ihnen, in einen höheren Bewusstseinszustand einzutreten. Es verschenkt seine Leben spendende Wärme und erzeugt ein Gefühl des Willkommenseins, gibt den Menschen Hoffnung und – was am wichtigsten ist – ermöglicht es ihnen zu sehen.

Wenn Sie diese Eigenschaften in sich selbst finden und sich anderen schenken, sind Sie ein Lebensspender.

11. *Schönheit – der sechszackige Stern*
Man muss nur Blumen in ihren leuchtenden Farben und ihrer unschuldigen Schönheit anschauen, um sich inspiriert zu fühlen. Blumen lehren uns, auf das Licht der Sonne, auf das göttlich Männliche, zu reagieren, sodass wir automatisch von dessen Leben spendenden Eigenschaften genährt werden. Blumen befinden sich im Einklang mit dem Fluss des Kosmos. Wenn wir es ihnen gleichtun, erstrahlen wir in unserer inneren Schönheit.

12. *Das göttlich Männliche – der sechszackige Stern*
An einem sonnigen Tag ist alles glücklicher, freundlicher, heller und leichter. Die Sonne verkörpert das göttlich Männliche. Ihre Macht und Stärke spendet Leben und bringt der Welt Wärme und Licht.

Wenn Sie in der Energie der Sonne baden oder es sich vorstellen und die Energie einatmen, stärken Sie Ihre göttlich männliche Energie.

13. *Das göttliche Weibliche – der fünfzackige Stern*
Es gibt wohl nichts, was so schön und geheimnisvoll ist wie der Mond. Indem er auf sanfte Weise die göttlich weibliche Energie ausstrahlt, beeinflusst er die Gezeiten, den Wind und das Wetter und sorgt dafür, dass alles in Bewegung und im Fluss bleibt.

Wenn Sie im Licht des Mondes baden oder es sich vorstellen, verstärken Sie Ihre göttlich weiblichen Eigenschaften.

14. *Ein Neugeborenes – Yin-Yang-Symbol*
Die meisten Menschen werden tief in ihrem Herzen berührt, wenn sie ein Neugeborenes sehen oder im Arm halten. Gleich ob es sich dabei um ein Baby oder ein kleines Tier handelt, spüren wir seine Weisheit, Umschuld, Harmlosigkeit und Verletzlichkeit, da es immer noch mit der Reinheit des göttlichen Quells verbunden ist. Die Zerbrechlichkeit eines Neugeborenen bringt uns in Kontakt mit unserer göttlichen Essenz.

15. *Lachen – nach oben gerichtetes Dreieck*
Falls Sie jemals ein Baby vor Freude glucksen gehört, ein Pferd mit fliegender Mähne dahingaloppieren oder ein Kind lachend mit dem Schlitten einen Hang hinunterfahren gesehen haben, mussten Sie wahrscheinlich ebenfalls lachen oder zumindest lächeln. Wenn jemand aus purer Lust und Freude am Leben lacht, dann ist er eins mit der Freude des Universums, das ihn dann unterstützt. Ein solcher Mensch gibt sich in diesem Augenblick dem Leben vorbehaltlos hin.

16. *Tiefe Dankbarkeit dafür, am Leben zu sein – nach oben gerichtetes Dreieck*

Wenn Sie im ersten Licht des neuen Tages barfuß durch das taufrische Gras gehen und die Welt um Sie herum frisch und rein ist, will Ihr Herz angesichts des Wunders, am Leben zu sein, beinahe platzen. Das ist Dankbarkeit. Immer wenn Sie die wunderbare Welt, in der wir leben, von Herzen würdigen, wird das Universum darauf positiv reagieren.

17. *Frieden – der kosmische Metatron-Würfel*

Stellen Sie sich eine gut genährte Katze vor, die sich wohlig in der Sonne räkelt, und spüren Sie ihren tiefen inneren Frieden. Wenn Sie eins mit sich selbst und dem Kosmos sind, befinden Sie sich in Harmonie und Ihnen kann nichts passieren. Dann wissen Sie, dass sich in Ihrer Welt alles in perfekter Übereinstimmung mit Gott befindet, und Sie erfahren einen Frieden, der alles Verstehen übersteigt.

18. *Magie und Mysterium – der fünfzackige Stern*

Haben Sie schon einmal das Gesicht eines kleinen Kindes gesehen, das sieht, wie ein Schmetterling aus seinem Kokon schlüpft? Es erinnert uns an die Aufgeregtheit, mit der wir selbst als Kinder die Wunder des Universums erforscht haben. Wir wissen doch, dass es so viel mehr zu entdecken gibt als das, was wir sehen oder berühren können. Vielleicht haben Sie dieses Gefühl ja auch gehabt, als Sie zum ersten Mal Kontakt zu einem Einhorn, einem Engel oder einer Fee hatten, eine Sternschuppe gesehen oder eine neue Dimension erlebt haben. Auf uns alle warten immer neue Reiche des Wunderbaren.

19. *Verheißung – Kegel mit spiralförmiger Energie*

Seit Anbeginn der Zeiten haben die Menschen um die Magie des Regenbogens gewusst. Der Regenbogen verheißt uns, dass neue, bessere Dinge auf uns zukommen werden. Er vermittelt die Hoffnung und die Gewissheit, dass das Universum auf die Wünsche und Absichten des Herzens reagieren wird und dass alles im Einklang mit der göttlichen Ordnung geschieht.

Achten Sie darauf, was Sie fühlen, wenn Sie das nächste Mal einen Regenbogen sehen, denn das Hüpfen Ihres Herzens öffnet Ihnen Türen.

20. *Mit dem Herzschlag der Erde im Einklang sein – Yin-Yang-Symbol*
Je mehr wir die höheren Eigenschaften in unser Leben integrieren, desto mehr sind wir im Einklang mit dem Herzschlag der Erde. Jede Eigenschaft hat eine andere Note und gemeinsam ergeben sie eine Harmonie oder einen Schlüssel. Mit dem Herzschlag der Erde im Einklang sein, ist einer der Schlüssel zur höheren Welt.

Der SCHLÜSSEL besteht darin, sich selbst und andere wie perfekte göttliche Wesen zu behandeln.

Der KLANG ist der einer Engelsharfe.

Die FARBE ist Schwarz und Weiß – wie das Yin-Yang-Symbol.

Eine Visualisierung: Die Eigenschaften der goldenen Erde erleben

1. *Suchen Sie sich eine Eigenschaft oder eine Form aus, die Sie erforschen möchten.*
2. *Suchen Sie sich einen ruhigen Ort, an dem Sie niemand stören wird.*
3. *Entzünden Sie eine Kerze, um die Schwingung anzuheben.*
4. *Schließen Sie die Augen und entspannen Sie sich.*
5. *Erden Sie sich, indem Sie sich vorstellen, dass aus Ihren Fußsohlen Wurzeln tief in die Erde dringen.*
6. *Hüllen Sie sich vollständig in Erzengel Michaels blauen Schutzmantel.*
7. *Visualisieren Sie die Form, für die Sie sich entschieden haben, und stellen Sie sich vor, Sie würden darin sitzen.*
8. *Nehmen Sie Kontakt zur entsprechenden goldenen Eigenschaft in sich selbst auf und gehen Sie ganz in ihr auf.*
9. *Atmen Sie sie in Ihre Zellen hinein.*
10. *Wenn Sie fertig sind, bringen Sie Ihre Aufmerksamkeit wieder in die Wachrealität zurück und öffnen Sie die Augen.*
11. *Praktizieren Sie diese Eigenschaft im Alltag.*

Eine Übung: Sich auf die Eigenschaften der Einheit einstimmen

1. Zeichnen Sie die entsprechenden Formen, während Sie über die Eigenschaften nachdenken.
2. Sie können mehrere übereinanderzeichnen und sehen, wie sie verschmelzen, während Sie über die Energien, die sie repräsentieren, nachdenken.

Schlüssel 45

Das kosmische Herz

Das kosmische Herz versorgte die Kristallpyramiden, die einst die Kuppel über dem goldenen Atlantis bildeten, mit Energie. Nach dem Untergang von Atlantis wurden einige der Pyramiden an strategische Orte gebracht, an denen sich Portale befanden – zum Beispiel Mount Shasta, Uluru und die sechs kosmischen Pyramiden in Ägypten, Tibet, Griechenland, Mesopotamien, Peru und Guatemala. Die anderen verblieben in den inneren Welten.

Die Harmonische Konvergenz von 1987 markierte den Beginn einer 25-jährigen Läuterungsphase. Weil damals Millionen Menschen meditierten und für den Weltfrieden beteten, gab es eine starke Reaktion aus der geistigen Welt. Saint Germain brachte die Gebete zum göttlichen Quell, und die violette Flamme, die bisher nur von wenigen benutzt worden war, wurde zum ersten Mal seit dem Untergang von Atlantis zurückgebracht, damit die Massen sie benutzen konnten.

Ein weiteres Ergebnis der Gebete der Menschheit bestand darin, dass die restlichen Kristallpyramiden der Kuppel über das ganze Universum verteilt wurden. Sie sind durch reine Liebe miteinander verbunden und warten darauf, 2012 aktiviert zu werden.

Wenn sich das spirituelle Herz-Chakra des Planeten in Glastonbury im Jahr 2012 öffnet, wird es mit dem kosmischen Herzen in Verbindung treten und alle Pyramiden aktivieren. Dann werden die Herzzentren aller Planeten, Sterne und Galaxien miteinander verbunden sein.

Wenn dies geschehen ist, werden sich die Pyramiden drehen und ihre Energien mit jener der Großen Kristallpyramide in der Hohlerde vereinen. Dank ihrer kombinierten Weisheit werden sie in der Lage sein, die Weisheit in der Pyramide der Hohlerde zu erwecken und an ihrer Energie, Weisheit und Liebe teilzuhaben. Sie werden ihre göttliche Essenz miteinander verschmelzen, die dann auf die kosmischen Eigenschaften des Wassers übertragen werden. Das wird bis 2032 geschehen und dadurch wird unser Universum vollständig in die fünfte Dimension überführt werden.

Die Pyramide in der Hohlerde wird vollständig erwachen und ihre Weisheit, Energie und Liebe in die Leylinien einspeisen. Wenn wir unser Erdstern-Chakra erden, können wir uns damit verbinden.

Dadurch wird das Bewusstsein der Menschen bis ins Jahr 2032 dramatisch erweitert werden, und alle Barrieren werden niedergerissen werden, die der interstellaren Kommunikation bisher im Weg standen.

Wenn Sie so weit sind, werden Sie von Mutter Marias Engeln ins kosmische Herz gebracht, um dort in Liebe gehüllt zu werden.

Der SCHLÜSSEL besteht darin, die Engel zu bitten, während des Schlafes Ihren Geist in das kosmische Herz zu bringen und ihn dort in Liebe zu hüllen.

Der KLANG ist der eines Baby, das Liebe empfängt.

Die FARBE ist Golden, Weiß und Rosa.

Eine Visualisierung: In das kosmische Herz eintreten

1. *Suchen Sie sich einen ruhigen Ort, an dem Sie niemand stören wird.*
2. *Entzünden Sie eine Kerze, um die Schwingung anzuheben, oder stellen Sie Blumen in eine Vase.*
3. *Schließen Sie die Augen und entspannen Sie sich.*
4. *Erden Sie sich, indem Sie sich vorstellen, dass aus Ihren Fußsohlen Wurzeln tief in die Erde dringen.*
5. *Hüllen Sie sich vollständig in Erzengel Michaels blauen Schutzmantel.*

6. *Sie sind nun von Mutter Maria und ihren Engeln umgeben. Sie können ihr wunderbares Mitgefühl und ihre große Liebe spüren.*
7. *Sie führen Sie an Ihren Platz in der Mitte einer weiß-rosafarbenen Rose mit einem goldenen Zentrum.*
8. *Spüren Sie, wie die Energie reiner Liebe in Sie einströmt.*
9. *Über Ihnen wird eine schimmernde Kristallpyramide platziert.*
10. *Entspannen Sie sich und genießen Sie.*
11. *Wenn es an der Zeit ist zurückzukehren, holen Mutter Maria und ihre Engel Sie ab und bringen Sie an Ihren Ausgangspunkt zurück.*
12. *Öffnen Sie langsam die Augen.*

Eine Übung: Sich mit dem kosmischen Herzen verbinden

1. Malen Sie eine rosafarbene Rose mit einem goldenen Zentrum.
2. Legen Sie ein Bild von sich selbst darauf.
3. Zeichnen Sie die Umrisse einer Pyramide um die Rose herum.

Schlüssel 46

Reine Liebe – die Verbindung zum Göttlichen

Der göttliche Quell hatte die ursprünglichen göttlichen Funken, die Monaden, aus reiner Liebe erschaffen. Reine Liebe stellt keinerlei Forderungen und akzeptiert alles, wie es ist. Sie dehnt ihre Energie auf alles aus, aber man kann sie nur fühlen, wenn man ganz im gegenwärtigen Augenblick lebt.

Wann immer Sie reine Liebe geben oder empfangen, kommen die Engel hinzu und senden ihr Licht durch Sie hindurch.

Im Augenblick sein

Es heißt, das JETZT wäre ein Geschenk, ein Präsent. Wenn Sie sich im JETZT befinden, können Sie reine Liebe von Menschen, Engeln und dem Universum empfangen. Das ist das perfekte Präsent überhaupt!

Beispiele

Wenn Sie nach einem Unfall unter Schock stehen und die Menschen Sie voller Mitgefühl ansehen, dringt ihre Liebe in Ihre Chakras ein und lässt Ihre Zellen erstrahlen. Dies ist eine sehr reine Form des Heilens, die Sie automatisch annehmen, weil der Schock Sie geöffnet hat.

In Zeiten völliger Stille und Akzeptanz, zum Beispiel, wenn Sie meditieren oder einen herrlichen Sonnenuntergang beobachten, können die Engel, Einhörner und Elementarwesen Sie mit ihrer reinen Liebe berühren, wovon alle Zellen Ihres Körpers profitieren.

Wenn Sie Freude an etwas haben und vor lauter Entzücken laut herauslachen, können die Engel, Elementarwesen, Einhörner und alle Wesen der geistigen Welten Sie berühren.

Wenn Sie in Kontakt mit den Elementen Luft, Wasser, Feuer oder Erde sind, können die geistigen Welten ihre reine Liebe leichter in Sie einströmen lassen. Zu solchen Aktivitäten gehören: im Meer schwimmen, Sonnenbaden, mit dem Wind tanzen, barfuß auf der Erde gehen, in die Flammen eines Feuers schauen oder auf der Erde liegen und eine Biene oder Blume beobachten. Die geistigen Welten können während dieser Zeit göttliche Liebe über Sie ausschütten.

Manche Menschen erleben das, wenn Sie mit Delfinen schwimmen. Wenn Sie Ihre Angst vor dem Wasser loslassen und sich nicht mehr auf das Schwimmen konzentrieren, sodass Sie vollkommen im gegenwärtigen Moment sind, werden die Delfine die reine Liebe der Engel zu Ihnen bringen.

Nachdem er uns dies erzählt hatte, bat uns mein Führer Kumeka an Zeiten zu denken, in denen wir diese Verbindung gespürt hatten.

> *Kathy hatte einen Moment der Glückseligkeit erlebt, als sie in Durlston Head im englischen Dorset war. Mit den nackten Füßen im hohen Gras, der Sonne im Rücken und dem vom Wind zerzausten Haar schaute sie über das Meer hinaus. Sie hielt Ausschau nach Delfinen. Obwohl sie keine sehen konnte, waren anscheinend welche da. In diesem Augenblick berührten die Engel sie.*
>
> *Wenn man in der Nähe von großen Tieren ist und ihre majestätische Energie, Macht, Kraft und völlige Furchtlosigkeit spürt, ist man von großer Ehrfurcht erfüllt. In solchen Momenten kann man die reine Liebe der Engel empfangen. Als ich vor vielen Jahren in Kenia war und in Begleitung eines Führers einen Abendspaziergang machte, gingen wir durch Giraffen, Elefanten und anderes Großwild hindurch. Ich verspürte ein unglaubliches Gefühl des Friedens und der*

Ehrfurcht. Das war einer der magischen Momente in meinem Leben, in denen ich von den Engeln berührt wurde, obwohl ich mir dessen damals nicht bewusst war.

Ein anderes Mal besuchte ich meinen Sohn und seine Partnerin, die für ein Jahr nach Neuseeland gezogen waren. Zu Weihnachten schenkten sie mir eines der besten Geschenke meines Lebens: einen Tag lang Wale beobachten. Wir sahen Hunderte von Walen um unser Boot herum tauchen und mit ihren Schwanzflossen aufs Wasser schlagen. Es war einfach magisch. Die Engel hatten uns berührt.

Ähnlich war es, als ich in einem staubigen Tal in Thailand auf dem Boden saß und den Kopf eines riesigen Tigers in meinem Schoß hatte. Als ich telepathisch zum Tiger Kontakt aufnahm und er mir antwortete, erlebte ich einen dieser glückseligen Momente. Auch der atemberaubende Moment in Hawaii gehörte dazu, als ich flüssige rote Lava ins Meer fließen sah, und ein anderer, als ich in den Grand Canyon hinunterschaute.

Dies sind so wunderbare Augenblicke, weil wir zulassen, dass die Schleier gelüftet werden und die höheren Reiche mit uns Kontakt aufnehmen. In diesen Augenblicken können magische, wunderbare Dinge geschehen.

Augenblicke, in denen man völlig in der Gegenwart ist, sind häufig Krisenmomente, in denen es nur noch ums Überleben geht. Wenn Sie zum Beispiel auf einer Landstraße fahren und vor Ihnen plötzlich ein Reh die Straße überquert, empfangen Sie in den Sekunden, in denen Sie auf die Bremse treten, reine Liebe, um die Angst auszugleichen.

Kathy war einmal in Südamerika auf einer Aussichtsplattform im Wipfel eines sehr hohen, schwankenden Urwaldriesen (ihre Worte), als sie plötzlich intensive Höhenangst bekam. Uns wurde gesagt, dass sie in dem Augenblick einen Schub reiner Liebe von den Engeln empfing, was ihr half.

Eine meiner Töchter erkrankte im Alter von zehn Wochen an Meningitis. Als ich sie aus der Wiege nahm, wusste ich, dass sie furchtbar krank sein musste. Ich trug sie auf ihrer Baumwollmatte nach unten, um den Arzt anzurufen. Die Engel sagten mir später, dass sie mich in dem Augenblick mit ihrer Liebe überschüttet hätten, um mir Kraft zu geben.

Selbstlosigkeit

Reine kosmische Liebe wird über Sie ausgeschüttet, wenn Sie sich selbst vergessen und selbstlos handeln. Soldaten, die vorwärtsstürmen, um ihre Kameraden zu retten, ohne auch nur einen Gedanken an die eigene Sicherheit zu verschwenden, empfangen diese reine Liebe der Engel in der Form gesteigerten Mutes. Selbst wenn sie bei ihrem Versuch sterben sollten, sind die Engel doch stets bei ihnen.

Wenn Sie einen Unfall sehen und den Verletzten zu Hilfe eilen, ohne an die Konsequenzen für sich selbst zu denken, schütten die Engel ihre Energie über Ihnen aus. Reine Engelliebe ist die Macht, die es einer Mutter ermöglicht, einen Schrank von ihrem Kind zu heben, den sie normalerweise keinen Zentimeter bewegen könnte. Auf diese Weise erlangen wir übermenschliche Kräfte.

Das Selbstbewusstsein anderer zu stärken ist eine Form der reinen Liebe, bei der die Engel Ihnen helfen werden. Wenn Sie der Natur selbstlos helfen, empfangen Sie diese Liebe – zum Beispiel wenn Sie einen Fluss säubern und dabei nur an die Tiere und das Wasser denken. Wenn Sie ein verletztes Tier voller Mitgefühl so schnell wie möglich zu einem Tierarzt bringen, eilen die Engel herbei, um Ihnen zu helfen.

Menschen, die andere mit offenem Herzen und in reiner Absicht heilen, empfangen ebenso reine Liebe wie Ärzte, Chirurgen oder Krankenschwestern, die mit ähnlich reinem Herzen und in guter Absicht arbeiten.

Wenn Sie uneigennützig darum bitten, dass Ihr Geist während des Schlafes in die inneren Welten gehen möge, um dort anderen zu helfen, gilt dies als bedingungsloses Angebot, das eine Reaktion des Universums auslöst. Ihre spontane Reaktion auf die Nöte anderer oder Ihre fürsorgliche Einstellung sind Energien, die höhere Mächte herbeirufen, die Sie mit Licht erfüllen.

Kreativität

Leidenschaftlichkeit und Kreativität sind reine Liebesenergien, wenn Sie in Kunstwerke, Skulpturen, Gärten, Musik oder jede andere visionäre Tätigkeit mit einfließen. Die Engel lassen ihre Energie dann in das Kunstwerk einströmen, sodass die Betrachter die göttliche Liebe empfangen können.

Der SCHLÜSSEL des Empfangens besteht darin, ganz im gegenwärtigen Augenblick zu sein. Auf diese Weise öffnen Sie sich dem Fluss der Liebe der Engel. Wenn Sie etwas von Herzen geben, können die Engel dazukommen und ihre Energie hinzufügen.

Der KLANG ist der des schlagenden Herzens.

Die FARBE ist Aquamarin für empfangen und Rosa für geben.

Eine Visualisierung: Geben und empfangen

1. *Suchen Sie sich einen ruhigen Ort, an dem Sie niemand stören wird.*
2. *Entzünden Sie – wenn möglich – eine Kerze, um die Schwingung anzuheben.*
3. *Schließen Sie die Augen und entspannen Sie sich.*
4. *Erden Sie sich, indem Sie sich vorstellen, dass aus Ihren Fußsohlen Wurzeln tief in die Erde dringen.*
5. *Hüllen Sie sich vollständig in Erzengel Michaels blauen Schutzmantel.*
6. *Hüllen Sie sich in rosafarbene Liebe, und stellen Sie sich vor, dass Sie anderen Menschen etwas von Herzen geben.*
7. *Hüllen Sie sich in die Farbe Aquamarin, und stellen Sie sich vor, dass Sie in Dankbarkeit etwas von anderen Menschen und dem Universum empfangen.*

8. *Wenn Sie fertig sind, richten Sie Ihre Aufmerksamkeit wieder auf das Zimmer und öffnen Sie die Augen.*

Eine Übung: Etwas von Herzen geben

1. Tun Sie heute etwas Selbstloses.
2. Verbringen Sie Zeit mit einem einsamen Menschen, hören Sie zu, ohne zu urteilen, kochen Sie einer Freundin ihr Lieblingsessen. Sie können alles tun.
3. Der wichtigste Teil dieser Übung besteht darin, es mit offenem Herzen zu tun, ohne eine Gegenleistung zu erwarten.

Eine Übung: Werden Sie sich des gegenwärtigen Augenblicks bewusst

1. Üben Sie heute, im Jetzt zu leben.
2. Um dazu fähig zu sein, müssen Sie sich Ihrer Gedanken und Gefühle ständig bewusst sein. Nehmen Sie die Gefühle jedes Augenblicks wahr, ohne an Zukunft und Vergangenheit zu denken. Es hilft, wenn Sie »In diesem Augenblick bin ich …« sagen oder denken.

Schlüssel 47

Die geistigen Gesetze (Alchemie und Magie)

Auf der fünfdimensionalen Ebene bedeutet das Gesetz des Karmas, dass Sie die Lektionen, die Ihnen präsentiert werden, lernen und auf positive Weise handeln müssen. Dann können alchemistische Veränderungen stattfinden. *Wunder sind das Resultat davon, dass Sie Ihre Energie oder die eines anderen in Übereinstimmung mit der göttlichen Perfektion bringen.*

Was Sie geben, das werden Sie wiederbekommen. So sind positive Gedanken zum Beispiel fünfdimensional. Sie berühren andere Menschen und erhöhen ihre Schwingung, sodass ein wundersamer Wandel in ihrer Einstellung stattfinden kann.

George und Lorraine, zwei Freunde von mir, gehörten einem Klub an, dem auch ein sehr unbeliebtes Mitglied angehörte. Da dieser Mann immer mürrisch war und sich über alles beklagte, gingen ihm die anderen Mitglieder aus dem Weg. George und Lorraine aber beschlossen, ihm immer nur positive liebevolle Gedanken zu schicken und ihn so zu behandeln, als würden sie ihn mögen. Wenn sie ihm begegneten, grüßten sie ihn herzlich, und baten ihn, sich zu ihnen zu gesellen. Wann immer sie an ihn dachten, konzentrierten sie sich nur auf seine guten Eigenschaften. Er veränderte sich ihnen gegenüber auf dramatische Weise, wurde freundlich, entspannt und interessiert. Und es sollte nicht lange dauern, da hatte er seine neue Einstellung auch auf die anderen Mitglieder ausgedehnt. Heute ist er eine beliebte, höchst willkommene Persönlichkeit im Klub.

Massage

Wenn Sie jemanden massieren und sich die betreffende Person dabei in ihrer göttlichen Vollkommenheit vorstellen, kommt es zu einer tiefen Zellentspannung, die zu einem gleichmäßigen Energiefluss in den Chakras führt. Das kann zu einer magischen Wandlung der Energie, Gesundheit und Einstellung des Behandelten führen.

Mediale Sitzungen

Wenn Sie eine mediale oder spirituelle Sitzung mit der Absicht abhalten, Informationen zu übermitteln, die dem höchsten Wohle der Person, mit der Sie arbeiten, dienen, werden Sie Zugang zur göttlichen Führung erlangen.

Heilung

Konzentrieren Sie sich immer auf die göttliche Vollkommenheit der Person, die Sie heilen. Ihre positive Energie wird Heilung manifestieren, wenn sich der Patient ebenfalls in Harmonie mit Ihrer Vision befindet. Dann können Wunder geschehen.

Gärtnern

Wenn Sie etwas pflanzen, konzentrieren Sie sich auf die Vision, die Pflanze möge sich gemäß ihrem göttlichen Bauplan entwickeln. Dann werden die Elementarwesen dafür sorgen, dass dies tatsächlich geschieht.

Beziehungen

Stellen Sie sich ein liebevolles Gleichgewicht zwischen Geben und Empfangen in Ihren Beziehungen vor. Dadurch werden sie auf wundersame Weise verwandelt werden.

Erziehung

Erziehen heißt hervorbringen, was im Kern angelegt ist. Wir wurden aufgefordert, unsere Erkenntnisse anderen nicht aufzudrängen, da das nicht der Sinn von Erziehung ist. Hören Sie stattdessen der Person, die Sie erziehen, zu, locken Sie ihre Weisheit heraus und ermutigen Sie sie, ihre Begabungen zu entwickeln. Dabei ist Lob ein wichtiges Instrument. Die Person, die Sie unterrichten, wird sich wie eine Blüte öffnen, um zu geben und zu empfangen.

Berufs- und Geschäftsleben

Bleiben Sie Ihrer höchsten Integrität treu. Die Wahrheit hat eine Schwingung, die von anderen gespürt werden kann und die dazu führt, dass sie sich sicher fühlen, weil sie wissen, dass sie Ihnen vertrauen können. Dann werden Sie automatisch eine Arbeit anziehen, die Ihnen entspricht. Dies gilt unabhängig davon, ob Sie nun angestellt oder selbstständig sind.

Der Umgang mit sich selbst

Wenn Sie sich selbst lieben, ehren und respektieren, hat das einen magischen alchemistischen Effekt auf Ihren Körper und Ihr Leben. Jede Zelle speichert die positive Energie, die Sie sich selbst schicken. Dies wirkt sich auf Ihre DNA aus und kann selbst tief sitzende genetische Strukturen verändern. Auf diese Weise bleiben Sie glücklich und gesund und ziehen gleichgesinnte hochfrequente Menschen an. Ihre positive Einstellung sorgt dafür, dass Sie Ihrer höchsten Bestimmung entgegenwachsen können.

Ernährung

Gute reine Nahrung und klares Wasser nähren unsere Zellen, halten unseren Körper gesund und sorgen dafür, dass unser Geist im Gleichgewicht bleibt. Wenn Sie Ihr Essen und das Wasser, das Sie trinken, segnen und dankbar dafür sind, sorgt die Energie der Engel dafür, dass Ihre Schwingung hoch bleibt.

Die Medien

Unabhängig davon, was Sie sehen oder lesen, müssen Sie immer intuitiv selbst entscheiden, was für Sie stimmt, und immer selbstständig denken.

Die Medien verbreiten Informationen. Sind diese inspirierend und informativ, kann die Schwingungsfrequenz von Millionen Menschen angehoben werden. Berichten die Medien über Katastrophen, gibt das der Welt die Möglichkeit, Mitgefühl und heilende Energie in die betreffende Region zu senden, um dort die Schwingung anzuheben.

Die Alchemie liegt darin, dass wir gemeinsam daran arbeiten können, uns selbst und bestimmte Umstände umzuwandeln, zu verändern, zu inspirieren und zu erleuchten. Die Magie besteht darin, dass wir dadurch alle zusammengebracht werden und uns als eins erfahren.

Kreativität

Kreativität setzt göttliche Ausdruckskräfte, die heilige Geometrie, Schönheit, Alchemie und Magie in uns frei. Ein Gemälde, ein Gebäude oder ein Garten können uns inspirieren und unsere Schwingung anheben. Eine derart inspirierte Kreativität ist Magie, da sie uns für Gott öffnet.

Der SCHLÜSSEL ist, dass Magie geschieht, wenn Sie die Wahrheit Ihrer Seele zum Ausdruck bringen.

Der KLANG ist der der klaren Note der Wahrheit.

Die FARBE ist Kristallklar.

Eine Visualisierung: Alchemie und Magie kreieren

1. *Suchen Sie sich einen ruhigen Ort, an dem Sie niemand stören wird.*
2. *Entzünden Sie – wenn möglich – eine Kerze.*
3. *Schließen Sie die Augen und entspannen Sie sich.*
4. *Erden Sie sich, indem Sie sich vorstellen, dass aus Ihren Fußsohlen Wurzeln tief in die Erde dringen.*
5. *Hüllen Sie sich vollständig in Erzengel Michaels blauen Schutzmantel.*
6. *Denken Sie an etwas, das Sie wirklich gern tun oder erschaffen würden. Das kann alles sein, vom Malen eines Bildes über die Anpflanzung eines Gartens bis hin zum Einstieg in die Politik.*
7. *Sitzen Sie still da und spüren Sie die Wahrheit oder die Essenz Ihres Wunsches.*
8. *Erschaffen Sie in Ihrer inneren Welt eine Vision davon.*
9. *Stellen Sie sich vor, wie Sie mit anderen darüber reden, und hören Sie den Klang der Wahrheit in Ihren Worten.*
10. *Wenn Sie hundertprozentig und von ganzem Herzen davon überzeugt sind, dass dies Ihre Wahrheit ist, dann werden sich Alchemie und Magie ereignen.*
11. *Öffnen Sie sich, um das zu sein, was Sie sein wollen.*

Eine Übung: Behandeln Sie sich selbst mit Respekt

Erstellen Sie eine Tabelle für eine Woche, um Folgendes festzuhalten:

1. Welche Nahrung nehme ich zu mir? Ist sie nahrhaft und gut für mich?

2. Bewege ich mich genug? Auf welche Art: Spazierengehen, Yoga, Fitness, Schwimmen?
3. Wie reinige ich meinen Körper und mein Gesicht?
4. Kann ich mich entspannen?
5. Wie viel Freizeit habe ich während dieser Woche eingeplant?
6. Wie habe ich auf Menschen reagiert? Lache ich genug?
7. Verbringe ich genug Zeit in der Natur?

Bringen Sie mehr von dem, was Sie brauchen, in Ihr Leben.

Schlüssel 48

Einssein

Wir sind alle eins. Alle und alles sind Aspekte des einen göttlichen Quells. Wenn Sie das wissen, gleicht sich Ihre Schwingungsfrequenz jener des göttlichen Quells an. Dann sehen Sie das Licht Gottes in allen Wesen, und weil Sie es sehen, geben Sie ihm mehr Energie, sodass es sich ausdehnen kann.

In diesem Einheitsbewusstsein ist Ihr Herz völlig offen. Ihr erleuchtetes Selbst gibt großzügig, empfängt dankbar, ist voller Mitgefühl und Empathie. Sie akzeptieren voller Liebe alle genau so, wie sie sind. Sie sind der Herzschlag des Universums.

Wenn Sie die Einheit vollständig erfahren haben, sind Sie gegenüber allem im Universum klar und offen. Sie sehen und verstehen voller Dankbarkeit das Wirken der Elementarwesen. Sie ehren und lieben die Engel. Sie wandeln Hand in Hand mit den Meistern.

Sie kommunizieren auf telepathischem Wege mit Steinen, Kristallen, Pflanzen, Bäumen, Elementarwesen, Elementen, Tieren, Insekten, Menschen, Engeln, Einhörnern, Meistern, den alten Weisen und mit Gott.

Sie bringen automatisch Ihr altes Wissen von diesem Planeten und Ihren Verbindungen zu den Sternen hervor. Sie können auf telepathischem Wege Informationen, Wissen und Weisheit von allen fühlenden Wesen abrufen.

Da Sie in der Schwingung der Wahrheit leben, haben Sie vollkommenes Vertrauen und fühlen sich absolut sicher. Das führt automatisch dazu, dass Sie einen tiefen göttlichen Frieden verspüren. Sie werden allwissend, das heißt, sie wissen alles, was es zu wissen gibt.

Sie sind vollkommen autark und im vollkommenen Gleichgewicht. Sie sind gleichermaßen mit Himmel und Erde verbunden und wissen genau, wer Sie als Erdenwesen sind.

Sie vertrauen dem göttlichen Fluss und wissen, dass von allem genug da ist. Nach dem Gesetz der Anziehung ziehen Sie gleichgesinnte Seelen an und strahlen nichts als Freude aus.

Ihre Zellen strahlen für alle sichtbar.

Ihr intuitives Verständnis der heiligen Geometrie bedeutet, dass Sie sich automatisch im Einklang mit Ihrem göttlichen Bauplan befinden. Sie setzen Ihre Kenntnisse der heiligen Geometrie jederzeit spontan ein, zum Beispiel wenn Sie das Essen auf Ihrem Teller platzieren.

Die Eigenschaften der Elemente befinden sich in Ihrer Persönlichkeit im Gleichgewicht.

Sie wissen alles und sind frei. Gleichzeitig erfreuen Sie sich täglich am Wunder des Lebens, dem Wunder der sich entfaltenden Natur. Sie sind rein und unschuldig.

Ihre zwölf Chakras sind ständig offen und Sie sind vollständig mit Ihrer Seele und Monade, mit dem göttlichen Quell und mit der Hohlerde verbunden.

> *Kathys Engel sagten zu ihr: »Die unglaublichste Eigenschaft, die ein Mensch haben kann, ist zu akzeptieren, wer er ist. Erkennt, wie wunderbar ihr seid, wisset dies auf der tiefsten Ebene eurer Zellen. Spürt diese Energie durch euch hindurchstrahlen, durch die Aura und ins Universum und in die anderen Existenzebenen hinaus, wo sie alles auf ihrem Weg berührt. Erkennt an, wie inspirierend das für all jene ist, die es spüren; wisset, wie es für euch ist, wenn ihr die Energie empfangt, die andere ausstrahlen. Unterschätzt niemals eure Macht. Wir haben nur ein winziges Teilchen der Energie des Universums mit euch geteilt und euch die Schlüssel gegeben – die Intention, die Vision der Farben und ein Gefühl für die Klänge –, damit ihr euch an ihnen erfreut und es ihnen gestattet, sich zu entfalten und euch auf eurer Reise zu Erleuchtung und Aufstieg zu unterstützen. Dies ist nur der Anfang. Wir lieben euch alle … eure Freunde, die Engel.«*

Niemand, der sich inkarniert hat, hat bisher die Ebene des Einsseins verwirklicht, aber diese Informationen wurden uns gegeben, weil dies bis ins Jahr 2032 möglich sein wird.

Der SCHLÜSSEL besteht darin zu wissen, dass wir Gott sind.

Der KLANG ist jeder Klang.

Die Farbe ist Schwarz und Weiß, Yin und Yang.

Eine Visualisierung: Sich mit seiner eigenen Göttlichkeit verbinden

1. *Suchen Sie sich einen ruhigen Ort, an dem Sie niemand stören wird.*
2. *Entzünden Sie – wenn möglich – eine Kerze, um die Schwingung anzuheben.*
3. *Schließen Sie die Augen und entspannen Sie sich.*
4. *Erden Sie sich, indem Sie sich vorstellen, dass aus Ihren Fußsohlen Wurzeln tief in die Erde dringen.*
5. *Hüllen Sie sich vollständig in Erzengel Michaels blauen Schutzmantel.*
6. *Stellen Sie sich vor, der große universelle Engel Metatron stünde vor Ihnen.*
7. *Er hält Ihnen einen Spiegel vor, in dem Sie Ihre innere Schönheit, Ihre Herrlichkeit, Ihre Großartigkeit und Ihr göttliches Selbst sehen können.*
8. *Während Sie Ihr wahres Licht sehen, fühlen Sie Ihr Einssein mit allem, was ist.*
9. *Entspannen Sie sich in dieses Wissen hinein.*
10. *Wenn Sie sich vollständig und ganz fühlen, bringen Sie Ihre Aufmerksamkeit ins Zimmer zurück und öffnen Sie die Augen.*

Eine Übung: Einssein spüren

1. Üben Sie heute, Ihr Einssein zu spüren, indem Sie praktizieren, was wir Ihnen in diesem Kapitel mitgeteilt haben.
2. Öffnen Sie zum Beispiel Ihr Herz für jemanden, der furchtbare Gräueltaten begangen hat, und senden Sie ihm strahlende Liebe.
3. Platzieren Sie Ihr Essen nach den Prinzipien der heiligen Geometrie.

Ausklang

Wir fühlen uns sehr privilegiert, die Informationen in diesem Buch empfangen zu haben. Wir haben uns bemüht, unser Energieniveau so hoch zu halten, dass wir sie so rein und unverfälscht wie möglich von Kumeka und den Engeln empfangen konnten.

Durch die Arbeit an diesem Buch haben wir unendlich viel gelernt. Wir sind überzeugt, dass es bestimmte Dinge gibt, die wir tun können, und dass uns diese Visualisierungen und Übungen direkt auf die Schlüssel einstimmen, die uns die Tore zu den Geheimnissen der höheren Welt aufstoßen.

Wir sehen und hören alles, was uns begegnet, auf eine völlig neue Art und Weise, weil wir damit begonnen haben, Zugang zur Weisheit der Alten zu erlangen. Das erfüllt uns mit einem Gefühl der freudigen Erregung und staunenden Ehrfurcht.

Wir spüren, dass das Leben nie wieder wie früher sein wird.

Anhang

Zusammenfassung der Schlüssel zur höheren Welt

	Schlüssel	Klang	Farbe	Bewahrt von
48 miteinander verbundene Schlüssel				
1	tief entspannen und Tiere und Erde ehren	der Weckruf, der alle einlädt, in der fünften Dimension zu leben	Golden	Atlantis
2	mit dem göttlichen Quell verbinden und die eigene Energie in Harmonie mit der bedingungslosen Liebe der Erde bringen	das tiefe Summen, das die vier Aufstiegsgestirne verbindet	Weiß-Golden	Lemuria
3	die Weisheit aller Planeten vereinen	der Wind, der durch die Wälder weht, und die Musik der Berge	Blass-Gelb	Mu
4	mit dem alten Wissen, der Weisheit und dem Licht verbinden, das im Kern Afrikas liegt, mit der Energie der Elementarmeister verschmelzen	Trommeln, die wie der Herzschlag des Planeten klingen	Violett-Grün	Petranium

	Schlüssel	Klang	Farbe	Bewahrt von
5	dem göttlichen Quell vollkommen vertrauen, dass man etwas Einzigartiges und Wunderbares erschaffen kann	der Klang der Geburt, der Herzschlag	Schneeweiß	Angala
6	die Füße auf der Erde und die Liebe im Herzen spüren und dem Didgeridoo zuhören	das Didgeridoo	Grün	die Aborigines
7	verstehen, wie Energie genutzt werden kann, um alles in Harmonie und Ganzheit zu bringen	ein von Herzen kommender Freudenschrei und ein herzliches Summen	Golden	die Inkas
8	verstehen und akzeptieren, wer man ist, damit man in Harmonie mit dem göttlichen Bauplan und dem Planeten leben kann	Stille, gefolgt von einem sanften Anschlagen des Beckens	Rosa-Goldfarben	die Azteken
9	mit dem arbeiten, was die Natur zum Wohle aller Wesen bereitstellt, und die geistigen Gesetze verstehen und anwenden	fließendes Wasser	Kristallin mit grünem Aquamarin	die Babylonier
10	mit dem sechszackigen Stern verbinden und so den Himmel auf die Erde und die Erde in den Himmel bringen	ein hochfrequenter, sehr hoher Ton wie ein Grashüpfer oder das sanfte Rauschen von Engelsflügeln	Königsblau	die Ägypter

	Schlüssel	Klang	Farbe	Bewahrt von
11	seine Unschuld und Reinheit bewahren und auf die höhere Führung hören	der Klang von Wasser, das von einem Eiszapfen tropft	Blauweiß wie Eis	die Inuit
12	das Land und alle seine Bewohner ehren	schnelles Trommeln, der Herzschlag des Landes	Rotbraun	die amerikanischen Ureinwohner
13	auf die Weisheit der Delfine einstimmen, die Erde und die Weite des Universums erforschen	der Klang des Muschelhorns	Silbrigblau	die hawaiischen Kahunas
14	nach den Prinzipen des Mitgefühls, der Friedfertigkeit und Gewaltlosigkeit leben und in die Stille eintreten	Sprechgesang	Weiß	die Tibeter
15	die Liebe im Herzen tragen und in die Natur ausatmen, damit die Welt wachsen und blühen kann	perlendes Gelächter, klingelnde Glöckchen, Flötenspiel	Rosa	die Mayas
16	alles im Kosmos in Resonanz und Harmonie bringen	der Gesang der Sterne und wachsender Pflanzen	Grüngold	die Mesopotamier
17	den Geist entwickeln, damit dieser den Körper heilt	die Harfe, die alles im Universum verbindet	Mittelgelb	die griechische Kultur
18	die Intuition entwickeln und auf die heiligen Mysterien des Universums einstimmen	klatschen	Mittelblau	die Maoris

	Schlüssel	Klang	Farbe	Bewahrt von
19	mit der Acht verbinden	das Summen der Pyramide, die uns mit dem Universum verbindet	Karmesinrot	Große Pyramide und Sphinx in Ägypten
20	vom Herzen her heilen und alle in Liebe hüllen	singende Engel	Blauweiß	Mount Shasta, Kalifornien
21	bedingungslose Liebe fokussieren und verbreiten	das Summen des Herzens, das den Kristallschädel, die Sterne und die heilige Geometrie verbindet	blasses Kristallrosa	die kosmische Maya-Pyramide, Guatemala
22	männliche und weibliche Energien ins Gleichgewicht bringen, um die harmonische Koexistenz zu verwirklichen	ein tiefer Gong, der langsam in der Stille verklingt	plejadisches Blau	Agata, Russland
23	die geistigen Gesetze verstehen und befolgen	ein lauter werdender Gong	schimmerndes Perlmutt	die kosmische Pyramide, Griechenland
24	vollkommen im tiefen inneren Frieden entspannen, der über jedes Verstehen hinausgeht	der Flügelschlag einer Taube	Strahlendweiß	große kosmische Pyramide, Tibet
25	der Intuition vertrauen und sie zum Wohle aller Wesen weise und kraftvoll einsetzen	der Schrei des Kondors	silberner Mondstein	die Pyramide unter Machu Picchu, Peru
26	inneren Frieden erlangen und dem göttlichen Willen folgen	unschuldiges Lachen	Regenbogen	Hohlerde-Portal, USA

	Schlüssel	Klang	Farbe	Bewahrt von
27	Agape – höhere Liebe – entwickeln und ausleben	der Gesang der Engel über Liebe	Rosigpink	Honolulu
28	die Weisheit des Sirius durch heilige Geometrie einbringen	barfuß Tanzen auf weicher Erde	Königsblau	Dogon-Portal, Mali
29	voller Hoffnung auf den Großen Kristall von Atlantis einstimmen	das Murmeln einer sich kräuselnden Meeresoberfläche	Meeresgrün	Bermudadreieck, Karibik
30	Freundschaftlichkeit, Warmherzigkeit, Gemeinsamkeit und Zusammenarbeit praktizieren, um Harmonie auf der fünfdimensionalen Ebene herzustellen	der Klang des Feierns	Orange	Pazifik in der Nähe der Fidschi-Inseln
31	die Eigenschaften aufnehmen, welche uns die Vögel durch ihre Laute übermitteln	das Morgenkonzert der Vögel	das Himmelblau eines wolkenlosen Himmels	das Vogelreich
32	das Tierreich ehren, respektieren und annehmen	Affengeschnatter	Goldgelb bis Weiß	das Tierreich
33	reines Wasser segnen, es trinken und darin baden, sich der Weisheit des Wasserreiches öffnen	der Ruf der Wale und Delfine	Aquamarin	das Reich der Meerestiere
34	die Bedeutung des Reiches der Elementarwesen anerkennen	hohes melodisches Summen	Grün	das Reich der Elementarwesen

	Schlüssel	Klang	Farbe	Bewahrt von
35	um Hilfe zum Wohle aller Wesen bitten	ein Harfenorchester	Golden	das Engelreich
36	den ursprünglichen göttlichen Bauplan entdecken	der Klang der Eigenschaften, die mit dem Atem auf eine höhere Stufe gehoben werden	Golden	das Reich der Devas und Reptilien
37	loslassen und in den Fluss des Lebens eintauchen	Stille	Kristallklar	Zeit und Geschwindigkeit
38	die eigene Wahrheit leben	einmal eine Klangschale anschlagen	durchsichtiges Weiß	andere Dimensionen
39	wissen, dass man mit allen Planeten, Sternen und Galaxien verbunden ist	das Summen des kosmischen Flusses	Silber und Gold ineinander verschlungen	andere Planeten, Sterne und Galaxien
40	mit Erde, Luft, Feuer und Wasser verbinden und deren Eigenschaften in ein vollkommenes Gleichgewicht bringen Luft: auf die Elementarwesen der Luft einstimmen und die höheren Eigenschaften einatmen	Stille	Weiß	das Reich der Natur (Elemente)

	Schlüssel	Klang	Farbe	Bewahrt von
	Feuer: eine Kerze anzünden, mit Nigellay, Mars, verbinden und die Eigenschaften des Feuers aufnehmen Wasser: im Wasser entspannen, mit Neptun verbinden und die Eigenschaften des Wassers herbeirufen Erde: in die Natur gehen, durch das Erdstern-Chakra mit der Hohlerde verbinden und die Eigenschaften der Erde aufnehmen			
41	in allem das Göttliche erkennen und ihm vertrauen	plätscherndes Wasser	Orange	die heilige Geometrie
42	ständig die Aura ausdehnen	kosmische Harmonie	Weißblau	das Licht
43	alles in vollkommen reiner Absicht tun	der Gesang der Engel	blasses Goldgelb	der göttliche Schall
44	sich selbst und andere wie perfekte göttliche Wesen behandeln	eine Engelsharfe	Schwarz und Weiß, das Yin-Yang-Symbol	die Eigenschaften der goldenen Erde

	Schlüssel	Klang	Farbe	Bewahrt von
45	die Engel bitten, den Geist während des Schlafes zum kosmischen Herzen zu bringen und ihn dort in Liebe zu hüllen	ein Baby, das Liebe empfängt	Golden, Weiß und Rosa	das kosmische Herz
46	ganz im Augenblick sein, um die Liebe der Engel zu empfangen, von Herzen geben, damit die Engel ihre Energie hinzufügen	der Herzschlag	Aquamarin (empfangen) Rosa (geben)	die reine Liebe – die göttliche Verbindung
47	die Wahrheit der Seele zum Ausdruck bringen	die klare Note der Wahrheit	Kristallklar	die geistigen Gesetze
48	wissen, dass wir Gott sind	jeder Klang	Schwarz und Weiß, Yin und Yang	Einssein
Zwei goldene kosmische Schlüssel				
49	auf den Bauplan des Planeten einstimmen	das kosmische Orchester aller Klänge	Himmelblau	Hohlerde
50	den universellen Metatron-Würfel verstehen	das kosmische Orchester aller Klänge	Blaugrün	Sirius

Die *Diana Cooper School* ist eine gemeinnützige Organisation, die überall auf der Welt Lehrerausbildungen in den Bereichen Engel, Aufstieg, Atlantis, Transformation, 2012 und lemurisches Heilen anbietet. Mehr dazu finden Sie auf www.dianacooperschool.com.

Über die CD

Kumeka ließ uns von Anfang an wissen, dass das Buch durch eine CD ergänzt werden sollte, auf der alle Klangschlüssel zur hoheren Welt enthalten sein sollten.

Ein Teil der CD ist für Hohlerde, ein anderer für Sirius. Zum Abschluss sind die Klänge wie in einem Orchester zusammengefügt. Sie werden vielleicht in der Lage sein, bestimmte Noten und Schlüssel zu erkennen, aber eigentlich geht es darum, sie alle gemeinsam in Harmonie zu hören, sodass Sie alle Schlüssel zur höheren Welt gleichzeitig hören. Dann finden Sie Zugang zu ihnen und können Sie benutzen, um die Geheimnisse der weisen Alten zu entschlüsseln. Dadurch werden Sie einer von jenen sein, die den Planeten und alle seine Bewohner in der fünften Dimension halten, damit alle Wesen aufsteigen können.

Wir verbrachten einen äußerst spannenden, interessanten und lustigen Abend damit, die Klänge der Schlüssel zu erzeugen. Kathy und ich besuchten eine Freundin namens Diane Egby-Edwards, die eine Meisterin der Klänge ist. Sie erschuf alle Klänge und zu manchen fügten wir noch unsere Stimmen hinzu.

Kathy und ich projizierten die Intention in jeden Schlüssel hinein, sodass am Ende der vierstündigen Session mein Drittes Auge wie Feuer brannte. Es fühlte sich extrem stark an und machte mir noch einmal die Bedeutung der Schlüssel deutlich.

Wir hatten Kit Gibbons, der die CD produzierte, vorher nicht gekannt, aber er verstand intuitiv, was nötig war. Er war uns eindeutig von den Engeln geschickt worden. Wir waren völlig begeistert, als wir die fertige CD hörten.

Die Klangschlüssel auf der CD

Die beigefügte CD enthält die Klangschlüssel zur höheren Welt. Sie aktivieren diese Schlüssel, indem Sie ihnen zuhören, damit Sie, die ganze Welt und dieses Universum davon profitieren. So wichtig sind die Schlüssel! Wenn Sie den Klängen mit offenem Herzen zuhören, ist dies der erste Schritt auf dem Weg zur Einstimmung auf die kosmischen Schlüssel, die in der Hohlerde und auf Sirius bewahrt werden.

Die CD ist in drei Teile gegliedert:

1. Die einzigartigen Klänge für die Schlüssel 1 bis 48,
2. das kosmische Orchester für die Hohlerde,
3. das kosmische Orchester für Sirius.

Wenn Sie ein Kapitel gelesen haben, schlagen wir Ihnen vor, dass Sie sich den Klang für diesen Schlüssel anhören, damit die Engel Sie in Übereinstimmung mit der jeweiligen Frequenz bringen können. Während Sie den kosmischen Orchestern der Hohlerde und des Sirius zuhören, hören Sie möglicherweise bestimmte Noten und Schlüssel heraus, aber es geht darum, sie alle gemeinsam in Harmonie zu hören, damit Sie alle Schlüssel des Universums empfangen können. Dann können Sie auf die Schlüssel zugreifen und Sie von Neuem benutzen, um die Geheimnisse der alten Weisen zu entschlüsseln. Dadurch werden Sie zu einem jener Wesen, die den Planeten und alle seine Bewohner in der fünften Dimension halten, sodass der Aufstieg gelingen kann.

Wir hoffen sehr, dass Ihnen die Klänge ebenso gefallen werden, wie sie uns gefallen haben, als sie uns gegeben wurden.

Wir danken Diane Egby-Edwards für ihre faszinierenden musikalischen Fähigkeiten, Kit Gibbons für die Orchestrierung und die Produktion der CD und Mike Koenig dafür, dass wir einige der von ihm aufgenommenen Klänge benutzen durften.

Diane Egby-Edwards: www.degby.wetpaint.com
Kit Gibbons: www.gibbonda.com
Mike Koenig: www.soundbible.com